하나님은 유일한가

IVP(InterVarsity Press)는
캠퍼스와 세상 속의 하나님 나라 운동을 지향하는
IVF(InterVarsity Christian Fellowship)의 출판부로
생각하는 그리스도인을 위한 문서 운동을 실천합니다.

김용규

# 하나님은
# 유일한가

인문학으로 읽는
하나님과 삼위일체 이야기

Ivp

**일러두기**

이 책은 『신: 인문학으로 읽는 하나님과 서양문명 이야기』를 개정·증보하고
네 권으로 나눈 분권 가운데 네 번째 책입니다.

**차례**

추천의 글_이어령 • 07 / 들어가는 글 • 08

## 하나님은 유일자다 • 16

### 01 일자란 무엇인가

플라톤의 일자 • 29 / 플로티노스의 일자 • 42 / 삼위일체란 무엇인가 • 48 / 테르툴리아누스의 용어들 • 58 / 오른발은 신학에 왼발은 철학에 • 65 / 오리게네스의 삼위일체론 • 75 / 삼위일체 논쟁 • 82 / 카파도키아의 위대한 세 교부 • 95 / 아우게이아스의 외양간 청소 • 104 / 아우구스티누스의 삼위일체론 • 115 / 삼위일체가 진정 의미하는 것 • 122 / 상호내주적·상호침투적 공동체로서의 삼위일체 • 129

### 02 유일신은 배타적인가

'구약의 하나님'이냐, '신약의 하나님'이냐 • 142 / 유일신이 왜 질투하나 • 152 / 아브라함은 구원받았는가 • 164 / 유신론은 극복되어야 하나 • 180 / 하나님의 유일성이 연대와 협력의 근거 • 188 / 천지창조에서 최후의 심판으로 • 194

### 03 유일신만이 할 수 있는 일

안개 같은 위험, 유령 같은 공포 • 215 / 재난은 닥쳐왔고, 미래는 결정되었다 • 221 / 우리가 홍수이고, 우리가 방주다 • 227 / 아침 식사로 지구를 구한다고? • 235 / 자본주의가 왜 거기서 나와? • 243 / 벽을 쓰러트려 다리를 놓아야 • 248 / 하나님의 일 • 254 / 그리스도인의 일 • 261

참고문헌 • 267 / 찾아보기 • 276

## 추천의 글

신이 죽었다고 외치는 시대를 거쳐 이제 인간이 신이 되리라 자처하는 시대에 도달했다. 지금이야말로 우리는 신을 진지하게 생각해야 한다. 지식과 소유와 권력이 누구도 상상하지 못한 정도로 증대하면 과연 우리가 신이 될 수 있다는 말인가? 그렇게 신의 낙원이 도래한다는 것인가?

신이 역사 속에서 어떻게 자신을 드러냈으며 각 시대는 신을 어떻게 이해하고 오독해 왔는지에 관해 서양문명의 뿌리에서부터 근현대까지 통틀어 톺아보는 이 거대한 서사의 여정에서 결국 우리는 인간 자신의 참된 자화상에 도달한다. 칼빈은 하나님을 알아야 인간을 알 수 있다고 말했는데, 이 책은 바로 그 귀한 지혜의 현대판 증언이다.

이 책에 담긴 철학자의 치밀하고 오랜 지적 탐색뿐 아니라 그의 지혜 어린 조언에 귀 기울일 때, 우리는 이 오만과 과잉, 야만과 공포의 시대 곳곳에서 감지되는, 인간 스스로 신이 되고자 하는 뿌리 깊은 욕망을 넘어설 실마리를 발견할 것이다. 그리고 참된 인간의 모습, 곧 신을 닮은 인간의 생명과 아름다움을 다시 이야기로 풀어 나갈 수 있을 것이다.

**이어령** 한중일비교문화연구소 이사장, 전 문화부 장관

### 들어가는 글
## 하나님의 광대무변한 용광로

> "하나님은 그보다 더 큰 존재를
> 상상할 수 없을 만큼 크신 분이다."
> ― 캔터베리의 안셀무스, 『프로슬로기온』

존 레넌John Lennon의 노랫말처럼 "상상해 보라, 종교 없는 세상을." 자살 폭파범도 없고, 9·11도, 런던폭탄테러도, 십자군도, 마녀사냥도, 화약음모사건(1605년 영국 가톨릭교도가 계획한 제임스 1세 암살미수 사건―옮긴이)도, 인도분할도, 이스라엘과 팔레스타인 전쟁도, 세르비아와 크로아티아와 보스니아에서 벌어진 대량학살도, 유대인을 '예수 살인자'라고 박해하는 것도, 북아일랜드 '분쟁'도, 명예살인도, 머리에 기름을 바르고 번들거리는 양복을 빼입은 채 텔레비전에 나와 순진한 사람들의 돈을 우려먹는 복음 전도사("신은 당신이 거덜 날 때까지 기부하기를 원합니다")도 없다고 상상해 보라.

이것은 리처드 도킨스Richard Dawkins가 2006년에 출간한 『만들어진 신』에서 종교, 특히 구약성서에 기술된 유일신을 믿는 종교―유대교, 이슬람교, 기독교―에 대한 믿음이 얼마나 폭력적인 결과를 낳았는가를 고발하기 위해 한 비아냥거림입니다. 전쟁과 테러를 일으키고 잔혹행위와 인권침해를 일삼고, 여성과 아동학대를 자행하는 등 온갖 인간의 존엄성을 해치는 비이성적이고 폭력적인 종교와 종교인들이 모두 없어진다면 세상이 얼마나 평화롭고 인생이 얼마나 행복해지겠느냐는 거지요.

도킨스는 이후 15년 동안 같은 내용에 대해 지칠 줄 모르고 반복해서 홍보하고 강연하고 저술하면서, 2013년에는 「프로스펙트」지가 전 세계 100여 개국의 독자들을 대상으로 세계 최고 지성을 뽑은 투표에서 1위를 차지할 만큼 대중적 영향력이 큰 인물이 되었지요. 그 동안 각종 명예로운 상들도 쓸어 담았습니다. 그의 이 같은 노력과 성공 덕분에 전 세계에서 그에게 동조하는 많은 학자와 저술가들이 우후죽순처럼 생겨났고, 그들에 의해 종교해악론 내지 종교말살론을 주장하는 새롭고 공격적인 무신론 New Atheism 이 전염병처럼 번져 나갔습니다. 그런데 이들의 주장이 과연 정당할까요?

혹시 당신이 만에 하나라도 그리 생각한다면, 한 가지 물어보고 싶은 것이 있습니다. 한 무리의 사람들이 과학기술해악론 내지 말살론을 퍼트리고 있다고 가정합시다. 그들의 주장에 의하면, 인류는 고대부터 지금까지 언제나 당대의 첨단무기로 전쟁과 테러를 자행해 왔습니다. 그리고 첨단무기들의 생산에는 항상 당시의 첨단과학기술이 이용되었지요. 그것이 돌도끼든 칼이든 총이든 대포든 생화학무기든, 심지어 인류의 존속까지 위협하는 원자폭탄이든 불문하고 말입니다. 그렇기 때문에 과학기술은 인류에게 해로운 것이며 아예 없애 버려야 한다는 것이 이들의 주장입니다.

어떤가요? 당신도 그렇게 생각하나요? 과학기술이 가진 위험성 때문에 그것을 아주 없애 버려야 할까요? 또 과학기술이 없어진다고 해서 전쟁과 테러도 함께 없어질까요? 나는 그리 생각하지 않습니다. 이것은 위원인의 오류 non causa pro causa 를 범한 주장이지요. 사건의 원인을 잘못 찾아 일어난 오류라는 뜻입니다. 내 생각에는 설령 다소의 위험과 부작용이 염려된다고 해도 과학기술 역시 인류가 보존하고 발전시켜 나가야 할 소중한 자산입니다. 그런데 정작 그들 자신이 과학자이거나 과학을 숭배하는 도킨스, 해리스, 히친스, 데닛, 밀스 같은 무신론자들의 논법대로라면, 모든 전쟁과 테러에 관여하는 그 위험하고 해로운 과학기술은 반드시 없애 버려야 합니다. 물론 그들은 자신들이 사용하는 논법을 과학이 아니라 종교에만 적용해야 한다고 주장하겠지만 말입니다.

이런 주장들을 정당하다 할 수는 없습니다. 그런데 종교에 대한 무신론자들의 주장이 바로 그렇지요. 하지만 세상일이란 그리 단순하지 않습니다. 9·11 테러가 그랬듯이 설령 겉으로는 종교가 원인인 것처럼 보이는 사건들에도 한 꺼풀만 들춰 보면 보면 사회적, 정치적, 경제적, 군사적, 외교적 이유들이 숨어 있기 때문입니다. 그래서 위원인의 오류를 범했다고 하는 것이지요. 오늘날 무신론자들이 주장하고 있는 종교해악론 내지 종교말살론에는 적어도 두 가지의 오해가 들어 있습니다.

하나는 신의 유일성에 대한 오해입니다. 그것이 예컨대 왜 구약성서에 나타난 신은 잔인하고 질투심이 많으며, 앙심을 품는 데 선수인가, 왜 다른 신들을 광적으로 증오하고, 자신을 싫어하면 그 죄를 삼대에까지 묻는가, 심지어 자신에 대한 사랑을 확인하기 위해 사탄과의 내기도 서슴지 않는가 등과 같은 공격적인 질문들의 출처입니다. 다른 하나는 이처럼 배타적이고 폭력적인 유일신에 대한 신앙에서 각종 테러와 전쟁 그리고 몹쓸 사회악들이 나왔다는 생각입니다. 나는 이 같은 터무니없는 오해―여기에서는 무신론자들뿐 아니라 상당수의 그리스도인들마저 자유롭지 못합니다―를 불식拂拭하기 위해, 정통 기독교 신학이 말하는 하나님의 유일성이 무엇인지를 당신과 함께 이야기하려고 합니다.

본문에서 살펴보겠지만, 기독교에서 말하는 하나님의 유일성은 "나는 존재다"YHWH라는 하나님의 자기 계시로 주어졌고, "이스라엘아, 들으라. 우리 하나님 여호와는 오직 유일한 여호와이시니"(신명기 6:4)라는 모세의 선포로 알려졌습니다. 하지만 그것은 또한 플라톤Platon, 기원전 427-347의 '선의 이데아', 플로티노스Plotinos, ?205-270의 '일자'와 같은 그리스 철학적 개념으로 다듬어져 구축된 기독교 신학 특유의 개념입니다. 이 책에서 내가 '삼위일체적 유일성'이라 부르고자 하는 그것은 세상의 모든 배타성과 차별성을 녹여 하나로 만드는 무한한 포용성과 통일성을 지녔습니다. 유일자로서의 하나님은 크기와 깊이를 가늠할 수 없는 광대무변한 용광로鎔鑛爐라는 거지요. 이 책은 바로 그 이야기를 하려 합니다.

이 책의 목표는 기독교에서 말하는 하나님의 유일성唯一性, only oneness에 대한 바르고 심층적인 이해를 갖는 것입니다. 다시 말하자면, 하나님의 유일성이 세상의 모든 피조물들을 "나란히 그리고 더불어" 존재하게 하는 하나님의 사랑과 은총을 대변하는 표현이라는 깨달음을 갖자는 거지요. 그것이 그분의 본질공동체적·영원동등적이고 (아우구스티누스) 상호내주적·상호침투적인(몰트만) 삼위일체성의 다른 표현이라는 통찰을 얻자는 것입니다. 그럼으로써 하나님의 유일성에 대한 피상적 이해에서 나온 뿌리 깊고 터무니없는 오해들을 우리 자신의 내면에서 그리고 우리 사회 전반에서 극복하자는 것입니다.

그럼으로써 "나로 말미암지 않고는 아버지께로 올 자가 없느니라"(요한복음 14:6)라는 예수님의 가르침을 한편에서는 일부 그리스도인들이 다른 종교를 가진 사람들에 대한 배타성과 차별성을 정당화하는 빌미로 사용하고, 다른 한편에서는 새로운 무신론자들이 각종 테러와 전쟁 그리고 온갖 사회악들을 일으키는 원인으로 지목해 공격하는 어처구니없는 해프닝들을 그만 멈추자는 것입니다. 그래야만 예수님이 주신 계명대로 우리가 서로 사랑하여 하나가 될 수 있을 것이고, 또 그래야만 이미 다가온 코로나바이러스감염증-2019의 팬데믹은 물론이거니와 앞으로 다가올 기후변화로 인한 온갖 묵시록적 재앙들을 극복해 낼 수 있기 때문입니다.

목표에 도달하기 위해, 우리는 1장에서 먼저 하나님의 유일성 개념의 한 축(그리스 철학적 기반)을 구성하는 선의 이데아idea ton agathou와 일자一者, to hen가 무엇인지, 다시 말해 플라톤과 플로티노스가 말하는 만물의 궁극적 근원이 무엇인지 알아볼 것입니다. 이어서 하나님의 유일성 개념의 다른 한 축(기독교 신학적 기반)을 구성하는 삼위일체三位一體, trinitas가 무엇을 의미하는지를—테르툴리아누스Tertullianus, ?160-?220에서부터 오리게네스Origenes, ?185-?254, 삼위일체 논쟁과 니케아 신조the Creed of Nicaea, 카파도키아의 위대한 세 교부, 아우구스티누스Augustinus, 354-430, 위르겐 몰트만Jürgen Moltmann에 이르기까지—2,000년에 걸쳐 형성된 삼위일체 개념을 통해 조명해 볼 것입니다. 그럼으로써 기독교 신학에서 말하는 하나님의 유일성이 오직 포용성과 통일성을 의미한다는 것을 밝힐 것입니다.

그럼으로써 기독교 신학에서 말하는 하나님의 유일성이 단일성이 아니고 삼위일체성이라는 것, 배타적 획일성이 아니고 포용적 통일성이라는 것을 밝힐 것입니다. 달리 말해 하나님의 유일성의 본질은 단순히 자신과 동일한 것만 받아들이는 '동종사랑'homologous love이 아니고, 이질적이고 다양한 것까지 받아들이고 포괄하는 '이종사랑'heterologous love이라는 것을 드러내 보일 것입니다. 한마디로 하나님은 그보다 더 큰 존재를 상상할 수 없는 용광로blast furnace이자 동시에 샐러드 볼Salad Bowl(다양하고 이질적인 문화를 가진 사회 구성원들이 각자의 문화 정체성을 유지하면서도 조화로운 통합을 이루어 나가게 하는 장소)이라는 것을 밝힐 것입니다.

2장에서는 하나님의 유일성에 대한 무신론자들의 공격—예컨대 유일신이 왜 질투하는가, 그 신은 왜 그토록 배타적이고 폭력적인가 등—에 대한 기독교 신학의 변증을 소개할 것입니다. 또한 현대신학자 파울 틸리히$^{Paul\ Tillich}$가 유일신 신앙의 문제점을 극복하기 위해 내세운 "하나님 이상 가는 하나님"과 그에 대한 "절대적 신앙"이 왜 불필요한지에 대해서도 이야기할 것입니다. 이어서 타 종교인들과의 연대와 협력을 위해 하나님의 유일성 주장의 축소 내지 폐기를 주장하는 다원주의 이론들을 소개하고, 그것이 왜 잘못되었는지를 살펴볼 것입니다. 그리고 하나님의 유일성이 타 종교인들에 대한 배척과 차별의 빌미가 아니라, 오히려 그들과의 연대와 협력의 근거가 된다는 것을 밝힐 것입니다. 더불어 미켈란젤로가 시스티나 성당 천장화 〈천지창조〉의 중요한 위치에 왜 예레미야와 요나를 그려 넣었는지도 설명할 것입니다.

이어지는 3장에서는 지금 우리가 경험하고 있는 팬데믹과 그 근본 원인인 기후변화가 왜 일어났는지, 그리고 그것에 대처할 수 있는 방법이 무엇인지 알아볼 것입니다. 우선 그 재앙들은 근대 이후 인류가 만들어온 세상 ― 특히 지난 50년 동안 진행된 세계화와 후기 자본주의 그리고 소비 물질주의가 주도해 온 우리의 탐욕적이고 향락적인 생활 방식과 인간 착취적이고 생태파괴적인 경제 체제 ― 에서 기인했다는 것을 밝힐 것입니다. 그리고 근대인으로서 우리가 그동안 추구해 온 프로메테우스적 인간의 지혜와 노력으로서는 그것의 극복이 불가능하다는 것, 오직 모든 피조물들을 "나란히 그리고 더불어" 존재하게 하시는 하나님의 유일성을 믿는 그리스도인들의 사랑과 헌신을 통해서만 가능하다는 것을 차례로 이야기할 것입니다.

이 책의 끝에서 당신은 결국 모든 배척과 차별을 녹여 내 연대와 협력을 이루는 용광로와 샐러드 볼 같은 하나님의 삼위일체적 유일성 안에 그리스도인으로서 우리의 진정한 삶이 있다는 것, 모든 벽을 쓰러뜨려 다리를 만드는 무차별적인 사랑 안에만 우리의 소망과 희망이 있다는 것, 또한 그 같은 삶과 소망과 희망을 구현하는 것이 세상의 빛과 소금으로서 그리스도인의 소명召命, calling이라는 것을 발견하게 될 것입니다. 나는 이 모든 이야기를 서양문명이 낳은 시, 소설, 회화, 조각, 역사, 과학, 철학을 통해 또 그것들과 함께 풀어 나갈 것입니다. 부제에 '인문학으로 읽는'이라는 문구가 들어간 것이 그래서지요. 어떤가요? 흥미롭겠지요?

이 책은 2018년에 IVP에서 출간된 『신: 인문학으로 읽는 하나님과 서양문명 이야기』를 독자들의 요구에 따라 편의를 위해 네 권으로 나누어 쓴 개정판 가운데 넷째 권입니다. 분권 출간을 기획하고 진행해 준 IVP의 정모세 대표와 편집진의 세심한 배려와 노고에 깊이 감사드립니다. 그리고 이제부터 함께 길을 떠날 당신을 두 팔로 반깁니다. 가슴 뛰게 할 여정이 우리를 기다리고 있습니다. 자, 이제 떠날까요!

2021년 5월, 청파동에서
김용규

# 하나님은 유일자다

"하나님도 한 분이시니 곧 만유의 아버지시라.
만유 위에 계시고 만유를 통일하시고
만유 가운데 계시도다."
- 바울, 에베소서 4:6

정원의 라일락 꽃나무에서 맑은 향기가 번져 방 안으로 흘러들어 왔습니다. 플로티노스는 명상에서 깨어나지 않았습니다. 벌써 나흘째 물 한 모금 마시지 않고 꼿꼿이 앉아 명상에 들어 있었지요. 몇몇 제자가 스승의 거처를 떠나지 못하고 조심스러운 눈빛으로 그저 지켜보고 있었습니다. 그들은 스승이 또다시 신을 만나고 있다고 생각했지요. 그가 이미 네 번이나 신과 합일한 경험을 다음과 같이 이야기해 준 적이 있기 때문입니다.

내 영혼이 나의 육체로부터 벗어나 나의 다른 많은 것을 뒤로하고, 오로지 순수한 자아만을 찾아 나갈 때 나는 경이롭고 위엄에 찬 아름다움을 발견했나니, 정녕 저 숭고한 영역에 속하는 찰나 최고의 경지에 이르는 삶에 확신을 얻고 마침내 신과 하나 됨에 이르더라.[1]

하지만 플로티노스는 이번에는 신을 만나고 있는 게 아니었습니다. 방금 지나간 한 줄기 바람, 한 줄기 꽃향기 같았던 자신의 과거와 만나고 있었지요. 이제 곧 그것들과 영원히 헤어져야 할 시간이 다가오기 때문이었습니다.

플로티노스는 로마 황제 세베루스Severus가 13년째 다스리던, 204년 혹은 205년에 이집트의 나일강 상류에 있는 아름다운 도시 리코폴리스Lykopolis에서 태어났습니다. 아버지의 손을 잡고 다니던 어린 시절부터 그는 빵보다 지혜를 원했답니다. 그래서 스물여덟 살이 되던 해에 어머니의 손을 놓고 고향을 떠나 수도 알렉산드리아로 갔지요. 거기서 여러 이름난 선학先學들을 찾아가 귀를 기울였습니다. 하지만 오랜 갈증으로 메말라 갈라져 버린 그의 정신을 흠뻑 적셔 줄 단비 같은 지혜로운 말은 어디에서도 듣지 못했지요.

어느 날 플로티노스는 답답한 가슴을 달래려고 강가로 나갔습니다. 부두에는 로마와 안디옥과 아테네 그리고 소아시아의 여러 지방에서 온 상선들이 돛에는 바람을 가득 안고, 갑판에는 소금과 밀과 귀한 유리그릇과 일용품을 잔뜩 싣고 들어왔지요. 배에서 내린 지체 높은 귀족들과 학자들, 그리고 아름다운 여인들은 상인들과 어울려 물건을 흥정하는 데 정신을 팔고 있었습니다. 바로 그곳에서, 그 법석한 북새통 속에서 플로티노스는 드디어 오랫동안 염원하던 스승을 만났지요. 스승은 한때 부두 노동자였습니다. 그래서 암모니오스라는 그의 이름 뒤에 '짐꾼'을 뜻하는 사카스Sakkas라는 별명이 붙었지요.

암모니오스의 가르침을 듣자마자 플로티노스는 "찾고자 하던 그분을 이제야 뵈었다"라고 고백하고 그 밑으로 들어갔습니다. 그해가 232년이었습니다. 신플라톤주의의 창시자라고도 불리는 암모니오스는 플로티노스에게 10년이라는 짧지 않은 세월 동안 오직 구술로 플라톤 철학을 전수해 주었습니다. 그 덕에 플로티노스는 스승과 마찬가지로 평생을 플라톤 철학에 빠져 살았지요. 암모니오스와 제자들은 플라톤을 "신적인 존재"[2]로 여겼고, 짐작건대 오늘날 우리가 '중기

플라톤주의'라고 부르는 사상을 주로 탐구하며 신플라톤주의의 터전을 닦고 있었습니다.

암모니오스는 그리스도인이었습니다. 하지만 플로티노스는 스승의 종교는 따르지 않았지요. 그래도 암모니오스에게는 이미 기독교 신자가 된 제자가 여럿 있었습니다. 그들 가운데 가장 뛰어난 사람이 일찍부터 알렉산드리아의 신앙입문학교에서 제자들을 가르치며 로마, 안디옥, 예루살렘, 아테네에 이르는 기독교 사회에서 이미 명성을 떨치던 오리게네스였습니다. 하지만 오리게네스는 플로티노스가 알렉산드리아에 도착하기 전에 알렉산드리아 감독 데메트리오스의 미움을 사 팔레스타인으로 추방되었지요. 그래서 같은 스승 밑에서 공부하고 훗날 기독교에 막대한 영향을 준 두 뛰어난 제자들은 안타깝게도 서로 만날 기회가 없었습니다.

플로티노스가 서른여덟 살이 되던 242년에 암모니오스가 세상을 떠났습니다. 그는 깊은 슬픔에 빠졌지요. 그런데 때마침 로마 황제 고르디아누스 3세$^{Gordianus\ III}$가 페르시아 원정에 나섰습니다. 새로운 지혜에 항상 목말랐던 플로티노스는 슬픔을 털어 버리고 동방의 지혜를 찾아 원정대를 따라나섰지요. 하지만 2년이 채 못 되어 메소포타미아에서 고르디아누스 황제가 살해되었고, 원정대는 해산했습니다. 알렉산드리아로 돌아오기가 난감했던 플로티노스는 다른 사람들을 따라 로마로 갔습니다. 그때 그의 나이가 마흔이었습니다.

이때부터 플로티노스는 제 스스로 사람들에게 철학을 가르치기 시작합니다. 그는 스승 암모니오스가 그랬던 것처럼 제자들에게 플라톤의 철학을 오직 구술로만 가르쳤지요. 후일 아우구스티누스가 "고대의 대가[플라톤]와 너무 가까워서 플라톤이 다시금 살아난 기분을 자아내는 인물"[3]이라고 평가할 만큼 그는 플라톤의 가르침을 고스란히 전하는 데 혼신의 힘을 다했습니다.

그렇지만 플라톤과 플로티노스 사이에는 이미 600년이라는 시간의 장벽이 가로놓여 있었지요. 게다가 따지고 보면 두 사람은 성격도, 원하는 바도 전혀 달랐습니다. 『국가』를 쓰기도 한 플라톤은 천상세계뿐 아니라 지상세계에 대해서도 아주 큰 관심을 보인 반면, 『엔네아데스』가 보여 주듯이 플로티노스의 관심은 온통 천상세계의 영혼과 영원한 시간에 쏠려 있었지요. 그래서 본의는 아니었지만 그는 플라톤의 개념과 사상들을 자기 취향에 맞게 변형해서 가르쳤습니다. 이것이 오늘날 우리가 신플라톤주의라고 부르는 사상의 핵심입니다.

플로티노스는 물질적인 것에 관심이 없었던 만큼 그에게 가르침받는 사람들에게 물질적 부담을 전혀 안겨 주지 않았습니다. 또한 지상의 어떤 것에도 욕망이 없었기에 권력이나 명예를 탐하지도 않았지요. 그야말로 세상 모든 것에 초연한 철학자였지요. 그 덕분에 황제 갈리에누스$^{Gallienus}$와 황후 살로니나$^{Salonina}$까지 그를 존경하고 좋아했습니다. 그래서 어느 해 봄날 황제는 그에게 플라톤의 『법률』에 나오는 헌법에 따라 통치되는 플라톤식 이상도시를 남부 이탈리아에 세우자고 제안하기도 했습니다.[4] 만일 이 일이 성사되면 플로티노스는 그 도시의 이름을 '플라토노폴리스'$^{Platonopolis}$라고 부르려 했다고 합니다. 그러나 이 모든 일이 간밤의 꿈처럼 지나갔습니다. 슬픔도 환희도 번

뇌도 영광도 모두 뜬구름처럼 흘러갔지요.

플로티노스는 시냇가에서 조약돌을 줍는 소년처럼 명상 속에서 흘러간 시간들을 하나씩 마음에 모았습니다. 그는 항상 마음이 '시간의 집'이라고 생각했습니다. 그의 생각에는, 시간이란 아리스토텔레스가 말한 것처럼 태양의 회전 운동이 만들어 내는 것이 아닙니다. 마음이 시간을 만들어 내지요. 마음이 없으면 지속과 운동은 있을지라도 시간은 없습니다. 시간은 마음 안에 있고 마음과 하나지요. 그러므로 항상 흘러가는 것 같지만 전혀 사라지지 않는 것이 시간입니다. 언제나 아직은 오지 않은 것 같지만 이미 와 있는 것이 바로 시간이지요. "죽음도 역시 다르지 않거늘, 그렇다면 무엇 때문에 두려워하며 기쁘게 맞지 못하랴!"

플로티노스가 번쩍 눈을 떴습니다. 그의 두 눈이 횃불을 켠 것처럼 강렬하게 타올랐지요. 닷새 만이었습니다. 제자들의 입에서 일제히 탄성이 터져 나왔지요. 영특한 포르피리오스$^{Porphyrios}$가 가장 먼저 안도의 한숨을 내쉬며 고개를 숙여 물었습니다.

"스승이시여, 그동안 어디에 계셨나이까? 저희가 심히 염려했습니다."

"무얼 염려했단 말인가. 우리의 영혼이 양생자$^{兩生者,\ Amphibios}$임을 몰랐는가? 영혼은 이 세상에서 사는 것처럼, 동시에 저세상에서도 산다는 것을 내가 가르치지 않았던가?˙ 그러니 내 영혼도 당연히 때

---

• 플로티노스에게 영혼은 정신과 감각이라는 "이 두 가지 능력을 동시에 겸비하면서 그

마다 자리를 바꾸어 가며 이편 또는 저편에서 살아가지 않겠는가."[5]

플로티노스의 목소리는 전율을 느낄 만큼 힘에 넘쳤습니다. 다가오는 스승의 죽음을 예감한 아멜리오스$^{Amelios}$가 화가인 카르테리오스$^{Carterios}$를 데리고 와서 조심스레 입을 열었지요.

"위대한 스승이시여, 당신의 초상화를 그리도록 허락하소서. 당신의 영혼이 저세상에서 돌아오지 않을 때가 이르면 우리가 슬플 것입니다."

플로티노스가 온화한 웃음을 지으며 대답했습니다.

"제자여, 신神과 같은 플라톤의 가르침을 벌써 잊었는가? 우리의 육신이 이미 하나의 그림자 같은 모상인데, 그것을 또 모사한 초상에 무슨 진실한 것이 있겠는가?* 밤새 우리의 영혼을 환대하던 주인집을 비난해서는 안 되지만, 그렇다고 그것을 모사하여 숭배하는 것은 한낱 부질없는 짓이다."

포르피리오스는 옆에 엎드려 스승의 말을 한 마디 한 마디 빼놓지 않고 양피지 두루마리에 받아 적었습니다. 나중에 모두 합하니 '아홉 벌씩 묶어 여섯 권'이었지요. '엔네아데스'$^{Enneades}$는 "아홉 벌씩 묶은 책"이라는 뜻을 갖고 있습니다. 아멜리오스와 카르테리오스도 스승의 강의에 계속 참석하면서 기억을 통해 몰래 플로티노스의 모습을 화폭에 옮겼습니다. 플로티노스의 저술로 알려진 『엔네아데스』

---

사이에 자리한다"(플로티노스, 『엔네아데스』, 5, 3, 3, 39).
* 플라톤에 의하면 예술가들은 참된 실체로부터 최소한 두 단계 떨어진 허상을 표현한다. 예를 들어 한 화가가 침대를 그렸다고 가정하면, '침대'는 '침대 이데아'의 모사품에 불과하여 침대의 실재성이 부분적으로만 들어 있는데, 이 침대를 다시 모사한 '침대 그림'은 침대 이데아가 더욱 적게 들어 있는 허상에 불과하다는 것이다(참고, 『국가』, 509d-511e).

와 그의 전해지지 않는 초상화는 이렇게 만들어졌습니다.

하나님의 유일성唯一性에 대해 살펴보려는 우리의 이번 이야기는 신플라톤주의자 플로티노스의 『엔네아데스』 가운데 '일자'一者, to hen에 관한 교설을 살펴보며 시작하려고 합니다. 왜냐고요? 영어로는 'the One'으로 번역되는 '일자'에 대한 고대철학 이론들이 기독교에서 '하나님은 오직 한 분이시다'라는 말을 할 때 '유일자'가 갖는 의미와 깊게 연관되기 때문입니다.

물론 기독교에서 말하는 하나님의 유일성은 플로티노스가 태어나기 전, 적어도 그보다 1,500년 전에 모세에 의해 이미 선포되었지요. "이스라엘아, 들으라. 우리 하나님 여호와는 오직 유일한 여호와이시니 너는 마음을 다하고 뜻을 다하고 힘을 다하여 네 하나님 여호와를 사랑하라"(신명기 6:4-5)라는 말이 바로 그것입니다. 유대인들은 모세의 이 말을 대표적 셰마keri'at shema로 삼아 지난 수천 년 동안 아침, 저녁으로 하루 두 번씩 낭독해 오고 있지요. 셰마shema는 이방 종교로부터 히브리 신앙의 정체성을 지키는 신앙고백을 말합니다.

예수님도 당연히 이 셰마를 외우며 자랐을 테고, "너희의 아버지는 한 분이시니 곧 하늘에 계신 이시니라"(마태복음 23:9)라고 가르쳤습니다. 사도 바울 역시 다를 수 없지요. 그도 "하나님은 한 분밖에 없는 줄 아노라"(고린도전서 8:4)라고 교훈했습니다.˙ 그렇지만 왜 그런

---

• 바울이 한때 그러했듯이 경건한 유대인들은 어려서부터 신명기 6:7에 의거해 모세의

지, 다시 말해 '하나님은 왜 한 분인가, 아니 왜 한 분이지 않으면 안 되는가'에 대한 설명은 선지자로부터 사도에 이르기까지 그 누구도 하지 않았습니다. 단지 계시로 받아 교훈으로 전했지요. 이에 대한 철학적·신학적 설명이 암모니오스 사카스의 두 위대한 제자들의 작업에 의해 구축되었던 겁니다.

우선 오리게네스가 기독교 최초의 조직신학서라 할 수 있는 『원리론』을 쓰면서 삼위일체 하나님 가운데 성부聖父를 플라톤의 '선 자체'善自體, 곧 만물의 궁극적 근거인 '일자'와 동일시한 것이 결정적 역할을 했습니다.[6] 그러나 이후 그 내용을 풍성하게 채운 것은 플로티노스의 일자 형이상학이었지요. 초기 기독교 신학자들은 대부분 우리가 신플라톤주의라고 부르는 플로티노스의 『엔네아데스』에 기록된 이론을 도구로 사용해서 그들의 교리와 사상을 정립했기 때문입니다. 특히 6세기 초에 '위-디오니시우스'Pseudo-Dionysius라고 불리는 사람이 나와, 플로티노스의 일자 형이상학을 기독교 신학에 깊숙이 침투시켜 동방정교의 근간인 부정신학theologia negativa을 개척했지요.[•]

---

셰마를 하루에 두 번씩 고백했다. 그 영향을 우리는 바울 서신 가운데 디모데전서에서, 즉 "홀로 하나이신 하나님"(1:17), "하나님은 한 분이시요"(2:5)처럼 이 셰마가 자주 반복된다는 데서 찾을 수 있다.

• 위-디오니시우스는 우리가 하나님을 인식하는 방법을 '긍정의 길'(via positiva)과 '부정의 길'(via negativa) 두 가지로 나누었다. '긍정의 길'이란 하나님의 속성에 부합하는 요소를 하나씩 긍정문 형식으로 밝혀 나가는 방법이다. 예컨대 '하나님은 선하다'라는 말은 우리가 인식할 수 있는 '선'을 근거로 그것의 완전한 형태, 곧 선의 극한(極限)의 형태로서의 선을 가정한 후에 하는 말이다. 이와 달리 '부정의 길'은 하나님의 속성에 부합되지 않는 요소들을 하나하나 밝혀 제거해 감으로써 부정문 형식으로 하나님을 인식하는 방법이다. 예를 들면 '하나님은 악하지 않다', '하나님은 광폭하지 않다'와 같이 하나님에

따라서 그리스도인이 "하나님은 유일하시다"라고 말할 때, 우리는 그 뜻을 단순히 독선적 종교의 오만한 선포나 배타적 종교관에서 나온 말로만 받아들여서는 안 됩니다. 설령 말한 사람조차 그 진정한 뜻을 모른다 하더라도, 기독교에서 말하는 하나님의 유일성에는 플라톤의 '선 자체'나 플로티노스의 '일자'가 가진 심오한 의미가 여전히 담겨 있습니다. 더욱이 그 말에는 기독교 신학자들이 삼위일체론을 통해 부여한 고유의 의미도 함께 들어 있다는 점이 중요합니다. 그래서 이 책에서는 하나님의 유일성을 '삼위일체적 유일성'이라는 용어로 특징지어 부르고자 하는데, 누구든 그 의미를 잘 모르고서 기독교에서 말하는 하나님의 유일성을 언급한다면—오늘날에는 그리스도인들조차 대부분이 그렇듯이—그때마다 자신도 모르게 커다란 오류를 범하게 될 수밖에 없습니다.

그렇다면 플라톤과 플로티노스가 규정한 '일자'란 무엇일까요? 그리고 기독교에서 삼위일체 하나님이 '유일자'라고 말할 때 그것에는 과연 어떤 의미가 담겼을까요? 이것이 우리가 이제부터 함께 나누려는 이야기입니다. 그런데 여기서 당신이 놓치지 말아야 할 중요한 사안이 하나 있습니다. 이 이야기의 배경에 '기독교가 주장하는 하나

---

게 합당치 않은 요소를 부정해 나간다. 위-디오니시우스는 이 두 가지 학문의 길을 체계적으로 정리하고 기독교적 언어로 바꾸어 기독교 신학을 '긍정신학'(theologia positiva)과 '부정신학'(theologia negativa)으로 구분했다(참고. 위-디오니시우스, 『하나님 이름에 관하여』, 1, 5).

님의 유일성이 타 종교에 대한 배타성의 근거가 되는가?' 하는 매우 심각한 문제가 함께 들어 있다는 점이지요. 예나 지금이나 기독교가 가진 가장 큰 해악이 유일신 신앙에서 나온 배타성이며, 바로 그 때문에 전 세계에서 참혹한 분쟁과 테러가 그치지 않는다고 믿는 사람들이 많기 때문입니다.

『만들어진 신』의 저자 리처드 도킨스, 『신은 위대하지 않다』를 출간한 크리스토퍼 히친스Christopher Hitchens, 『주문을 깨다』를 낸 대니얼 데닛Daniel Dennett, 『우주에는 신이 없다』의 저자 데이비드 밀스David Mills 등과 같이 세계적인 명성을 누리는 학자이자 저술가들이 주축을 이루는 무신론자들이 그들입니다. 예를 들어 미국의 대표적 논객이자 신경과학자인 샘 해리스Sam Harris는 『종교의 종말』에서 다음과 같이 유일신교―유대교, 이슬람교, 특히 기독교―를 공격했습니다.

종교적 신념을 지키기 위해 최고 성능의 폭탄을 대도시에 투하하는 장면을 상상해 보라. 대참사에서 살아남은 불행한 생존자들이 자신들을 그러한 지경으로 몰아넣은 인간의 멍청함을 되돌아볼 때 어떤 기분일지 생각해 보라. 세계종말의 관점에서 생각해 볼 때 현재 지구상 살아 있는 60억의 인구는 지금까지 요한계시록으로 가는 길을 닦고 포장하는 데 진력해 왔음을 확실히 깨닫게 될 것이다.[7]

서문에서 이와 유사한 도킨스의 말을 인용해 이미 밝혔듯이, 만일 기독교와 같은 유일신교가 없다면 세상이 얼마나 평화롭고 인생이 얼마나 행복해지겠느냐는 거지요. 물론 이와 같은 무신론자들의 말이 전혀 새로운 것은 아닙니다! 종교로부터 인간을 해방시키려 애썼던 쾌락주의 철학자 에피쿠로스의 열정적 찬미자이자 로마의 철학시인이던 루크레티우스<sup>T. Lucretius, 기원전 ?94-?55</sup>의 오래된 격언, 즉 "종교는 우리에게 해악을 끼치는데 그것이 너무나 위력적이다"<sup>Tantum religio potuit suadere malorum</sup>를 다시 반복하고 있을 뿐이지요. 예로부터 이 같은 주장에는 유일신에 대한 믿음이 곧 타 종교에 대한 배타성과 폭력성의 근원이라는 전제가 확고하게 자리 잡고 있습니다.

앞에서 밝혔듯이, 한 세계를 지배하는 신 개념은 그 세계의 사람들이 추구하는 가치들을 고스란히 반영합니다. 신 개념은 언제나 그 시대 그 지역에 사는 사람들이 추구하는 가치들의 외연外延이자 그 정점頂點이지요. 바꾸어 말해, 그 세계가 숭배하는 신 개념에 속하지 않은 그 세계의 가치가 없고 그것보다 더 높은 가치도 없다는 말입니다. 따라서 만일 기독교를 비롯한 유일신 종교들이 주장하는 신의 유일성이 곧바로 타 종교에 대한 배타성과 폭력성을 의미한다면, 도킨스와 같은 학자들의 주장이 근거 없는 억지가 아님을 인정해야 할 겁니다. 그리고 신의 속성들 가운데 유일성이야말로 지난 2,000년 동안 서양문명을 암울하게 만든 가장 해악적인 요소라고 단정 지어야겠지요.

그런데 과연 그럴까요? 얼핏 보기에는 그런 것도 같은데, 당신 생각은 어떤가요? 다시 말해 유일신에 대한 믿음은 타 종교에 대해 필히 배타적이고 폭력적인 결과를 낳을 수밖에 없을까요? 그래서 지금도 하루가 멀다 하고 신문의 첫째 면이 피와 눈물로 뒤범벅되고, 어쩌면 인류를 파멸로 몰아갈지 모르는 전쟁과 테러가 그치지 않는 것일까요? 아니면 그건 단지 심각한 오해에 불과할까요? 만일 그것이 오해라면, 왜 그런 오해가 예나 지금이나 만연할까요? 이 문제는 오늘날 기독교가 분명히 설명해야 하고, 반드시 해결해야 할 시급하고도 중요한 과제지요. 또한 기독교의 신 개념을 통해 서양문명을 이해해보려는 우리 이야기에서도 당연히 중요할 수밖에 없는 문제입니다.

성질이 무척 급해 보이겠지만 결론부터 말하자면, 유일신 개념이 타 종교에 대한 배타성과 폭력성의 근거라는 것은 터무니없는 오해의 산물입니다. 그 이유가 이제부터 차츰 드러날 텐데요, 이를 위해 우리는 우선 플라톤과 플로티노스가 규정한 일자의 의미와 기독교의 삼위일체론을 차례로 살펴볼 것입니다. 그럼으로써 기독교에서 말하는 하나님의 유일성이 과연 어떤 의미인지, 그것이 타 종교에 대한 배타성과 폭력성의 뿌리인지 아닌지를 자세히 살펴보려고 합니다. 제법 먼 길이 되겠지만, '시급히 또한 반드시' 밝혀야 할 어두운 골목이기도 합니다. 자, 시작할까요?

# 일자란 무엇인가

## 플라톤의 일자

우리가 1권 『하나님은 존재하는가』의 2부 "하나님은 존재다"에서 이미 살펴보았듯이, 파르메니데스<sup>Parmenides, 기원전 515-?445</sup>의 존재는 불변하는 실체이고 그래서 만물의 근거이자 진리의 근거지요. 그뿐만 아니라 모든 존재물을 포괄하는 전체적인 '하나'<sup>One</sup>이기도 합니다. 한마디로 파르메니데스에게 존재는 '불변성', '진리성', '단일성', '통일성'을 본성으로 하는 '온전한 일자'<sup>oulon mounogenes</sup>*입니다.[1]

파르메니데스의 이러한 존재 개념을 플라톤이 대부분 그대로 계

---

* 'oulon mounogenes'를 학자에 따라 '온전한 한 종류', '유일한 한 종류'로 읽기도 한다. 그러나 '온전한 하나'(심플리키오스), '온전한 지체'(플루타르코스)로 읽는 것이 중론이다.

승했습니다. 그러나 플라톤의 존재인 '이데아'idea는 파르메니데스의 존재가 가진 '불변성'과 '진리성'은 갖지만 '단일성'과 '통일성'은 갖지 못합니다. 왜일까요?

이데아는 자기 자신을 사물들에게 나눠 줌<sup>分與</sup>으로써 다수의 사물이 존재하게 하므로 단일할 수 없지요. 예컨대 '아름다움의 이데아'는 세상의 모든 아름다운 사물에게 자신을 나누어 주기 때문에 아름다움은 더 이상 단일하지 않다는 말입니다. "심지어 모든 이데아 중 가장 단순한 것조차 하나가 아닐뿐더러 사실상 무한한 다수성을 포함한다는 점이 나타난다"[2]라는 질송의 말이 그래서 나왔습니다. 그런데 이 말은 동시에 이데아는 만물의 궁극적 근원인 일자가 아니라는 뜻이기도 합니다. 왜냐하면 역시 "하나님은 존재다"에서 이미 살펴보았듯이, 만물의 궁극적 근거는 오직 하나여야 하기 때문이지요. 둘만 되어도 그 둘의 근거가 되는 다른 어떤 것이 최종적인 근거가 된다는 말입니다.

세상 모든 일에는 얻는 것이 있으면 잃는 것도 있는 법입니다! 플라톤의 이데아론(분여 이론)은, 파르메니데스의 '존재' 개념으로는 존재물들의 다양성을 설명할 수 없다는 한계를 극복하기 위해 플라톤이 고안해 낸 '천재적 발상'이라 할 수 있습니다. 그런데 이 이론을 따르면 뜻밖에도 이데아는 만물의 근원인 일자가 아니라는 것이 드러나는 겁니다.

플라톤이 이 사실을 자각했을 때 그는 분명 크게 당황했을 것입니다. 묶은 자가 풀어야 한다<sup>結者解之</sup>고 했던가요! 그래서 플라톤이 스스로 문제 해결에 나섰습니다. 그는 자신의 후기 대화편 『파르메니데스』에서 아테네를 방문한 파르메니데스가 바로 이 문제에 대한 비판을 제기하자 궁지에 몰리는 소크라테스를 통해, 자신에게는 분명 가슴 아팠을 이 문제를 정면으로 다루지요.˙

역사적으로 보면, 파르메니데스가 예순다섯일 때 당시 마흔 살이었던 제자 제논과 함께 실제로 아테네를 방문한 일이 있었습니다. 그때 소크라테스는 약관弱冠의 청년이었지요.[3] 그렇지만 대화편 『파르메니데스』에 전개된 놀라운 토론이 실제로 있었다고 믿기는 어렵습니다. 플라톤은 자신의 후기 대화편에서도 여전히 소크라테스를 내세워 이야기했지만, 사실상 중기 이후부터는 자신의 사상을 그의 입을 빌려 전개했을 뿐이니까요. 그는 파르메니데스의 날카로운 질문 때문에 난관에 봉착한 소크라테스를 가상적으로 설정함으로써 자신의 이데아론을 스스로 통렬하게 비판하고 진리를 향한 또 한 번의 비상을 시도한 것으로 보입니다.˙˙

---

• 『파르메니데스』는 『테아이테토스』와 함께 플라톤의 중기 대화편들(『메논』, 『파이돈』, 『향연』, 『국가』, 『파이드로스』 등)과 후기 대화편들(『소피스테스』, 『티마이오스』, 『필레보스』, 『법률』 등)의 중간에 위치한다. 『파르메니데스』에서는 파르메니데스의 제자 제논이 논문을 발표하고 소크라테스가 이데아론을 설명하자 파르메니데스가 젊은 소크라테스의 이론을 비판한다. 소크라테스는 궁지에 몰린다. 이에 파르메니데스가 예비적 훈련(prin gymnasthenai)이라는 일종의 변증법적 훈련을 하자고 제안하고 총 아홉 가지 가설을 제시한다.
•• 플라톤의 대화편 『파르메니데스』에 대한 오늘날의 주된 해석은 형이상학이 아니라 논리학이라는 입장[예컨대 라일(Ryle), 버넷(Burnet), 테일러(Taylor), 텐네만(Tenneman),

여기서 우리가 『파르메니데스』에 전개된 흥미롭지만 장황한 토론 내용을 모두 살펴보는 수고를 할 필요는 없을 듯합니다. 우리가 알아야 할 것은 그보다 플라톤이 자신의 이데아론에 대한 비판을 통해 도달한 귀결입니다. 그것은 우선 이데아가 모든 존재물의 궁극적 근거인 일자가 아니라는 점이지요. 그래서 플라톤은 각각의 개별적 사물의 근거인 이데아의 세계 외에 그 이데아들의 배후에 존재하는 또 하나의 실체를 부득이 설정해야만 했습니다.

이때 플라톤은 자신이 『국가』에서 이데아를 넘어 그것들의 근거가 되는 궁극적 실체를 선 자체 또는 '선의 이데아'idea tou agathou라고 규정했던 것을 떠올렸습니다.[4] 그리고 중세에는 주로 '선 자체'ipsa bonitas 또는 최고 선summa bonitas으로 통용되던 '선의 이데아'를 일자이자 만물의 궁극적 근원으로 확정했습니다. 이 사실은 그의 탁월한 제자 아리스토텔레스가 확인해 줍니다. 그는 『형이상학』에서, 플라톤 이론에는 현상계와 이데아계만 있는 것이 아니라 현상계와 이데아계 그리고 일자, 이 세 단계가 있다고 밝히면서, 이 가운데 "일자가 선 자체다"[5]라고 명시했습니다.

---

아펠트(Apelt) 등]이 주를 이룬다. 하지만 고대에는 일자(一者)를 신(神)으로 이해한 플로티노스의 『엔네아데스』의 영향을 받아 『파르메니데스』는 중세에 '부정신학'의 선구를 이루었으며 '신학적 대화편'의 대표로도 인정되었다. 근대에 이르면 라이프니츠가 플라톤의 대화편 가운데 『티마이오스』와 『파르메니데스』를 가장 심원한 자연학을 다룬 저서로 보았다.

### 플라톤의 무모한 곡예

여기서 우리가 주목해야 할 것이 있습니다. 플라톤이 일자를 선의 이데아로 규정한 일은 학적으로 보면―사실상 해서는 안 될―무모한 곡예였다는 것이지요. 이미 살펴보았듯이, 일자란 그 정의상 '그것이 무엇이다'라고 규정하면 더는 일자가 아니기 때문입니다. 다시 말해 만일 누구든 '일자가 선이다'라고 정의하면 일자는 곧바로 '선'(A)과 '선이 아닌 것'(~A)으로 나뉘어 둘 중 하나로 머물기 때문에 더는 만물의 궁극적 근거인 일자가 아니게 되지요.

플라톤은 왜 이런 오류를 범했을까요? 오류라는 사실을 몰라서였을까요? 만일 그랬다면 그는 우리가 아는 플라톤이 아니겠지요. 그럼 고의로 그랬을까요? 네, 그렇습니다. 분명 고의였지요! "아니, 고의였다고? 대체 왜? 그토록 위대한 철학자가 무엇 때문에 그런 실수를 고의로 저지른단 말인가?" 당신은 이런 질문을 던지고 싶을 텐데요, 결론부터 말하자면 플라톤은 그런 위험천만한 학적 곡예를 감행함으로써―훗날 중세 신학자들이 '긍정의 길'via positiva이라고 이름 지은―위대한 학문적 방법의 초석을 마련했습니다. 그게 뭐냐고요?

이제부터 우리는 플라톤이 '어떻게', '왜' 일자와 선의 이데아를 동일한 것으로 만들었는가, 그리고 그것이 어떤 결과를 가져왔는가를 차례로 알아보려고 합니다. 이를 통해 플라톤과 그 이후의 서양문명에 대한 보다 깊은 이해를 얻을 수 있지요. 우선 그가 이 위험천만한 학적 곡예를 '어떻게' 감행했는지 살펴볼까요?

플라톤이 중기 대화편 『국가』에서 확립한 '선의 이데아'는 모든 이데아가 그것으로부터 나오는 '이데아 중 이데아'로 실체 중 실체입니다. 플라톤은 '선의 이데아'를 태양에 비유했기 때문에, 학자들이 '태양의 비유'라고도 부르는 그 내용을 요약하면 이렇습니다.

태양이 가시적可視的 세계의 만물에 생육과 자양을 주듯이, '선의 이데아'는 가지적可知的 세계의 모든 이데아에게 존재와 본질to einai kai ten ousian을 부여합니다. 또한 만물은 변하지만 태양은 변하지 않듯 이데아들은 인식되지만 선의 이데아는 인식되지 않지요.⁶ 따라서 이에 대한 인식은 다른 모든 변화(생성, 소멸)하는 것들에 대한 인식과는 다른, 가장 훌륭한 것에 대한 관조로 바뀌어야 합니다.⁷ 선의 이데아의 본성은 사고의 영역을 벗어나며, 언어 형식으로는 "묘사할 수 없는 미"로 권능과 위엄에서 모든 이데아를 능가하지요.⁸

플라톤은 이처럼 '선의 이데아'를 불변성, 불가지성 및 불언명성 그리고 최고의 권능과 위엄을 갖는 가장 완벽한 실재성으로 정의했습니다. 그런데 우리가 알다시피 이런 특성들은 모두—아낙시만드로스의 무한자apeiron 개념을 계승한—파르메니데스의 일자가 자신의 고유한 속성으로 갖고 있는 것들이지요. 결국 플라톤은 선의 이데아의 속성을 일자의 속성과 동일하게 정의함으로써 선의 이데아를 일자와 동일하게 만든 것입니다.

어떤가요? 얼핏 보기에는 아무 문제가 없는 것 같지요? 하지만 플라톤이 한 이 일에는 일종의 눈속임이 있습니다. 그 안에 논리적 오류가 숨어 있기 때문이지요. 설명하자면 이렇습니다.

"일자는 영원불변성, 불가지성 및 불언명성을 가진 가장 완벽한 실재다. 선 자체도 그렇다. 그러므로 일자는 선 자체다"라는 플라톤의 주장은 "A는 C이다. 그리고 B는 C이다. 그러므로 A는 B이다"라는 형식으로 형식화할 수 있습니다. 그런데 이것은 논리학에서 말하는 이른바 '형식적 오류'formal fallacy입니다. "남자는 사람이다. 여자도 사람이다. 그러므로 남자는 여자다"라는 주장이 형식적 오류인 것과 마찬가지지요.

만일 플라톤의 주장이 논리적으로 타당하려면 "A는 C이고 C는 A이며, 동시에 B는 C이고 C는 B이다. 그러므로 A는 B이다"라는 형식이 되어야 합니다. 논리학에서는 이런 관계를 동치equivalence라고 하지요. 즉 "일자는 영원불변성, 불가지성 및 불언명성을 가진 가장 완벽한 실재이고, 영원불변성, 불가지성 및 불언명성을 가진 가장 완벽한 실재는 일자이다. 선의 이데아도 그렇다. 그러므로 일자는 선의 이데아다"가 되어야 한다는 말입니다. 이는 마치 "숭례문은 국보 제1호이고 국보 제1호는 숭례문이다. 남대문도 그렇다. 그러므로 숭례문은 남대문이다"가 논리적으로 타당한 것과 같습니다.* 그렇지요?

그렇다면 이제 우리가 물어야 할 것은 그 이유입니다. 플라톤은 왜 이렇게 논리적 오류를 무릅쓰면서까지 '무엇이라고 도저히 말할

---

\* 논증 "A는 C이다. 그리고 B는 C이다. 그러므로 A는 B이다"를 기호화하면 [(A→C) ∧ (B→C)]→(A→B)이다. 그러나 논증 "A는 C이고, C는 A이며, 동시에 B는 C이고 C는 B이다. 그러므로 A는 B이고 B는 A이다"를 기호화하면, [(A↔C) ∧ (B↔C)]→(A↔B)가 된다. 기호논리학에서는 기호 '→'로 표현되는 관계를 함축(implication)이라 하고 '↔'로 표시되는 관계를 동치(equivalence)라 한다.

수 없고 또 말해서도 안 되는' 일자에 선의 이데아 개념을 부여해 '무엇인가를 의미할 수 있고 말할 수도 있는' 것으로 만들었을까요? 플라톤의 작업이 후일 서양문명에 어떤 영향을 남겼는지 살펴보면 그 대답을 얻을 수 있습니다.

### 그리스어로 저술한 모세

플라톤이 일자를 선의 이데아 또는 선 자체로 규정한 일은 서양 문명사에서 하나의 위대한 사건입니다. 우선 '신은 선하다'라는 긍정문이 플라톤에 와서야 이론적이고 공적公的으로 가능해졌고, 그것이 모든 불가항력적인 악한 세력에 대한 불안에 속절없이 노출되어 있던 고대인들의 삶에 더없는 용기와 희망을 주었기 때문이지요. 무슨 말이냐고요?

2권 『하나님은 창조주인가』의 2장 가운데 '보시기에 좋았더라'에서도 언급했듯이, 고대 사람들은 신을 선과 악, 빛과 어둠, 온기와 냉기, 행운과 불운 같은 이원적 힘의 근거로 인식했습니다. 예컨대 조로아스터교나 마니교의 가르침이 그렇지요. 그들은 신의 선함과 악함 또는 선한 신과 악한 신이 실제로 존재한다고 믿었습니다. 그 때문에 자기에게 다가오는 불운, 재앙, 질병 등을 인간이 도저히 항거할 수 없는 신적인 것으로 생각하고 두려워했지요. 이때 플라톤이 나선 겁니다. 그는 만물의 궁극적 근거인 신이 둘이 아니라 하나이며 그 본질은 선이라고 주장했지요. 그렇게 사람들을 위로한 것입니다.

플라톤 철학이 가진 이러한 구세적救世的 성격은 나중에 "그러나

이 모든 일에 우리를 사랑하시는 이로 말미암아 우리가 넉넉히 이기느니라"(로마서 8:37)라는, 사도 바울의 '승리 찬가'로 불리는 기독교의 '섭리 사상'과 연결되어 적어도 19세기까지는 서양문명을 이끌었습니다. 플라톤의 철학이 '영원의 철학'philosophia perennis이라고 불리는 까닭이 여기에 있지요.

우리는 서양인들의 의식 안에 여전히 남아 있는 그 영향을 플라톤 이후 2,000년도 더 지나 쓰인 헨리 모어의 시 "영혼불멸"에서도 확인할 수 있습니다.

> 만일 신이 선이기 때문이 아니라
> 자신이 욕구한다고 해서 모든 것을 단지 마음 내키는 대로 하고
> 그의 행위에 일정한 척도가 없다면
> 무엇을 그가 의도하는가를
> 이해할 도리가 있을까?
> …우리의 가엾은 혼이 이 세상에서 떠나갈 때
> 그 복이나 그 생존에 관해서 누구도 확신할 수 없으리라.
> 만일 우리가 신의 법칙을 이같이 왜곡하고
> 악한 의지가 신을 지배하거나 선은 신의 의지와 무관하다고
> 경솔하게 주장하는 기묘한 사상에 자유를 부여한다면.[9]

한마디로 신은 악한 게 아니라 선하기 때문에 우리가 세상을 마음 편히 살다가 죽을 수 있다는 뜻이지요. 바로 이것이 플라톤이 서

양 사람들에게 준 위대한 종교적 선물입니다.

어디 그뿐인가요? 만물의 궁극적 근거가 선 자체라는 플라톤의 주장은 당시 사람들에게 인간이 선하게 살아야만 하는 도덕적 삶의 근거 및 객관적 타당성으로 이해되었습니다. 즉 만물의 궁극적 근거가 선이라면 인간은 당연히 선하게 살아야 하고, 그러지 않으면 벌을 받는다는 생각이 고대인들에게 비로소 가능해진 것이지요. 플라톤은 바로 이런 의미에서 "선 자체를 보고 그것을 표본 paradeigma 으로 삼아"[10] 살아야 한다고 교훈했습니다.

케임브리지 대학에서 플라톤 학파의 수장이기도 했던 헨리 모어의 시에도 그 영향이 나타나는데요. 앞서 인용한 시 "영혼불멸"을 이어서 살펴볼까요?

> 무한히 넘치는 신의 선성善性은
> 모든 곳에 가득 차 있도다. 신은
> 무한한 우주에 될 수 있는 한 즉시
> 그의 최선의 재주를 부려 피조물들에게
> 선이 받아들여지도록 행하였도다.
> …신이란 이름의 무궁한 선은
> 오직 선을 목적으로 하는 나에게는
> 전적으로 충분한 이유인 것이다.

신의 선성이 도덕적 선의 '충분한 이유'라는 이야기입니다. 이 같은 플라톤 사상을 기반으로 세계와 인간의 삶에 본래적으로 선한 신적 질서가 존재한다는 스토아 철학의 자연법 사상이 만들어졌습니다. 이것이 이후 로마에 들어가 로마법의 기초가 되었고, 초기 그리스도인들에게도 깊이 침투해 기독교 윤리에 커다란 영향을 미쳤지요.

우리가 도달한 결론은 이렇습니다. 플라톤이 논리적 오류를 고의로 범하면서까지 일자와 선 자체를 동일시한 것은 '존재론적 목적'이 아닌, 오직 '도덕론적 목적' 때문이었다는 것이지요. 플라톤은 흔히 오해되는 것과는 달리 초월적인 '천상의 세계'만 동경하던 사람이 결코 아니었습니다. 그는 오히려—그의 철학 체계에서는 한갓 헛된 것인—'지상의 세계'를 진정으로 사랑한 철학자였지요. 그래서 만물의 궁극적 근거인 일자를 선 자체로 정의함으로써 사람들에게 위안과 희망을 주고 선한 삶을 끌어내는 데 전념했던 겁니다. 플라톤 철학의 진짜 목적은 '천상세계로의 초월'이 아니라 '지상세계에서의 승화'였던 것입니다.

플라톤 철학의 이 같은 구세적 성격을 일찍부터 간파한 초기 기독교 사상가들은 이를 적극 받아들였고, 그에 합당한 찬사도 아끼지 않았지요. 예컨대 알렉산드리아의 클레멘스는 『학설집』에서 "그리스인들에게 철학을 준 것은 히브리인들에게 율법을 수여한 것과 같은 목적"이라며 "플라톤은 그리스어로 저술한 모세"[11]라고 드높였습니다. 『교회사』의 저자이기도 한 가이사랴 감독 에우세비우스 Eusebius of

Caesarea, 263-339도 열다섯 권으로 된 『복음의 예비』 가운데 세 권(11-13)을 플라톤 사상에 할애하면서 "플라톤과 모세는 일치하니 플라톤을 구원섭리의 예언자 중 하나라고 불러도 좋다"라고 칭송했지요.˙

일자는 초월성의 완성이니, 플라톤이 만일 자신의 '사유의 발길'을 그 일자에서 멈추었다면 그는 플로티노스처럼 하나의 초월론자 내지 신비주의자로 머물렀을 겁니다. 그리고 이후 서양의 사상과 문명도 의심할 여지가 없이 크게 바뀌었겠지요. 그러나 플라톤은 그리하지 않았습니다. 그는 자신의 사유를 '일자'라는 더없이 높고 신비스러운 영역으로 끌어올렸지만, 거기서 그치지 않고 일자를 '선 자체'라고 정의함으로써 곧바로 우리가 사는 현실의 영역으로 발길을 되돌린 것입니다. 이처럼 되돌아선 그의 고귀한 발길에 대해, 20세기의 탁월한 플라톤 해석자인 아서 러브조이Arthur O. Lovejoy는 다음과 같이 높이 평가했습니다.

그[플라톤]의 역사적 영향에 관하여 가장 주목할 만한 사실은 그가 유럽의 내세성來世性에 특징적인 형식과 용어와 논법을 제공했다는 것뿐만 아니라, 그 정반대적 경향―즉 각별히 건전한 종류의 현세성現世性―

---

• 현대신학자 보만은 "플라톤 사상은 그리스적 정신생활의 절정을 뜻하고(A. 니그렌도 이렇게 주장한다), 그 성격상 종교적이기 때문에 철두철미하게 종교적인 이스라엘의 사유에 비교될 수 있다.…나는 루트베르크(Rudberg)의 견해와 같이 플라톤 사상과 기독교는 본질상 유사하고 공통된 가치를 지닌다고 생각한다"라고 언급했다(T. 보만, 허혁 역, 『히브리적 사유와 그리스적 사유의 비교』, 분도출판사, 1975, pp. 22-23).

에도 특징적인 형식과 용어와 논법을 제공했다는 것이다. 왜냐하면 그의 철학은 우리가 이른바 내세적 방향으로 정점에 이르자마자 제 스스로 방향을 바꾸었기 때문이다.[12]

바로 이것이 역사상 그 어떤 철학자도 따를 수 없는 플라톤의 위대한 면모입니다. 그는 논리적 오류를 무릅쓰면서까지 일자에 선 자체 개념을 부여해 2,400년간 이어진 서양문명 전반에 "각별히 건전한" 현세적 미덕을 개척하는 형식과 용어와 논법을 제공했던 겁니다. 나아가 플라톤 자신도 그 미덕을 따라 살고 싶어 했지요. 『파이드로스』 말미에는 다음과 같은 그의 기도가 실려 있습니다.

오, 사랑하는 판Pan과 여기에 있는 모든 신들이여!
내 마음속을 아름답게 하소서.
내가 밖에서 가지고 있는 선善들이
나의 본질과 일치하게 해 주옵소서.
나에게는 현명한 자가 부자처럼
생각되게 해 주옵소서. 그러나 돈은,
금욕하는 사람들이 가지고 다니는 정도도,
무거운 짐이 되게 하소서.[13]

"플라톤 철학의 최고점은 신학이며"[14] "그 둘은 하나다"[15]라는 평을 들을 만큼 플라톤은 수많은 종교적 교설의 근간이 되는 이론을 설파했습니다.* 그렇지만 결코 종교적 신비주의에는 발을 들여놓지 않았습니다. 그것이 "기하학을 모르는 자, 여기 들어오지 말라!"라고 말하던 플라톤의 철학적 기준이었고, 그를 종교인이 아니라 철학자로 남게 하는 버팀목이었지요. 이에 관해 질송은 "플라톤은 신비주의의 문을 열었다. 그러나 그는 그 안으로 들어가지는 않았다"[16]라고 적절한 비유를 들어 평가했습니다. 그런데 플라톤이 열어 놓은 '신비의 문'으로 성큼 들어선 사람이 바로 플로티노스였습니다.

## 플로티노스의 일자

플라톤이 깊은 종교적 통찰력을 지닌 철학자였다면, 플로티노스는 깊은 철학적 통찰력을 지닌 종교인이었습니다. 신플라톤주의 학파의 가장 위대한 인물인 그는―제자 포르피리오스가 전하는 바에 따르면―문둥병 같은 피부 질환을 앓는 자기 육체를 수치스럽게 여겼고 혼신을 다해 오직 '천상의 것'만을 흠모했지요.

플로티노스는 만물의 궁극적 근거인 아르케<sup>arche</sup>를 찾을 때에 플라톤이 마지막에 도달한 것인 '일자'―者, to hen에서 출발했습니다. 플라톤은 원칙상 인식할 수도, 언급할 수도 없는 일자를 '선 자체'로 바

---

* 베르너 예거(Werner Jaeger)는 "플라톤 철학의 최고점은 신학이며, 신학은 어떤 의미에서 그의 사유의 근원적 목표이자 중심점이다"라고 평했고, 파울 나트롭(Paul Natrop)은 "종교가 플라톤 철학 전반에 단지 피상적으로 배어 있는 것이 아니라, 그 둘은 하나다"라고 주장했다.

꾸고 '태양'에 비유함으로써 일자에 관한 많은 소중한 것을 '우회적'으로 말했지요. 그러나 플로티노스는 그러지 않았습니다. 그는 '일자'에 대해 직접적이고 논리적으로 설명하기를 주저하지 않았습니다. 그렇게 해서 '일자 형이상학'이라는 신비로운 길을 닦았습니다.

플로티노스의 일자 형이상학에 대해 우리는 이미 1권 『하나님은 존재하는가』의 2부 "하나님은 존재다"에서 비교적 자세히 살펴보았지요. 그러니 여기서는 '일자'에 관한 사유만 간략히 정리하기로 합니다.

플로티노스는 먼저 "일자는 어떤 존재하는 사물일 수 없으며 모든 존재자에 우선한다"[17]라며 일자가 '어떤 것 하나', 즉 그 어떤 존재물 가운데 '하나'가 아님을 분명히 했습니다. 일자로부터 다른 모든 것이 유출된다는 의미에서 일자가 '첫째인 자'를 뜻한다고 주장하는 사람도 있습니다. 그렇지만 그것은 일자가 가진 부차적 의미에 불과합니다. 일자의 가장 두드러진 본질은 '첫째'가 아니고, '절대적 초월'입니다. 이 말이 무슨 뜻일까요? 그것은 일자 자신은 그 어떤 구분과 한계를 갖지 않음으로써, 모든 개별적 존재물이 가진 구분과 한계를 넘어선다는 것을 뜻합니다. 그럼으로써 또한 일자는 모든 개별적 존재물을 자기 안에 포용하는 것이지요.

파울 틸리히는 이러한 일자의 절대적 초월성을 "디오니시우스나 신플라톤주의자들이 〈일자〉에 대해 말할 적에 그들은 결코 〈하나〉라는 수를 생각한 것이 아니라, 넘어서 있는 것을 생각하고 있었다"[18]라고 표현했습니다. 요컨대 일자一者의 '일一'은 기수의 일[1]도 아니고 서수의 일(첫째)도 아니지요. 오직 유일唯一하다는 의미의 '일一'입니다.

플라톤과 플로티노스 이후 서양문명에서 말하는 일자一者는 세상의 모든 것을 포용하는 포괄자包括者이자 유일자唯一者입니다!

그렇기 때문에 일자의 초월성이 모든 개별적 존재물에 대한 부정이나 절대적 무無를 의미한다고 오해해서는 안 됩니다. 그것은 오히려 모든 존재물을 포괄하는 바탕이자 존재에 대한 긍정이지요. 존재물 입장에서 보는 일자는 초월자이지만, 일자 입장에서 보는 일자는 포괄자입니다. 그래서—또한 그럼으로써—일자는 만물의 궁극적 근거인 거지요. 요컨대 일자는 규정할 수 없는 것이기에 모든 규정할 수 있는 것들의 바닥에 깔리는 심연abyss이 되며, 한정할 수 없는 것이기에 모든 한정할 수 있는 개별적인 것들이 그 안에서 생성되었다가 사라지는 포괄자입니다. 1권 『하나님은 존재하는가』의 2부 "하나님은 존재다"에서 이미 설명했고 나중에 다시 언급하겠지만, 기독교의 하나님이 갖는 유일성이 바로 이렇습니다.

또한 일자는 이 같은 무규정성과 무제한성 때문에 '이름'조차 없는 무한자입니다. 이를 플로티노스는 "일자는 모든 사고와 존재를 넘어서며, 말로 표현할 수 없고 파악할 수도 없다"[19]라고 표현했습니다. 이처럼 일자는 인식과 언명이 불가능한 전체적 '하나'One입니다. 그래서 일자에는 감각적 범주든 정신적 범주든 그 어떤 범주도 적용될 수 없습니다.[20] 지각할 수도 없고 인식할 수도 없다는 뜻입니다. 이 말은 또 일자가 보고 듣고 만질 수 있는 감각적 세계뿐 아니라, 생각하고 규정하는 정신적 세계에서도 벗어난다는 것을 의미하기도 합니다. 이처럼 일자는 절대적 '초월자'이자 '초존재자'입니다. "일자에는 개념도 없고 지식도 없다. 그래서 신은 정신의 저편에 있다고 말한다"[21]라는 플로티노스의 말이 여기서 나왔습니다.

정리할까요? 일자는 이처럼 존재론적으로든 인식론적으로든 하등의 규정과 제한을 갖지 않음으로써 규정과 제한을 갖는 모든 존재물의 바탕이자 인식과 언명의 근거가 됩니다. 플로티노스는 이 말을 "모든 것이 일자로부터 나오는 이유는 그 안에 그것을 제한하거나 규정하는 것이 전혀 없기 때문이다"[22]라고 교훈했지요. 바로 이 절대적 초월성·포괄성·무규정성·무제한성이 지금부터 하려는 우리 이야기와 연관해서 아주 중요한데요, 왜냐하면 우리는 이제부터 일자는―일자이기 때문에 그리고 일자이기 위해서―그 어떤 차별성이나 배타성을 가질 수 없다는 이야기를 하려고 하기 때문입니다.

### 단 몇 마디만 바꾸면

우리가 여기서 주목할 것은 일자에 관한 이런 사유가 기독교 사상 안에서 삼위일체 하나님의 제일위인 성부<sup>聖父</sup>로 발전했다는 사실입니다. 플로티노스가 신적 존재로 구분한 일자·정신·영혼이 각각 기독교의 성부·성자·성령과 맞아떨어졌기 때문이지요. 플로티노스의 『엔네아데스』에는 심지어 오리게네스의 삼위일체론을 곧바로 떠올리게 하는 다음과 같은 말도 들어 있습니다.

그리하여 원의 중심[일자] 자체가 존재하는 한편 원의 반지름[정신]이 원의 중심점에 기초해서 존재하며 나아가 그 반지름에 기초해서 하나

의 원을 구성하는 원의 둘레[영혼]가 존재하듯이 일자·정신·영혼이라는 세 자립체는 하나로 존재한다.[23]

어때요? 우연이라고 하기에는 너무 기막히게 맞아떨어지지요? 그래서 초기 기독교 신학자들이 플로티노스의 신플라톤주의를 아무 거리낌 없이 받아들일 수 있었던 것이지요. 토마스 아퀴나스가 『신학요강』에서 하나님에 대한 자신의 언급을 이야기하면서 "이 모든 것은 철학자들에 의해서 상정되었다"Quod hec omnia a philosophis posita sunt[24] 라고 말한 까닭이 여기 있습니다. 여기서 당신은 다음 두 가지 의문을 제기할 수 있습니다. "그렇다면 삼위일체 하나님의 성부聖父는 그리스 철학의 일자一者가 가진 속성들을 가졌는가?" 이에 대한 대답은 당연히 '그렇다'입니다. "그렇다면 삼위일체 하나님의 성부가 가진 속성이 일자의 속성과 똑같은가?" 이에 대한 대답은 분명히 '그렇지 않다'입니다. 왜냐고요? 바로 그 이유를 이제부터 살펴보려 합니다.

초기 기독교 신학자들이 성서와 『엔네아데스』를 함께 펼쳐 놓고 일했다는 사실을 감안해 보면 그들이 하나님의 유일성을 어떻게 이해했는지 짐작하기란 그리 어렵지 않습니다. 이들이 구약성서에서 "이스라엘아 들으라. 우리 하나님 여호와는 오직 유일한 여호와이시니 너는 마음을 다하고 뜻을 다하고 힘을 다하여 네 하나님 여호와를 사랑하라"(신명기 6:4-5)라고 외친 모세의 선포를 읽었을 때나 신약성서에서 "하나님은 한 분밖에 없는 줄 아노라"(고린도전서 8:4)라는 바울의 가르침을 들었을 때, 그들의 머릿속에는 분명 파르메니데스, 플라톤, 플로티노스로 이어지는 존재론 전통에서 나온 일자에 대한 형이상학적 개념들이 줄지어 떠올랐을 겁니다.

그러나 세상에 달고 큰 배가 어디 있고 티 없는 옥이 또 어디 있겠습니까! 아우구스티누스는 플로티노스의 가르침을 '단 몇 마디만' 바꾸면 기독교 교리나 마찬가지라고 말했지만, 그건 과장이었지요. 비록 플로티노스가 기독교의 삼위일체론과 매우 유사한 사변적 가르침들을 남겼다 해도 그 둘 사이에는 도저히 건널 수 없는 간극이 은폐되어 있었습니다. 그 때문에 오리게네스 같은 초기 기독교 신학자들이 그 둘을 가차 없이 결합해 삼위일체론을 만들었을 때, 그 안에는 돌이키기 어려운 분쟁의 위험이 잠재되어 있었지요.

그 가운데 무엇보다 크게 문제가 된 것을 지적하자면 이렇습니다. 앞서 여러 번 우리가 살펴봤듯이 플로티노스의 일자에서는 정신과 영혼이 순차적으로 유출되었고 이것이 각각으로 분리된 채 하나의 자립체로 존재하기는 해도 어쨌든 일자에 종속됩니다. 그러나 기독교에서는 "태초에 말씀이 계시니라. 이 말씀이 하나님과 함께 계셨으니 이 말씀은 곧 하나님이시니라"(요한복음 1:1)에 나타난 것처럼, 성부·성자·성령은 태초부터 동시에 하나로 존재하며 분리되지도 않고 서로 동등하지요. 알고 보면 바로 이 차이점을 극복하려는 노력이 초기 기독교사에서 가장 큰 논쟁인 '삼위일체 논쟁'의 핵심입니다.

삼위일체 논쟁은 318년 아리우스 논쟁에서 시작되어 381년 콘스탄티노플 공의회에서 마감되었습니다. 63년 동안 계속된 이 논쟁을 통해 기독교 신학은 그리스 철학을 마침내 극복하고 자신의 길을 가는 계기를 마련했고, 이때 그리스 철학에서 말하는 일자가 가진 속성들과는 전혀 다른, 유일자로서 성부의 고유한 특성이 분명하게 드러났습니다. 그리고 바로 여기에 우리가 알아보고자 하는, 하나님의 유일성을 결정짓는 매우 중요한 내용이 들어 있습니다.

자, 그럼 이제 삼위일체론三位一體論에 대해 살펴볼까요? 삼위일체론은 2,000년 가까이 전해 내려오며 기독교적 신 개념의 중추가 된 이론인 만큼 매우 방대하고, 난해하기 그지없지요. 당신이 그렇듯 나도 복잡하고 어려운 건 싫어합니다. 그러니 우리가 지금까지 그랬듯이 앞으로도 우리의 핵심 주제와 연관된 내용만 골라 되도록 쉽고 간략하게 살펴보려 합니다.

### 삼위일체란 무엇인가

삼위일체Trinity라는 용어는 신구약성서 어디에도 나오지 않습니다. 그런데도 삼위일체 교리의 성서적 기원을 찾느라 예부터 애를 쓴 신학자들은 예컨대 구약성서 창세기의 "하나님이 이르시되 우리의 형상을 따라 우리의 모양대로 우리가 사람을 만들고"(창세기 1:26)라는 구절에 등장하는 '우리'라는 단어를 주목했지요. 유일신인 하나님이 왜 자신을 '우리'라는 복수로 일컬었느냐 하는 것이 관건입니다.

기독교 신학의 태동기라 할 수 있는 2세기에 활동한 변증가 유스티누스의 『유대인 트뤼폰과의 대화』에는 다음과 같은 변증도 들어 있습니다.

"우리가 사람을 만들자." 나는 모세의 이 말을 다시 인용하려 한다. 이 말로부터 우리는 자명하게 하나님이 어떤 이와 대화를 하고 있다는 것을 알 수 있다. 그 어떤 이는 숫자로 볼 때 분명 하나님으로부터 구별된 이성적 존재다. "여호와 하나님이 이르시되, 보라 이 사람이 선악을 아는 일에 우리 중 하나같이 되었으니." 우리 중 하나 같다는 말은 어떤 이와 연관된 또 다른 이가 있음을 나타내는 것이다. 즉 적어도 두 존재가 있다는 것이다.[25]

유스티누스도 이처럼 하나님의 복수성을 인정했지요. 그러면서도 그들을 분리해 두 하나님 혹은 세 하나님으로 인식하는 것은 적극 부인했습니다. 그는 이어서 다음과 같이 주장했습니다.

이 권능은 아버지로부터 나뉠 수도 없고 그대로 분리될 수도 없는데 마치 지구 위에 있는 태양의 빛이 하늘에 있는 태양으로부터 나뉘지도 분리될 수도 없는 것과 같다. 태양이 질 때 빛은 태양과 함께 진다. 그래서 아버지가 원했을 때 그는 그의 권능을 출생시키며 그가 원했을 때 그는 그 권능을 자신에게로 돌아오게 한다.[26]

당신도 이미 눈치챘겠지만, 유스티누스의 이러한 주장에는 아버지와 아들을 구분하는 동시에 하나로 묶어 유일신론을 훼손하지 않으려는 애달픈 노력이 들어 있습니다. 당신은 여기에서 '애달픈 노력'이라는 말을 귀담아들어야 합니다! 왜냐하면 여기에 초기 그리스도인들은 물론이거니와 당시 신학자들이 당면한 심각한 혼란과 고민이 표현되어 있기 때문이지요. 당시 그들이 처한 혼란스러운 종교적 상황을 설명하자면 다음과 같습니다.

"기독교는 성육신이다"라는 쿠바 태생의 역사신학자 후스토 곤잘레스Justo L. Gonzalez의 말이 대변하듯이,[27] 기독교는 "하나님이 세상을 이처럼 사랑하사"(요한복음 3:16) 이 세상에 왔다는 선포를 기반으로 시작한 종교지요. 따라서 초기 그리스도인들은 당연히 그들 앞에 나타난 예수님을 구세주로 믿었습니다. 그런데 그들은 구약성서에서 자신을 계시한 히브리인들의 하나님도 계속해서 신앙해야만 했습니다. 그들 대부분이 히브리인이기에 그렇기도 했지만, 더 결정적 이유는 예수님이 구약성서의 하나님을 배척하기는커녕 '아버지'라 부르고 자기 스스로를 '아들'이라고 낮추며 수용했기 때문입니다.

그뿐만이 아니었습니다. 그리스도인들은 오순절에 예수 추종자들에게 강림하고 자신들의 신앙생활을 통해 직접 체험한 성령도 하나님으로 믿어야만 했지요. 역시 예수님이 그렇게 가르쳤으니까요. 예수님은 "보혜사 곧 아버지께서 내 이름으로 보내실 성령 그가 너희에게 모든 것을 가르치고 내가 너희에게 말한 모든 것을 생각나게 하리라"(요한복음 14:26)라고 교훈했고, 또 "너희는 가서 모든 민족을 제자로 삼아 아버지와 아들과 성령의 이름으로 세례를 베풀고"(마태복음

28:19)라고도 가르쳤습니다.

사실상 이런 기록들이 신약성서에 기록된 삼위일체 하나님에 관한 명시적 표현이라 할 수 있는데, 그 결과 초기 그리스도인들은 알게 모르게 하늘에 계신 아버지, 땅 위에 오신 구세주 예수, 보혜사 성령, 이 '세 분 하나님'을 모셔야만 하는 처지에 놓이게 되었지요. 그런데 문제는 구약성서의 하나님이 모세를 통해 "여호와는 오직 유일한 여호와이시니 너는 마음을 다하고 뜻을 다하고 힘을 다하여 네 하나님 여호와를 사랑하라"(신명기 6:4-5)라는 말로 자신이 유일자임을 계시했다는 점이었습니다.

예수님 또한, "나와 아버지는 하나이니라"(요한복음 10:30), "너희가 나를 알았더라면 내 아버지도 알았으리로다. 이제부터는 너희가 그를 알았고 또 보았느니라"(요한복음 14:7)와 같이 자신을 또 하나의 다른 하나님으로 선포하지 않고 구약의 하나님과 동일시했지요(참고. 누가복음 10:22; 요한복음 14:6, 10). 나아가 "내가 아버지께로부터 너희에게 보낼 보혜사, 곧 아버지께로부터 나오시는 진리의 성령이 오실 때에 그가 나를 증언하실 것이요"(요한복음 15:26)처럼 성령 역시 하나님으로부터 나온 것으로 가르쳤습니다.

따라서 당시 그리스도인들이 당면한 문제의 핵심은 아버지와 아들과 성령이 어떻게 셋이 아니고 하나일 수 있느냐였지요. 이것이 초기 기독교 신학자들이 삼위일체론이라는 매우 특이하고도 난해한 교리를 서둘러 만들어야 했던 이유입니다.

### 하나이면서 셋이고, 셋이면서 하나라고?

초기 기독교 신학자들이 가장 시급하게 해결해야 할 문제는 아버지와 아들이 어떻게 하나일 수 있는가였습니다. 성령의 문제는 순서에서나 중요성에서 그다음이었지요. 그 결과 고대 기독교 사회에서는 삼위일체론三位一體論이 마치 이위일체론二位一體論처럼 다뤄졌는데, 그게 큰 문제가 되지 않았던 것은 아버지와 아들의 문제가 해결되면 같은 원리로 성령의 문제도 설명할 수 있으리라는 믿음 때문이었습니다. 그렇다고 해서 일이 더 쉬워진 건 아니었습니다.

그래서 사도 교부들은—자신들의 스승이거나 동역자 사도들이 그랬듯이—삼위일체 또는 이위일체를 이론적으로 설명하기보다는 일방적으로 선포하는 데 주력했습니다. 물론 이때는 '삼위일체'라는 용어 자체가 아직 나오기 전이었으므로 그들은 대개 성자 예수님을 성부와 동일시하는 표현으로 성서에 나타난 삼위일체나 이위일체를 교훈했지요.*

예컨대 2세기 초 안디옥 감독이었던 이그나티우스**는 「에베소

---

* 삼위일체를 미루어 짐작할 수 있게 표현한 신약성서 구절의 예로는 마태복음 28:19; 사도행전 2:32-33; 고린도전서 6:11, 12; 갈라디아서 3:11-14; 히브리서 10:29; 베드로전서 1:2 등에서, 그리고 이위일체를 미루어 짐작할 수 있게 표현한 예는 고린도후서 4:4; 갈라디아서 1:1; 에베소서 1:20; 디모데전서 1:2; 베드로전서 1:21; 요한복음 1:13; 로마서 8:11 등에서 찾아볼 수 있다.
** 이름이 '불같이 뜨거운 사람'이라는 뜻인 이그나티우스는 이름대로 '불같이 뜨거운' 신앙을 가진 사람이었다. 안디옥 감독으로 일했기 때문에 그곳에서 베드로와 바울을 만났으리라고 예상되는 그는 정죄를 받고 처형당하기 위해 로마로 끌려가는 중에 서머나에서 마그네시아, 트랄레스, 에베소, 로마로 4개의 서신을 써 보냈고, 드로아에서는 서머나 교회와 감독 폴리카르푸스에게, 그리고 빌라델비아 교회로 3개의 서신을 써 보냈다.

로 보내는 서신」에서 아래와 같이 예수님을 우리 죄를 치유하는 '의사'Iatros*라고 부르며 시작합니다. 그렇지만 나중에는 별다른 설명 없이 '우리 하나님 예수 그리스도'라는 말로 이위일체를 선포하지요.

> 한 분의 의사가 계신데,
> 그분은 육과 영을 다 가지셨으며
> 태어난 자이시며 또한 태어나지 않은 자이시고
> 인간 안에 하나님이 계시며
> 죽음 안에서도 참생명을 가지시고
> 마리아와 하나님으로부터 동시에 나오시고
> 처음에는 고통을 느끼시다가 나중에는
> 고통을 느끼지 않으신
> 우리 하나님 예수 그리스도시다.[28]

전해 오는 설화에 의하면, 이그나티우스는 신약성서에서 예수님이 생전에 품에 안고 "누구든지 내 이름으로 이런 어린아이 하나를 영접하면 곧 나를 영접함이요"(마가복음 9:37)라고 제자들에게 가르쳤던 바로 그 '어린아이'였다고 합니다. 사실 여부를 떠나, 당시 이 사도 교

---

서신에는 자신이 하나님의 고난을 닮아 순교할 수 있기를 바란다는 것과 진리를 왜곡시키는 거짓선생들 때문에 교회가 분열될지 몰라 염려하는 내용이 주로 담겼다. 그의 주요 사상으로는 '그리스도론'과 '교회론'을 들 수 있다.

* 이그나티우스가 그리스도를 이아트로스(Iatros), 곧 '의사'라고 부른 것은 그가 '구원'을 '대속'으로 보지 않고 '치유'로 파악하고 있음을 말해 준다.

부가 누리던 권위를 짐작하게 하는 흥미로운 이야기지요. 그런데도 그가 "우리 하나님 예수 그리스도시다"라는 말로 예수님과 하나님을 동일하게 규정한 것은 당시 사람들에게조차—신앙적으로는 몰라도—이성적으로는 결코 이해할 수도 설명할 수도 받아들일 수도 없는 것이었습니다.

당연히 이 문제를 해결하려는 다양한 이론이 쏟아져 나왔고, 그럴수록 오히려 걷잡을 수 없는 혼란이 야기되었습니다.* 왜냐고요? 만일 누구든 아버지와 아들이 '분리되지 않는 하나'라고 주장하면, 인간이 감히 성부 하나님을 십자가에 못 박았다고 주장하는 것이 됩니다. 하나님은 하나인데 마치 한 배우가 여러 역할을 하듯이 성부·성자·성령이라는 세 가지 역할을 한다는 양상적 군주신론 Modalistic Monarchianism이 바로 그랬지요. 이 이론을 주장한 사벨리우스 Sabellius가 그 때문에 '성부수난론자' Patripassianans로 몰려 정죄되었습니다.

그렇지만 만일 누구든 이와 반대로 아버지와 아들이 '분리되는

---

* 당시의 혼란을 예측할 수 있는 대표적 교설(敎說)로는 동적 군주신론(Dynamic Monarchianism)과 양상적 군주신론(Modalistic Monarchianism)이 있다. 동적 군주신론은 테오도투스(Theodotus)가 창시했는데 시간과 상황에 따라 그 기능(dynamis) 면에서 성부·성자·성령이 차례로 나타난다는 설이다. 그러나 이 교설은 후일 안디옥 감독이 된 사모사타의 바울이 널리 주장하면서 성자 예수님에 대해 하나님에게 가장 적합한 인간이 하나님의 아들로 선택되었다는 양자그리스도론(Adoptionism)과 유사한 입장을 취해 이단으로 정죄되었다. 양상적 군주신론은 사벨리우스가 퍼뜨렸다고 해서 '사벨리우스주의'라고도 하는데, 한 분의 하나님이—마치 한 배우가 여러 역할을 하듯이—세 가지 역할을 한다는 이론이다. 그러나 이 교설은 성부와 성자가 '분리될 수 없는' 하나임을 주장해 사벨리우스는 '성부수난론자'로 불리며 정죄되었다. 테르툴리아누스는 사벨리우스가 "성부를 십자가에 못 박았다"며 비난했다.

둘'이라고 하면, 성자인 예수님이 하나님이라는 것을 부인하는 게 되지요. 예수님은 하나님이 아니고 하나님에게 가장 적합한 인간이 하나님의 아들로 선택되었다는 양자그리스도론$^{\text{Adoptionism}}$이 그 한 예입니다. 이 같은 입장을 취했던 안디옥 감독 사모사타의 바울$^{\text{Paul of Samosata}}$은 그 때문에 이단으로 정죄되었습니다. 이래도 저래도 이단으로 몰려 정죄받았던 거지요.

혼란의 본질은 아버지와 아들이 '분리되지 않는 하나'라고 주장해서도 안 되고, '분리되는 둘'이라고 주장해서도 안 된다는 것이었습니다. 그러니 당시 그리스도인들은 아버지와 아들이 하나이면서 둘이고, 둘이면서 하나라는, 말이 안 되는 말을 해야 하는 곤란한 상황에 놓일 수밖에 없었습니다. 게다가—당신도 상상할 수 있듯이—성령마저 감안하면 상황은 엎친 데 겹친 격이었지요. 짐작건대 아무리 대담한 그리스도인일지라도 이교도 앞에서 자신들의 하나님이 하나이면서 셋이고, 셋이면서 하나라는 배리$^{背理}$를 '당당하게' 말할 수는 없었을 것입니다.

### 용어가 사유를 가능하게 한다

내 생각에는 고대 기독교 신학계가 처한 이 당혹스러운 정황은 20세기 초 양자물리학계가 당면했던 난처한 상황과 매우 흡사합니다. 갑자기 무슨 엉뚱한 소리냐고요? 설명하자면 이렇습니다.

1905년 아인슈타인이 '광양자 이론'$^{\text{theory of light quanta}}$을 발표하기 전만 해도 빛은 '증명되고 공인된' 파동$^{\text{wave}}$이었습니다. 그런데 아인슈타인이 빛이 고속으로 이동하는 에너지다발, 곧 입자particle라는 것을 실험을 통해 증명하자 물리학계는 큰 충격에 휩싸였습니다. 파동은 입자일 수 없고 입자는 파동일 수 없는데, 어떻게 빛은 파동이면서 입자일 수 있는가 하는 문제 때문이었지요. 당시 다른 물리학자들과 마찬가지로 아인슈타인 자신도 '산란'과 '간섭'이라는 파동 현상과 자신의 광자 개념 사이에서 드러나는 모순, 이른바 '파동-입자 이원성'wave-particle duality 문제를 해결할 수 없었습니다.

혼란과 당혹감 속에서 20년쯤 지난 후 독일의 젊은 양자물리학자 베르너 하이젠베르크가 아리스토텔레스의 『형이상학』에 나오는 '잠세태'潛勢態라는 용어를 빌려 와 이 모순적 현상을 설명할 수 있는 길을 열었지요. 그리스어로 '뒤나미스'dynamis, 라틴어로 '포텐티아'potentia라고 표기되는 잠세태는 '아직 그 본질이 확정되지 않은 가능태'를 말합니다. 하이젠베르크는 빛과 같은 소립자들은 단지 "존재하려는 경향"tendencies to exist 또는 "일어나려는 경향"tendencies to happen 으로 규정할 수 있는 가능태일 뿐이어서, 실험자의 관찰에 의해 비로소 입자 또는 파동으로 현실화(확정)된다고 설명했습니다.[29]

하이젠베르크의 이러한 해석은 이후 오스트리아의 물리학자 에르빈 슈뢰딩거Erwin Schrödinger, 1887-1961가 빛을 파동으로 다룬 자신의

---

* 아리스토텔레스는 어떤 것이 실현된 상태를 현실태(energeia), 잠재된 가능성으로 있는 상태를 잠세태(dynamis)라고 규정하자고 제안하면서 이렇게 설명했다. "이것은…재료에서 모습을 띠고 나온 것이 재료에 대해, 그리고 가공된 것이 가공되지 않은 것에 대해 맺는 관계와 같다. 이 차이가 나는 두 상태 중 한쪽은 '에네르게이아'(energeia)라 하고 다른 쪽은 '뒤나미스'(dynamis)라고 규정하자"(『형이상학』, 1048b).

'파동역학'과 입자로 다룬 하이젠베르크의 '행렬역학'이 수학적으로 동치이며, 한쪽에서 다른 쪽을 유도해 낼 수 있음을 증명함으로써 인정되었습니다. 구소련의 양자물리학자 조지 가모브의 표현을 따르자면, 그것은 마치 고래나 돌고래가 상어나 청어 따위의 물고기가 아니라 코끼리나 말 같은 포유류라고 단정하는 것처럼 매우 이상하고 놀라운 일이었지만 부인할 수 없는 사실이었지요.

하이젠베르크는 '포텐티아', 곧 잠세태라는 적절한 용어를 개발함으로써, 실험과 관찰을 통해서는 드러나지만 우리의 언어와 사고로서는 접근하기 어려운 미시세계의 물리적 현상을 설명할 수 있는 길을 열었던 겁니다. 이를 보통 '코펜하겐 해석'Copenhagen interpretation이라고 하지요. 이 같은 역사적 사실은 학문에서 '전문용어'terminus가 얼마나 중요한가를 증명해 주는 좋은 사례입니다. 전문용어는 사유의 기본 단위이기 때문에 용어의 개발이—마치 벽돌이 건물을 짓게 하는 것처럼—우리의 사유를 가능하게 하는 것이지요!

언제나 수요가 공급을 낳는 법입니다! 고대 신학계에도 때맞춰 하이젠베르크 같은 인물이 등장합니다. 북아프리카에서 태어나 활동한 테르툴리아누스가 바로 그 사람이지요. 테르툴리아누스는 이전까지는 누구도 하지 못한 발상으로, 삼위일체를 설명할 수 있는 전문용어를 개발하여 당시 기독교 신학계가 당면한 이 어려운 문제를 해결할 물꼬를 텄습니다. 그런데 대체 어떻게 해결했을까요?

### 테르툴리아누스의 용어들

기독교가 시작된 후로 429년 반달족의 용맹한 지도자 가이세릭Gaiseric이 아프리카를 침공하기 전까지 적어도 수 세기 동안은 북아프리카가 서방 기독교 사상의 중심지였습니다.※ 물론 그럴 만한 이유가 있었지요.

우선, 기원전 1세기경부터 북아프리카에는 경제적 기적과 함께 커다란 변혁이 일어났습니다. 지중해를 접한 해안 도시들은 무역과 상업으로 돈을 벌었고, 내륙 평야 지대는 성곽을 쌓고 집단으로 곡식을 경작해서 부를 축적했지요. 그러자 북아프리카의 누미디아Numidia 평원에는 교통 요충지마다 도시가 형성되었고 로마 콜로세움 규모의 원형극장과 음악당, 공중목욕탕 등이 건설되었습니다. 주민들이 학문과 예술을 즐길 여유와 시설이 구비된 것입니다. 당시 팀가드Timgard라고 불리던 이 지역 도시에서 발견된 한 비문에는 "사냥, 목욕, 연극과 웃음: 아, 이것이 나의 삶이로구나!"[30]라는 호사스러운 문구가 새겨 있을 정도였지요.

---

※ 429년 반달족은 북아프리카를 침공했다. 보니파키우스 장군 휘하의 로마 군대가 그들에 맞서 싸웠지만 괴멸당하고, 살아남은 자들은 간신히 카르타고로 후퇴했다. 하지만 순식간에 반달족에게 포위당하고 말았다. 이때 서방 신학의 태두였던 아우구스티누스가 카르타고 인근 도시인 히포의 감독이었다. 430년 아우구스티누스는 히포가 포위된 지 석 달 만에 76세의 나이로 세상을 떠났다. 이후 반달족은 로마까지 함락시키는데, 이때의 약탈과 파괴가 얼마나 치명적이었는지 반달족이 완전히 사라지고 없는 지금까지도 신성모독이나 문명파괴 행위를 '반달리즘'(vandalism)이라고 부른다.

이 같은 경제적 풍요가 무엇보다도 중요한 기반이 되었지만, 북아프리카 지역이 초기 기독교 사상의 요람이 된 데에는 그밖에 다른 요인들도 작용했습니다. 북아프리카는 북동쪽으로 그리스 문명의 중심지인 에게해가 놓여 있어 해안 도시들을 중심으로 일찍부터 그리스 철학이 전해졌습니다. 또 동쪽으로는 팔레스타인과 인접해 있어 1세기 중반부터는 기독교가 자연스레 흘러들어 왔지요. 그뿐만 아니라 북아프리카는 기원전 146년부터는 줄곧 로마 제국의 지배 아래 있었지만, 정치적 수도인 로마와는 거리를 두고 있어서 독자적 문화를 형성할 수 있었습니다. 바로 이것이 알렉산드리아와 카르타고 같은 북아프리카 도시들이 초기 서방 기독교 사상의 온상이 된 이유이자, "라틴 신학의 아버지"로 불리는 테르툴리아누스나 기독교 신학사상 가장 위대한 인물인 아우구스티누스가 로마인이 아닌 북아프리카인 인 까닭입니다.

테르툴리아누스\*는 카르타고에서 태어나 수사학과 법학을 공부

---

* 초기 기독교의 기본 사상과 용어를 정립한 '라틴 신학'(Latin Theology)을 연 테르툴리아누스는 "아테네와 예루살렘이 무슨 관계가 있는가? 아카데미와 교회 사이에 무슨 일치가 있는가?"(『이단을 논박하는 취득시효』, 7) 또는 "불합리하기 때문에 더욱 확실하다"(『그리스도의 육체에 관해』, 5)라고 주장해서 '반지성주의자'로도 오해받는다. 그러나 이 말의 진의는 '신앙의 비합리성'이 아니라 이성에 대한 '신앙의 우위성'으로 생각해야 한다. 그는 "믿으면 안다"라고도 했다. 테르툴리아누스는 197년부터 220년 사이에 수많은 저서를 남겼는데, 이방인들의 박해에 대한 기독교 정신을 알리는 『변명』, 『이방인들에게』, 『영혼의 증언』, 『순교자들에게』 등이 있고, 이단들에 대한 논박인 『이단을 논박하는 취득시효』, 『프락세아스 논박』, 『마르키온 논박』 등이 있으며, 도덕적 삶과 예배의 실천에 대한 내용인 『참회에 관해』, 『인내에 관해』, 『아내에게』, 『일부일처에

했습니다. 당시 북아프리카 사람들은—마치 엘리자베스 여왕 시절의 시골 신사들이 그랬던 것처럼—법정 송사를 매우 즐겼다고 합니다. 그 탓에 젊은 청년들은 대부분 변호사가 될 꿈을 갖고 있었습니다. 우리가 주목해야 할 흥미로운 사실은 격렬한 논쟁과 법정 송사를 즐기는 이러한 사회적 분위기가 초기 기독교 신학과 교회의 성장을 도왔다는 것이지요. 안디옥 학파를 중심으로 한 초기 동방 기독교 사상가들이 대부분 회심한 사변적 철학자인 데 반해, 아프리카 학파 사상가들은 대개 법률가나 수사학자인 건 그 때문입니다.

테르툴리아누스가 바로 그 같은 시류의 시발점이었습니다. 격정적이고 거친 기질을 타고난 그는 변호사가 되기 위해 닦은 수사학적 기법 그리고 법학 지식으로 단단히 무장하고 당시 기독교 사회에서 가장 뜨거웠던 삼위일체 논쟁에 과감히 뛰어들었습니다. 그리고 마치 노회한 변호사가 법정에서 그러듯이 논리와 궤변, 격언과 풍자를 적절히 구사하며 대적들을 자기모순에 빠뜨리고 가차 없이 몰아붙여 그들이 지독한 모멸감을 안고 돌아가게 만들었지요.[31]

그런 불꽃 튀는 논쟁의 와중에서 테르툴리아누스는 '위격'persona과 '본질'substantia이라는 법학 전문용어를 끌어들여 '삼위일체'trinitas라는 용어와 이론을 처음으로 만들어 냈습니다. 물론 그것은 대단한 일이었지만, 그로서는 불가피한 일이기도 했습니다. 왜냐하면 그가 대적들 앞에서 자신이 믿는 하나님이 어떻게 하나이면서 셋이고 셋

---

관해』, 『금식에 관해』, 『겸손에 관해』, 『정절에 관한 권고』 등이 있다.

이면서 하나인지를, 어떤 방식으로든 설명하지 않고는 그들에게 오히려 굴욕을 당할 수밖에 없는 처지에 놓였기 때문입니다.

삼위일체 교리에 이미 익숙한 오늘날 우리 입장에서 보면 테르툴리아누스가 한 일이 그리 대수로워 보이지 않습니다. 하지만 그건 학문에서 전문용어가 어떤 일을 해낼 수 있는지 제대로 보여 준 획기적 사건이었습니다. 그때부터 "하나님은 세 위격으로 존재하는 하나의 본질"tres personae una substantia이라는 사유와 언급이 기독교 신학 안에서 비로소 가능해졌으니까요. 물론 용어 개발만으로 삼위일체론이 완성되었다는 이야기는 아닙니다. 이 이론은 이후 381년 콘스탄티노플 공의회까지 적어도 150년 동안 폭풍우 같은 혼란에 휩싸여 우여곡절을 겪지요. 그럼에도 테르툴리아누스가 이룩한 공로가 축소되지는 않습니다.

다음은 수도사 파트리키우스Patricius, ?387-?461(성 패트릭)가 만들어 5세기 이후 교회에서 널리 불리던 찬양입니다.

삼위일체의 이름으로
강하신 그분의 이름으로
하나가 셋이요 셋이 하나이신
삼위일체 하나님께 나아갑니다.
모든 자연의 창조가
영원하신 아버지시요, 성령이시며, 말씀이신,
삼위일체 하나님의 것입니다.

그리스도 구원의 주님을 찬양합니다.

당신도 보다시피, 이 찬양에는 "하나가 셋이요 셋이 하나이신"이라는 구절이 '당당하게' 들어 있지요. 바로 이 당당함이 '위격'과 '본질'이라는 용어를 신학에 끌어들여 자신들이 믿는 하나님을 "세 위격으로 존재하는 하나의 본질"이라고 설명할 수 있게 한 테르툴리아누스의 공로라고 할 수 있습니다. '위격'과 '본질'이라는 용어가 '하나이면서 셋이고 셋이면서 하나인 하나님'이라는 말이 더는 배리나 역설이 아니게끔 해 준 것이지요. 그런데 도저히 불가능해 보이는 그 일이 어떻게 가능했을까요? 이제부터는 그 흥미로운 이야기로 들어갑니다.

### 경륜적 삼위일체

'위격'이란 라틴어로는 '페르소나'persona인데, 당시의 법률적 용어로 '어떤 것이 법률상 밖으로 드러난 지위'를 말합니다. 그러니 당연히 한 사람이 여러 페르소나를 가질 수 있지요. 예컨대 한 남자가 가정에서는 호주이자, 사회에서는 상인이며, 시의회에서는 대의원인 것처럼, '페르소나'는 한 개인이 법률상 지닐 수 있는 복수의 자격이나 지위를 말합니다. 따라서 테르툴리아누스가 삼위일체를 설명하기 위해 사용한 '페르소나'는 바깥으로 나타나는 하나님의 지위, 곧 성부·성자·성령을 의미합니다. 여기서 주의해야 할 것은 페르소나에서 오늘날 우리가 흔히 사용하는 영어 단어 'person'이 나왔지만, 그렇다고 세 위격을 세 개체로 이해해서는 안 된다는 사실입니다. 만일 그렇게 하면 기독교가 '삼신론'tritheism에 빠지기 때문이지요.

'본질'이란 원래 그리스어로 '우시아'ousia *라는 철학용어인데, 일상용어로 풀면 '어떤 것이 그것이게끔 하는 그 어떤 것'을 말합니다. 테르툴리아누스는 그리스어 '우시아'의 라틴어 번역인 '수브스탄티아'substantia를 사용했는데, 당시 법률용어로 이 말은 한 개인이 갖는 '소유권'을 뜻했지요. 그 사람의 소유권이 그 사람을 법률상으로 그 사람이게끔 한다는 의미였습니다. 그런데 로마 제국에서는 아버지의 권한을 아들들이 공동 소유했지요. 그러므로 테르툴리아누스가 삼위일체를 설명하기 위해 사용한 '수브스탄티아'라는 용어는 성부가 성자, 성령과 함께 공동으로 소유하는 신적 권능을 의미했습니다.[32]

따라서 테르툴리아누스가 만들어 설명한 삼위일체, 곧 "세 위격으로 존재하는 하나의 본질"tres personae una substantia이라는 말은 하나님이 '바깥으로 나타난 위격으로는 셋(성부·성자·성령)'이지만 '그것을 그것이게 하는 권능(사고·의지·행동)에서는 하나'라는 뜻이지요. 이 말을 테르툴리아누스는 다음과 같이 표현했습니다.

우리는 구속경륜oikonomia의 새로운 뜻을 간직하자. 이 신비로운 뜻

---

* 그리스어 우시아(ousia)는 일상적 용어로는 어떤 사람에게 '있는 것', 곧 그 사람의 '자산'(資産)을 의미한다. 그래서 '우시아를 가진 자들'(hoi echontes tēn ousian)이란 '자산가들'을 뜻한다. 그러나 플라톤과 아리스토텔레스에 의해 '본질', '존재', '실체' 등의 철학적 의미를 갖게 되었다. 따라서 우시아는 플라톤의 경우에는 이데아(idea), 아리스토텔레스의 경우에는 에이도스(eidos)와 같은 의미를 지닌다.

은 하나의 본질이 성부, 성자, 성령이라는 삼위일체$^{Trinitatis}$로 나타난다는 것이다. 그러나 이 셋은 지위$^{status}$가 아니라 정도$^{gradus}$에서, 본질$^{substantia}$이 아니라 형식$^{forma}$에서, 능력$^{potestas}$이 아니라 외양$^{spesies}$에서 나뉜 것이다. 그렇지만 그분은 한 분 하나님으로서 아버지와 아들과 성령이라는 이름으로 이러한 정도와 형식과 외양으로 생각될 수 있다. 그렇다 해도 여전히 하나의 본질이며 하나의 조건이며 하나의 능력을 갖는다.[33]

이로써 '삼위일체'라는 용어가 신학에 도입되었지요. 그뿐 아니라 하나님은 세계를 창조에서 종말까지 오직 자신의 의지와 계획에 따라 역사 안에서 순차적으로 진행한다는, 교부 이레나이우스의 '구속경륜'이라는 개념이 삼위일체론 안에서 새롭게 해석되었는데 내용은 이렇습니다. 본질적으로 하나인 하나님이 세계를 다스리기 위해 자신 안의 세 위격을 단계적으로 전개한다는 것이지요. 그러기 위해 마치 태양에서 빛이 나오듯이 창조의 순간 둘째 위격인 성자가 생겨나고, 이어 셋째 위격인 성령이 발출되었다고 테르툴리아누스는 설명했습니다.[34] 이 같은 주장을 오늘날 신학자들은 '경륜적 삼위일체론'$^{the\ economic\ trinity}$이라고 부릅니다.

이런 생각을 근거로 테르툴리아누스는 성부에서 성자가 나온 만큼 당연히 "아들이 있지 않았던 때가 있었다"[35]라고도 주장했습니다. 하지만 이는 세 위격의 개별적 구별을 지나치게 강조한 것이지요.' 그 결과 '그렇다면 성부, 성자, 성령이 어떻게 하나의 통일체로 존재한다고 이해할 수 있을까' 하는 심각한 의문을 남겼습니다. 요컨대 테르툴리아누스는 새로운 전문용어를 도입함으로써 삼위일체 하나님에 대한 사유와 언급을 비로소 가능하게 만들었지만, 내용적으로는 여전히 해결하지 못할 애매모호함과 공허함도 함께 남겼지요.

이러한 취약점들을 보완해서 삼위일체론의 내용을 체계적으로 정리한 사람은 테르툴리아누스와 그리 멀지 않은 시기, 그리 멀지 않은 장소에 살던 오리게네스였습니다. 불타는 신앙심을 간직한 그리스도인이자 탁월한 플라톤주의 철학자이던 그가 오늘날 우리가 알고 있는 삼위일체론의 기반을 닦았지요. 그래서 이제 우리는 오리게네스가 정리한 삼위일체론을 살펴볼 텐데요, 사전에 그의 파란만장한 생애를 잠시 훑어보고자 합니다. 왜냐하면 그의 삶이 흥미롭기도 하지만, 이를 통해 삼위일체론을 구축하려고 애쓰던 당시 신학자들이 처한 시대적·학문적 배경을 들여다볼 수 있기 때문입니다.

## 오른발은 신학에 왼발은 철학에

오리게네스는 참으로 불꽃같은 사람이었고 진실로 격랑의 삶을 살았습니다. 가이사랴의 감독이자 교회사가였던 에우세비우스의 『교

---

- 테르툴리아누스는 『프락세아스 논박』 9장에서 "아버지는 전체적으로 본질이나 아들은 한 부분 또는 파생이다", "아버지는 불가시적이지만 아들은 가시적이다"라고 아버지와 아들을 구별했다. 이 때문에 테르툴리아누스의 이 주장은 나중에 이단사상(heterodox)으로 간주되었다.

회사』에 따르면 그는 알렉산드리아의 한 기독교 가정에서 태어났지요. 신실한 그리스도인이던 아버지 레오니다스Leonidas는 그리스 고전을 가르치는 교사였습니다. 그 덕분에 오리게네스는 어려서부터 기독교와 더불어 그리스 철학을 자연스레 접하면서 자라났지요.[36] 소년이 되자 오리게네스는 당대 최고의 신학자이던 알렉산드리아의 클레멘스가 운영하는 신앙입문학교인 '카테케시스'catechesis에 들어가 공부를 시작했습니다.[37] 그 덕에 그는 평생 동안 오른발은 신학에 왼발은 철학에 담그고 살았습니다.

202년 오리게네스가 열일곱 살이 되었을 때 알렉산드리아에서 기독교도 박해가 시작되어 오리게네스의 아버지 레오니다스가 순교했습니다. 이 무렵 일어났다는, 오리게네스의 신앙과 품성을 잘 알려주는 일화가 전해 옵니다. 오리게네스가 감옥에 있는 아버지에게 편지를 보내, 어머니와 자신 그리고 동생들 때문에 순교를 향한 마음이 약해지지 말라고 권고했다는 것입니다. 또한 자기 자신도 순교하고 싶은 열망에 사로잡혀 스스로 로마 관원을 찾아가려고 했답니다. 하지만 그의 어머니가 옷을 감추고 아들을 말려 뜻을 이루지 못했다고 하지요.[38] 이처럼 오리게네스는 불같은 신앙과 칼 같은 품성으로 일흔 평생을 살았습니다.

로마인들은 한때 자신들이 문명인이라는 자부심을 갖고 있었고 의도적 잔혹 행위나 장기간에 걸친 고문을 금지하는 형법을 보유한 것을 자랑스럽게 여겼습니다. 그렇지만 그리스도인들에게는 전혀 달랐습니다. 로마인들은 그리스도인들을 위해서는 미개한 사회에서나 볼 수 있는 고문에 대한 열정과 타인의 고통에서 환희를 느끼는 야만적 풍습을 위대한 제국으로 서슴없이 끌어들였지요. 어떤 그리스도인들은 뻘겋게 달구어진 쇠사슬에 결박되었고, 더러는 조개껍데기나 쇠갈고리로 온몸이 토막 나 죽었으며, 더러는 서서히 달아오르는 불에 몇 시간씩 몸부림치다 죽었습니다. 혹은 펄펄 끓는 납물을 뒤집어쓴 채, 혹은 피를 흘리는 채 소금과 식초에 절여져 서서히 죽어갔습니다. 경건한 처녀들은 검투사나 포주에게 넘겨져 능욕을 당한 다음 또 같은 일들을 당했습니다.[39]

전해 오는 기록에 따르면, 놀랍게도 당시의 순교자들 대부분이 '신앙을 포기한다'는 말 한마디만으로도 상상을 초월하는 그 고통을 면할 수 있었는데도—심지어 가냘픈 처녀들조차—끝내 비굴한 태도를 보이지 않았다고 합니다. 부활과 천국에 대한 예수님의 가르침에 추호의 의심도 없었던 거지요. 그뿐 아니라 육체는 영혼의 감옥이므로 육체가 파괴될 때 비로소 영혼이 해방된다는 당시 교부들의 신플라톤주의적 가르침도 굳게 믿었던 것입니다. 그러자 순교에 대한 소망이 소년·소녀들에게도 마치 전염이라도 되듯 확산되었다고 합니다.

우리로서는 상상조차 하기 힘든 일인데, 오리게네스는 바로 이런 순교의 시대를 살았습니다. 하지만 이 같은 시대적 상황을 십분 감안한다 해도, 순교에 대한 오리게네스의 열정은 유별났습니다. 누구든 스스로 순교를 열망할 수는 있을지언정 자식 된 자로서 아비에게 순교를 권면한다는 건 결코 예사로운 일이 아니기 때문입니다. 나중에 오리게네스는 순교자들의 수난이 그리스도의 수난처럼 다른 사람들을 속죄할 능력이 있다고까지 가르쳤지요. 그 근거로 그는 "나는 이제 너희를 위하여 받는 괴로움을 기뻐하고 그리스도의 남은 고난을 그의 몸 된 교회를 위하여 내 육체에 채우노라"(골로새서 1:24)와 같은 바울의 교훈을 내세웠지만, 이는 정통 교리가 지켜야 하는 선을 한참 넘어선 것이었습니다.

### 강철 같은 사람

오리게네스는 스승 클레멘스가 박해를 피해 알렉산드리아를 떠나자 203년부터 열여덟의 어린 나이로 신앙입문학교에서 성서와 철학을 가르치기 시작했습니다.[40] 가르칠 만한 사람들이 모두 떠나 버려 교사가 없었던 데다, 나중에는 적이 된 알렉산드리아 감독 데메트리오스가 그의 박학다식함과 열정을 인정하고 학교를 맡겼기 때문이지요. 오리게네스는 시시각각 다가오는 위험을 무릅쓰며, 박해를 조금도 두려워하지 않고 찾아오는 사람은 누구든 밤낮으로 가르쳤습니다. 또 한편으로는 자신의 공부 역시 쉬지 않았지요. 그의 나이 스물다섯이 되던 210년경부터 그는 암모니오스 사카스 밑으로 들어가 약 5년 동안 플라톤 철학을 다시 공부했습니다. 훗날 젊은 플로티노스가 이 스승을 찾아오기 거의 20년 전의 일이었습니다.

또한 오리게네스는 평생 금욕적인 생활을 했습니다. "너희 전대에 금이나 은이나 동을 가지지 말고 여행을 위하여 배낭이나 두 벌 옷이나 신이나 지팡이를 가지지 말라"(마태복음 10:9-10)는 예수님의 가르침을 그대로 따라, 겉옷 한 벌과 신발 한 켤레로 지냈고, 내일 일을 전혀 걱정하지 않았지요. 학생들이 가져오는 선물을 받지 않았고, 꼭 필요한 물건이 아니면 버리는 것을 원칙으로 삼았습니다. 건강을 해칠 정도로 헐벗고 굶주렸으며, 특별한 경우가 아니면 고기를 먹지 않았고, 술은 입에 대지도 않았습니다. 시간이 날 때마다 기도와 학문에 매진했고, 성욕을 잠재우려고 밤에는 맨바닥에서 잤지요. 그래서 그에게는 '강철 같은 사람'이라는 의미의 '아다만티우스'adamantius라는 별명이 붙었고, "그의 교리는 생활이요 그의 생활이 곧 교리다"라는 말까지 따라다녔습니다.[41]

서른 살 전후에 이미 명성이 나라 밖까지 알려진 오리게네스는 로마, 팔레스타인, 안디옥 등에서 초청에 응해 강연을 했습니다. 230년에는 영지주의 문제로 분열을 겪던 아테네 교회가 이 문제를 해결하기 위해 오리게네스를 초청했습니다. 가는 길에 팔레스타인을 경유했는데, 예루살렘의 감독 알렉산드로스와 가이샤라의 감독 테옥티스투스가 그를 장로로 장립將立하고 강연을 요청해서 들었지요. 그러자 평소 오리게네스의 명성을 시기하던 알렉산드리아 감독 데메트리오스가 이를 빌미로 오리게네스가 아직 알렉산드리아로 돌아오기도 전에 이집트 교회회의를 소집하여 그를 정죄했습니다.

정죄 이유에는 알렉산드리아 교인이 팔레스타인에서 장립을 받은 것이 위법이라는 것과 사탄도 종말에는 구원받을 수 있다는 오리게네스의 주장이 이단이라는 교리상의 문제가 포함되었지요. 그렇지만 그 가운데 우리의 눈길을 끄는 것은, 데메트리오스가 신명기에 나온

"고환이 상한 자나 음경이 잘린 자는 여호와의 총회에 들어오지 못하리라"(신명기 23:1)라는 성서 구절을 근거로 '고자'鼓子는 장로가 될 수 없다고 주장한 내용입니다.

고자라니, 이건 또 무슨 이야기인가요? 오리게네스가 평생 금욕생활을 하며 독신으로 살았다지만, 설마 그가 고자였을까요? 그랬습니다! 그는 고자였습니다. 오리게네스는 젊은 시절 "천국을 위하여 스스로 된 고자도 있도다"(마태복음 19:12)라는 성서의 말씀을 문자 그대로 받아들여 제 스스로 고환을 절단했습니다.[42] 그는 이런 사람이었습니다!

231년 오리게네스는 결국 알렉산드리아에서 추방되어 자신을 환대하는 가이사랴로 갔습니다. 알렉산드리아를 떠나면서도 그는 그리스도인다운 겸손으로 이런 말을 남겼지요. "우리는 그들을 미워하기보다 동정해야 한다. 그들을 저주하기보다 그들을 위해 기도해야 한다. 우리는 미움이나 저주가 아닌 복을 끼치기 위해 지음 받았기 때문이다."[43]

가이사랴에서 그는 감독 테옥티스투스의 후원으로 신앙입문학교와 부속도서관을 세우고, 후진 양성과 학문에 전념하며 상상 불허의 방대한 저술을 남겼습니다. 엄밀히 말해 오리게네스는 니케아 이

---

• 에피파니우스(Epiphanius)에 의하면 오리게네스의 저작이 6,000여 권이라고 한다. 그러나 그중 800여 권은 제목만 전해 온다. 남은 저술 중 중요한 것은 『헥사플라』(Haxapla), 『스콜리아』(Scolia), 『설교집』(Homilies), 『주석집』(Commentaries) 등인데, 『헥사플라』는 여러 언어로 된 성서 원문을 총망라해서 대조해 놓은 최초의 서적이고, 『스콜리아』는 성서 본문에 대한 해석집이며, 『설교집』은 자신의 교훈 모음집이고, 『주석집』은 성서 주석서로 「마태복음 주석」, 「요한복음 주석」, 「로마서 주석」, 「아가서 주석」

전 그리스도인들을 통틀어 가장 박식하고 가장 근면하고 가장 문화 수준이 높은 학자였지요. 그의 지식은 당대의 철학과 신학과 문헌학을 총망라한 것이었습니다. 때로는 플라톤주의적 주장을 너무 강하게 한 탓에 553년 콘스탄티노플 공의회˙에서는 이단으로 단죄받기도 했지만, 오리게네스는 아우구스티누스, 루터와 함께 기독교 사상사에 가장 위대한 신학적 업적을 남긴 사람으로 평가받곤 하지요.[44]

250년 오리게네스는 또다시 시작된 로마 제국의 기독교 탄압으로 투옥되었습니다. 당시 칠순이 가까운 나이였지만 모진 고문에도 굴하지 않고 평생 살아온 대로 꿋꿋이 신앙을 지켰지요.[45] 그러나 출옥 후 고문 후유증에 시달리다가 254년 두로$^{Tyre}$에서, 어릴 때부터 그토록 소망하던 나라로 갔습니다. 오리게네스는 평생 열망하던 순교자 반열에는 들지 못했습니다. 그러나 고백자 대열에는 낄 수 있었지요. 그는 두로에 묻혔습니다.

### 두 천재가 남긴 한 발자국

삼위일체론과 연관해서, 오리게네스의 생애에서 우리가 주목할 것

---

등은 비교적 많은 내용이 보존되어 있다. 그러나 그의 저서들 중 무엇보다 중요한 것은 220년에 쓰인 것으로 보이는 『원리론』(*De Principiis*)이다.

• '콘스탄티노플 공의회'는 고대 기독교 교회의 세계 공의회(ecumenical council) 가운데 콘스탄티노플(현, 이스탄불)에서 개최된 제2, 5, 6, 8회의 세계 공의회를 모두 통칭하는 이름이다. 제2회 세계 공의회는 381년 테오도시우스 1세가 소집했고, 제5회 세계 공의회는 553년 동로마 제국의 황제 유스티니아누스가 소집했으며, 제6회 세계 공의회는 680-681년 동로마 제국 황제 콘스탄티누스 4세가 소집했고, 제8회 세계 공의회는 869-870년 바실리우스가 소집했다.

은 그의 신학 스승이 알렉산드리아의 클레멘스였고, 철학 스승이 암모니오스 사카스였다는 점입니다. 이 사실은 당시 신학자들 가운데 그 누구보다도 오리게네스가 그리스 철학으로부터 큰 영향을 받았다는 의미지요. 그것은 그가 태어나 자란 지리적·시대적 환경과도 밀접한 관계가 있었습니다. 기독교 교리를 정립하는 도구로서 그리스 철학을 사용하는 경향은 좁게는 알렉산드리아 학파의 전통이었고, 넓게는 초기 기독교 사상의 기본 틀이었기 때문이지요.

알렉산드로스 대왕이 기원전 332년경에 건설한 도시 알렉산드리아는 2세기 말엽부터는 로마, 안디옥과 함께 로마 제국 내에서 가장 번성한 도시 중 하나였습니다. 지중해의 동쪽 끝으로 나일강과 홍해에 인접한 국제적 교차로였기 때문에 아프리카 대륙과 아시아에서 대상大商들이 모여들었습니다. 특히 기원전 306년 프톨레마이오스 소테르Ptolemaios Soter가 여기에 도서관을 세우고 많은 장서와 훌륭한 학자들을 모아 학문을 권장한 이래, 알렉산드리아는 문화적 측면에서는 오히려 로마와 안디옥을 뛰어넘어 당시 세계 최고 수준을 자랑하던 도시였지요.

자연히 세계 각국에서 여러 종류의 학문과 예술, 종교가 이곳으로 모였고, 이것들이 어우러져 독특한 색깔의 새로운 학문과 종교를 만들어 냈습니다. 바로 여기서 젊고 새로운 피인 기독교가 늙은 거인인 그리스 철학과 만났지요. 신앙의 눈으로 본다면 전적으로 예정된 것이었고 역사적 안목에서 본다면 전적으로 우연이었지만, 이 만남이 '젊고도 활력 있는 거인'을 탄생시켜 서양문명에 기독교 사상이라는 새로운 대지를 개척한 것입니다. 그 일을 주도적으로 실행했던 알렉산드리아 학파의 선두에 알렉산드리아의 클레멘스와 오리게네스가 서 있었지요.

알렉산드리아의 클레멘스는 "계약을 제공하신 바로 그 하나님은 그리스인들에게 철학을 주신 자이며, 이에 따라 전능하신 자가 그리스인들 사이에서도 영광을 받으셨다"[46]라는 말로 그리스 철학의 진리성을 인정했습니다. 오리게네스는 스승의 말을 평생 가슴에 간직했지요. 그래서 클레멘스가 알렉산드리아를 떠났을 때 서슴없이 암모니오스 사카스를 찾아갔던 것입니다.

암모니오스는 탁월한 제자 플로티노스 덕에 신플라톤주의의 창시자로 우리에게 알려졌습니다. 하지만 정작 그가 제자들에게 구술로 강의한 내용은 우리가 '중기플라톤주의'라고 부르는 사상이지요. 오늘날 우리는 2, 3세기에 유행했던 다양한 형태의 플라톤 사상들을 중기플라톤주의, 후기플라톤주의, 신플라톤주의 등으로 구분합니다. 그렇지만 그것은 사실상 시기별 또는 경향별 차이에 근거한 후세대의 구분일 뿐이며, 당사자들은 자신들을 그저 '플라톤주의자'Platonici라고 불렀지요. 플라톤주의에 대한 지금과 같은 구분은 17세기 라이프니츠 이후에야 생겨났습니다.

플라톤주의 사상들의 공통 특징은 플라톤 사상을 바탕으로 하되, 당대 사람들의 종교적 관심과 요구들을 대폭 수용한 탓에 신비주의 경향을 띤다는 것이지요. 고대가 저물어 갈 무렵 그리스 철학은 이미 어떤 의미에서든 종교화되고 있었습니다. 그것은 찬란했던 한 시대가 남긴 씁쓸한 유물이었지요. 이제 사람들은 '이성의 힘'으로는 새로운 삶의 의미를 만들어 낼 수 없다는 사실을 깨닫기 시작했습니다. 그 결과 철학자들 대부분이 신비주의로 기울어져 기존의 철학과 신비주의를 혼합하여 종교 형태의 사상을 만들었는데, 신피타고라스주의, 중기·후기플라톤주의, 신플라톤주의 등이 대표적 예지요.˙

우리의 이야기와 연관하여 여기서 주목하고자 하는 것은 2세기에 활동했던 중기플라톤주의자 알비누스가 그의 『교훈집』에 남긴 신에 대한 교설입니다. 왜냐고요? 그 이유는 이렇습니다.

암모니오스 사카스는 구술로만 강의하고 저술을 남기지 않았기 때문에 오리게네스나 플로티노스가 그로부터 어떤 가르침을 받았는지에 대해서는 알려진 바가 전혀 없습니다. 그런데 암모니오스보다 약간 이전 시기에 살았고 그에게 분명 강한 영향을 끼쳤으리라고 짐작되는 알비누스의 교설을 살펴보면, 암모니오스가 제자들에게 무엇을 가르쳤는지 충분히 짐작할 수 있지요. 신에 대한 오리게네스와 플로티노스의 사상에서 나오는 용어와 내용이 알비누스의 교설에도 고스란히 들어 있다는 것이 그러한 추론을 강하게 뒷받침합니다. 정말 그런지 알아볼까요?

---

• '신비주의 종교'(mystery religion) 성격을 띤 철학파들은 제사 의식을 갖는 형태였는데, 주로 고대의 다산의식(多産儀式, fertility rites)에서 기원한 것으로 본다. 이런 제사는 보통 의식적 식사(ceremonial meal)를 포함했고, 이를 통해 신성에 참여하게 된다고 믿었다. 이 밖에도 엑스터시(황홀경)를 체험하는 입문식을 하며, 타인에게는 절대적으로 비밀을 지켰다는 특징이 있다.

## 오리게네스의 삼위일체론

알비누스는 신을 제일신protos Theos, 정신nous, 영혼psyche으로 구분했지요. 우선 '일자'라고도 일컫는 제일신은 '부동자'입니다. 하지만—아리스토텔레스의 '부동의 원동자'와 달리—다른 어떤 것의 변화에 영향을 미치는 '운동자'는 아니지요. 알비누스의 제일신은 자기 자신은 전혀 변화하지 않고, 바로 그렇기 때문에 어떤 것을 직접 생성하거나 그것에 직접 작용하지 않습니다.[47] 제일신은 오직 자기로부터 산출된 '정신'을 통해 사물들을 생성하고 '영혼'을 통해 사물들에 작용하지요.

이 체계에서 플라톤이 언급한 이데아idea들은 신의 영원한 관념으로서 모든 사물들이 그것에서 창조되는 틀範型이고, 아리스토텔레스의 에이도스eidos는 이데아의 복사물로서 사물들에 종속됩니다.[48] 알비누스는 또한 자연과 정신세계에 나타난 미美의 여러 등급을 통한 신으로의 상승을 교훈하기도 했습니다.[49] 이는 일찍이 플라톤이 『향연』에서 제안한 것으로—우리가 이미 1권 『하나님은 존재하는가』의 2부 1장 가운데 '자연의 사다리에서 존재의 사다리로'에서 살펴봤듯이—중세신학자들이 '존재의 사다리'라는 개념으로 서양문명의 기반을 닦을 때 가졌던 사유지요.

당신도 이미 눈치챘듯이 알비누스의 사상은 플로티노스의 일자 형이상학과 매우 흡사합니다. 또한 이제 살펴볼 오리게네스의 삼위일체론과도 똑같은 틀을 갖고 있지요. 그래서 도달한 결론은 이렇습니다. 암모니오스 사카스의 두 걸출한 제자인 플로티노스와 오리게네스는 알비누스가 설파한 것과 같은 내용의 중기플라톤주의를 같은 스승에게서 약 20년의 시차를 두고 교육받았지요. 두 사람은 각각 스승에게서 배운 것을 바탕으로 각각 자신들의 사유를 전개했습니다. 오리게네스는 그것을 삼위일체론의 구성 틀로 사용했고, 플로티노스는 일자 형이상학을 구축하는 재료로 썼지요. 바로 이것이 신학과 철학에 각각 거대한 발자국을 남긴 두 사람이 서로 전혀 교류가 없었는데도 거의 유사한 내용의 사유를 하게 된 까닭입니다.

### 동등한가, 종속적인가

『원리론』에서 오리게네스는 고대 기독교 신학이 주장한 삼위일체론에 관한 주요 내용을 중기플라톤주의에 힘입어 깔끔하게 정리했지요. 따라서 내가 여기서 그 내용을 낱낱이 소개하지 않더라도 당신도 이미 짐작할 수 있을 겁니다. 그렇지요? 우리는 앞에서 신에 대한 알비누스의 중기플라톤주의 교설을 알아보았고, 플로티노스의 일자 형이상학도 비교적 소상히 살펴보았으니까요. 그래서 간략히 한마디만 덧붙이려고 합니다.

오리게네스에게 성부聖父는 플라톤의 '선 자체', 알비누스의 '제일신', 플로티노스의 '일자'와 동일하고, 성자聖子인 말씀logos은 플라톤의 '창조주'dēmiurgos, 알비누스와 플로티노스의 '정신'nous에 해당하며, 성령은 알비누스와 플로티노스의 '영혼'psyche과 같은 것이지요.* 이러

---

* 오리게네스는 이 밖에도 창조는—하나님의 불변성이 훼손되지 않게—시간 바깥에서 이

한 결합은 초기 기독교 신학자들에게는 감격적 우연이었고, 서양문명에서는 역사적 사건이었습니다. 우리는 이미 이 결합의 흔적을―단테의 『신곡』과 밀턴의 『실낙원』은 물론이고―고대에서 근대에 이르는 숱한 신학과 문학 작품에서 확인할 수 있었습니다. 오리게네스 이후 서양문명 안에서는 일자·정신·영혼이 성부·성자·성령과 각각 짝을 맞춰 일치를 이루며 자연스럽게 혼용되어 왔던 것입니다.

 오리게네스는 신학 스승인 알렉산드리아의 클레멘스를 통해 이미 '삼위일체'라는 테르툴리아누스의 신학적 용어와 교설을 알고 있었습니다. 동시에 철학 스승인 암모니오스 사카스를 통해 제일신·정신·영혼이라는 중기플라톤주의의 철학적 용어와 사상도 습득했지요. 따라서 오리게네스가 『원리론』에서 한 일은, 테르툴리아누스 이후 당시 기독교 사회에 널리 퍼져 있었지만 내용은 부실했던 삼위일체론을 중기플라톤주의 사상으로 풍성하게 채우는 한편 체계화한 것이었습니다. 오늘날 우리가 보기에는 얼핏 당연해 보이기도 하고 또 쉬운 일 같기도 하지만 당시 상황을 감안하면 꼭 그렇지만도 않았습니다.

 가장 큰 문제가 초기 기독교 사회에서는 일반 신자들은 물론이거니와 신학자들까지도 '성부'를 '삼위일체 하나님의 제일위'로 인식하

---

루어졌고, 선의 자기충족성과 자기초월적 풍요성에 의해 세계가 창조되었으므로 악은 실재가 아닌 선의 결핍이고 하나님은 악을 창조하지 않았다는 교설 등을 플라톤주의 사상에 의해 정리하여, 후일 프로클로스와 같은 기독교 신학자들이 신플라톤주의에 의한 기독교 사상을 정립하는 데 전범을 보였다. 그리고 이것은 아우구스티누스가 그대로 물려받은 유산이기도 하다.

기보다는 '만유의 창조주인 야훼'로 인식했다는 점이지요.[50] 기독교가 막 생겨났을 때이니만큼 생각해 보면 너무나 당연한 일이었지만, 플라톤주의 사상을 바탕으로 삼위일체론을 구축하려던 신학자들에게는 바로 그것이 무척 넘기 어려운 장벽이었지요. 왜일까요? 내용이 몹시 흥미로운데, 간략히 설명하자면 다음과 같습니다.

존재가 창조주라는 것은 모세만이 아니라 플라톤, 알비누스, 플로티노스에게서도 반복적으로 언급되었습니다. 그러나 플라톤주의 교설에 따르면―중기·후기플라톤주의든 신플라톤주의든 간에―그들이 '정신'nous이라는 이름으로 부르는 존재, 곧 창조주는 '최고의 신'이 아니고 그로부터 나온 제2원리입니다. 그런데 기독교는 처음부터 자신들의 하나님 야훼YHWH를 '창조주'dēmiurgos일 뿐 아니라 '최고의 신'despotes이라고 주장했습니다. 이것이 초기 그리스도인들과 플라톤주의자들 사이에 놓인, 건널 수 없는 또 하나의 간격이었지요.

그리스도인들로서는 자기 종교 '최고의 신'이 플라톤주의자들에 의해 '제2원리'로 평가 절하되는 것을 상상조차 할 수 없었습니다. 반면 플라톤주의자들에게는 절대적 초월자이자 불변자인 일자가 '직접' 창조라는 변화를 일으킨다는 것이 도저히 용납될 수 없었지요. 그렇게 된다면 이제 그는 더 이상 영원불변한 일자가 아니기 때문입니다. 예컨대 알비누스의 제일신이 어떤 것을 직접 생성하거나 그것에 직접 작용하지 않는 이유가 바로 그 때문입니다. 에티엔 질송은 이런 정황을 다음과 같이 적절하게 표현했습니다.

심리적으로 말해서 혹자는 신플라톤주의자로서 철학할 수 있고 그리스도인으로서 신앙할 수 있다. (그러나) 논리적으로 말하면 누구도 동시에 신플라톤주의자이면서 그리스도인으로서 사유할 수 없다.[51]

바로 이것이 오리게네스만이 아닌, 이후 적어도 삼위일체 논쟁이 공식적으로 끝나는 381년 콘스탄티노플 공의회 이전까지 고대 기독교 사상가들이 극복하고자 노력했던 심각한 갈등이었지요. 이 문제를 기독교 용어로 바꾸어 표현하자면 '기독교 교리에서는 아버지와 아들이 구분된다 하더라도 어디까지나 동등해야 하는데, 플라톤주의에서는 아버지에게서 나온 아들은 아버지에 대해 차등적이며 종속될 수밖에 없다는 것'입니다. 이 차이를 극복하는 것이 너무 어려웠기 때문에 삼위일체론은 처음부터 혼란이 가라앉지 않았고 결국 격렬한 논쟁으로 파급되었던 것이지요.

오리게네스는 이 문제에서 두 가지 상반되는 입장을 동시에 취했습니다. 즉 아버지와 아들의 '동등성'同等性을 주장하는 입장과 아버지에 대한 아들의 '종속성'從屬性을 주장하는 입장을 모두 취한 것이지요. 그래서 후일 그의 후계자들도 이 가운데 어떤 입장을 취하느냐에 따라 '오리게네스 우파'와 '오리게네스 좌파'가 되어 서로 대립하게 됩니다. 무슨 이야기인지 간략하게 설명하자면 다음과 같습니다.

오리게네스에 의하면, 하나님은 '존재 그 자체'로서 모든 것의 근원이고 로고스는 하나님의 '내적 언어'inner word로서 모든 존재의 창조 원리입니다. 그러므로 아버지에게 아들이 존재하지 않았던 때가 있었다는 것은 상상조차 할 수 없는 일이며, 로고스는 하나님과 함께 시작도 끝도 없이 영원하지요.[52] 그의 이 교설로 플라톤주의의 유출설과 테르툴리아누스의 주장이 동시에 거부되고[53] 하나님은 영원불변한 세 위격이라는 '내재적 삼위일체론'the immanent trinity이 주장되었습니다. 즉 하나님-로고스 또는 아버지-아들이 한 실체homoousios to patri라는 동등성 등식이 도출되어 이것이 후일 서방 가톨릭교회에 속하는 '오리게네스 우파'의 주장이 되었지요.

그러나 또 한편 오리게네스는 아버지와 아들을 구분해, 아버지만이 그 무엇에도 의존하지 않는 '자존의 신'God by himself이고 아들은 아버지에 의해서만 존재한다는 점을 강조했습니다. 아버지와 아들이 '분리되지 않는 하나'임을 주장하는 양상적 군주신론자들과 싸울 때 특히 그렇게 주장했지요. 아들은 아버지의 형상이자 얼굴이며 본질이지만[54] 아버지 자신은 아니며, 오직 구원 사역을 위해 아버지로부터 나왔다는 테르툴리아누스의 경륜적 삼위일체론the economic trinity이 되살아난 것이지요. 여기서 아버지에 대한 아들의 '종속성 등식'이 성립해 후일 동방정교회에 속하는 '오리게네스 좌파'의 입장으로 자리 잡은 것입니다.

중기 혹은 신플라톤주의적 종속설은 창조주를 제일신과 세계 사이에—기독교적 표현으로는 아들을 아버지와 세계 사이에—있는 '중간자'로 파악함으로써 한때 기독교 교리에서 하나님과 세상과의 '화목제'로서의 그리스도의 역할을 설명하는 데 유용하게 쓰였습니다. 그

러나 이 이론은 아들의 신성에 제한을 두는 심각한 위험도 함께 내포하지요.˙

오리게네스 자신은 아버지와 아들이 어떻게 동일하면서 또 어떻게 종속적인가를 설명하기보다는 두 가지 입장 사이에서 적절한 균형을 유지했습니다. 그는 상황에 따라 알맞은 용어를 사용하면서 "피조물들에게 성부는 존재를, 성자는 합리성을, 성령은 성결함을 부여한다"[55]라는 식으로 삼위일체를 교훈했습니다. 이 말은 후에 동방과 서방을 막론하고 신학자들이 삼위의 역할을 구분하는 기준이 되었습니다. 예컨대 칼빈은 "성부는 일의 시초가 되시고 만물의 기초와 원천이 되시며, 성자는 지혜요 모사요 만물을 질서 있게 배열하시는 분이며, 성령은 그와 같은 모든 행동의 능력과 효력을 관장하시는 분이다"[56]라고 교훈했습니다.˙˙

---

˙ 그리스도는 단순한 구원자(savior)가 아니라 구속자(Redeemer)다. '구속'이라는 말은 구원의 방법, 즉 '형벌을 대신 짐'이라는 개념을 내포한다. 그래서 그리스도를 하나님과 세계 사이의 '화목제'라고 하는 것이다. 그러나 이 개념이 지나치게 강조되면 하나님의 전능성이 예수님의 신성과 함께 손상된다. 이것이 아리우스파(오리게네스 좌파)에 대한 정죄와 연관되는 '구속'과 '화목제'라는 말에 은폐된 위험이다.

˙˙ 칼빈의 삼위일체론은 오리게네스 좌파의 동방신학 교부들(아타나시우스, 나지안주스의 그레고리우스 등)의 영향을 받았다는 토렌스의 주장(T. F. Torrence, *The Doctrine of Trinity in Gregory of Nazianzus and J. Calvin*, Edinburgh: T.&T. Clark, 1996)과, 칼빈이 삼위일체론에 대한 오리게네스 우파(서방신학)와 오리게네스 좌파의 차이를 잘 알고 있었지만 언제나 서방신학 편에 섰다는 오웬의 주장(P. Owen, "Calvin and Catholic Trinitarianism", *Calvin Theological Journal*, Vol. 35, No. 2, Nov. 2000)이 대립하고 있다. 그렇지만 칼빈은 성령이 성부와 성자에서 발출(發出)한다는 서방신학의 '필리오케'(filioque) 개념과 성부·성자·성령이 상호내주(相互內住)와 상호침투(相互浸透)한다는 동방신학의 '페리코레시스'(perichoresis) 개념을 동시에 차용한 것처럼, 서방신학과 동방신학 사이에서 적당한 균형을 유지한 듯 보인다.

이처럼 계시와 철학, 기독교와 플라톤주의에 각각 한 발씩 딛고 양쪽을 절충한 것이 오리게네스 신학의 두드러진 장점이었습니다. 하지만 이 같은 '양다리 걸치기'는 비범한 오리게네스에게나 가능했던 일이지, 범속한 후계자들에게는 용납될 수 없는 일이었나 봅니다. 오리게네스가 죽고 세월이 흐르면서, 그가 제시한 이론의 탁월한 장점은 오히려 치명적 단점으로 드러나기 시작했습니다. 앞서 언급했듯이, 기독교적인 동시에 플라톤주의적이던 오리게네스의 가르침은, 오늘날 우리가 '오리게네스 우파'와 '오리게네스 좌파'라고 부르는 그 후계자들에 의해 삼위일체론 논쟁을 불러일으키는 불쏘시개가 되고 맙니다.

## 삼위일체 논쟁

삼위일체 논쟁의 최초 발단은 318년 서방신학을 대표하는 알렉산드리아의 감독 알렉산드로스와 장로 아리우스 간의 논쟁이었습니다. 교회사가인 존 노먼 데이비슨 켈리 John Norman Davidson Kelly, 1909-1997 의 『초대 기독교 신경들』에 의하면, 이후 325년 니케아 공의회로부터 381년 콘스탄티노플 공의회에 이르는 기간은 여러 형태의 삼위일체론이 교회회의를 통해 신조信條 형태로 고정되었던 이른바 '신조들의 시대'Ages of Creeds였지요.[57] 이 시기에 고대 신학의 중요한 신조들이 거의 만들어졌습니다. 당연히 학파 간의 갈등이 본격화되었는데, 교회정치적 관점에서 보면 삼위일체 논쟁은 삼위일체론을 놓고 부딪친,

알렉산드리아 교구를 중심으로 하는 오리게네스 우파와 안디옥 교구를 중심으로 하는 오리게네스 좌파 간의 세력 다툼이었습니다.

화약고에 먼저 불을 던진 것은 안디옥 학파의 거두 루키아누스Lukianus의 제자이며 오리게네스 좌파의 대표인 아리우스Arius, 256-336였지요. 그는 만일 아들이 시작이 없다면 아들이 아니기 때문에 아들에게는 시작이 없을 리가 없으며, 따라서 아들은 아버지에 의해 무로부터 창조 또는 조성된 것이라고 추종자들에게 가르쳤습니다.[58] 일자에서 정신nous이 나왔다는 플라톤주의의 이론을 충실히 따른 셈이지요. 아들은 만물을 만들었지만 그 자신은 아버지에 의해서 만들어졌으므로 피조물이고, 엄격한 의미에서는 신이 아니라고도 주장했습니다.[59] 한마디로 예수님은 반인반신半人半神의 존재이거나 양자그리스도론자들이 주장하던 존재, 곧 하나님에게 가장 적합한 인간으로서 하나님의 아들로 선택된 존재라고 주장했지요. 바로 이 점이 나중에 그가 사모사타의 바울주의자로 공격받은 이유입니다.

이에 반대하는 알렉산드리아 감독 알렉산드로스Alexandros of Alexandria, 250-326는 '이집트와 리비아 종교회의'를 열고 아리우스와 그의 추종자들을 정죄하고 면직했습니다. 그러나 아리우스는 굴복하지 않고 니코메디아의 감독 에우세비오스Eusebios of Nicomedia, 280-341의 보호 아래 자신을 지지하는 '루키아누스주의자'들에게 편지를 보내 세를 규합하여 맞서기 시작했습니다.

드디어 삼위일체 논쟁이 시작된 것이지요. 이렇게 벌어진 논쟁은 차츰 교회를 분열과 갈등으로 몰고 갔습니다. 논쟁과 분열이 심해지자, 313년에 "밀라노 칙령"을 발표해서 기독교를 승인한 콘스탄티누스Constantinus, 306-337 재위 황제가 개입했습니다. 교회의 분열이 자칫 제국 전체를 분열로 몰아갈지 모른다는 위기의식을 느꼈기 때문이지요. 황제는 325년 5월 25일에 소아시아 북서부의 비티니아Bithynia에 있는 니케아Nicaea에서 기독교 역사상 첫 번째 전체 교회 공의회the first ecumenical council of the church를 소집했습니다.

### 니케아에 나타난 '하나님의 모퉁잇돌'

5월의 니케아는 화창하고 아름다운 봄을 맞고 있었습니다. 지금은 터키의 가난한 마을 이즈니크Iznik가 자리 잡고 있으며 성 마리아 성당만이 쓸쓸히 남아 옛날의 영광을 무상하게 하지만, 당시 니케아는 황궁 도시 니코메디아에 버금가는 비티니아 제2의 도시였지요. 콘스탄티누스 황제는 1,800여 명이나 되는 제국의 감독들 모두에게 초대장을 보내, 그들의 편의를 위해 탈것을 보낼 것이며 왕복 비용과 니케아 체류비를 모두 국고에서 지원하겠다고 알렸습니다. 또한 감독마다 두 명의 장로와 세 명의 하인을 대동하도록 배려했지요. 그런데도 당시 감독들의 겨우 6분의 1만 니케아로 향했습니다.[60]

왜 그랬을까요? 이유가 있었습니다. 전임 황제 디오클레티아누스 때만 해도 기독교도들을 붙잡아 무쇠와 강철, 불과 칼로 고문한 다음 사자굴에 던졌기 때문이지요. 회의에 참석한 318명의 감독들은 불과 얼마 전까지 그렇게 잔혹하던 제국에서 황제의 초청을 받아 황실 숙소에서 호사스러운 대접까지 받아 가며 회의를 한다는 게 정말이지 꿈만 같았습니다. 가이사랴, 두로, 이집트 등에서 장터에 피워 놓은 불 속에 성경책들이 던져지고, 성직자들이 색출되어 원형극장에서 찢겨 죽는 것을 생생히 지켜보았던 가이사랴의 감독 에우세비우스*는 이 모든 일이 위대하신 하나님의 섭리와 은총이라고 소리 높여 찬양했습니다.

공의회는 황제가 금과 보석으로 치장한 가운을 걸치고 회의장에 위풍당당하게 입장하여 기독교의 화해와 연합을 권고하는 연설을 함으로써 시작했지요. 그 후 성직자들에게 발언권이 넘어가 본회의가 진행되었습니다. 아리우스는 장로일 뿐 감독이 아니었기 때문에 직접 나서서 논쟁을 벌일 수 없었습니다. 그래서 오리게네스 좌파인 루키아누스주의자들은 니코메디아의 감독 에우세비오스를 앞세워 아리우스주의를 거세게 주장했습니다. 이에 맞선 오리게네스 우파들은 알렉산드로스 감독을 중심으로 이번에야말로 아리우스주의를 기필코 정죄하고 말겠다는 각오로 단호히 대항했지요.

알렉산드로스와 그 지지자들이 당시 내세운 주장은 그가 가르쳤다고 전해지는 "동시에 아버지요 동시에 아들이다"[61]라는 말에 잘 나타납니다. 하지만 이에 대한 보다 자세한 내용은 알렉산드로스의 저술이 남아 있지 않아 전혀 알 수 없지요. 그렇지만 우리는 아리우스

---

* 영어로 유세비우스라 하는 이 인물은 그리스어로 'Eusebios'라고 하고, 라틴어로 'Eusebius'라고 표기하기 때문에 '에우세비우스'라고 표기한 저서가 많다. 여기서는 니코메디아(Nicomedia)의 감독은 그리스어 발음으로 '에우세비오스'로 부르고 그와 구별하여 이 가이사랴(Caesarea)의 감독은 라틴어 발음으로 '에우세비우스'로 표기한다.

주의에 대한 위대한 반대자이자, 알렉산드로스를 이어 알렉산드리아의 감독이 된 아타나시우스Athanasius, 295-373*의 저술들을 통해 그것을 짐작할 수 있습니다.

325년 5월, 갓 서른을 넘긴 젊은 아타나시우스는 알렉산드로스 감독과 함께 니케아에서 열린 그 뜨거운 논쟁의 현장에 있었습니다. 아타나시우스는 본디 신학자보다는 목회자가 되고 싶었다고 합니다. 하지만 풍운의 격동기가 그를 "4세기의 교리사 연구는 곧바로 아타나시우스의 생애를 연구하는 것과 동일하다"[62]라는 평가를 받을 만큼 혁혁한 공적을 남긴 위대한 신학자로 만들었습니다. 그는 평생을 한편으로는 이단의 오류들과, 다른 한편으로는 황궁 세력들과 맞서 싸웠기 때문에 "아타나시우스는 세상과 대립했고 세상은 아타나시우스와 대립했다"Athanasius contra mundum, et mundum contra Athanasius라는 말도 전해 옵니다.

아타나시우스는 체구가 작았지만 용모가 수려했고 안광이 번쩍여

---

• 아타나시우스는 4세기 당시 가장 뛰어난 신학자로서 니케아 신조에 담긴 사상을 대표한다. 그러나 자신은 학문적 업적보다는 실천적 목회자로서의 삶에 더 많은 관심과 소질을 보였다. 따라서 그의 사상은 조직적이고 체계적이라기보다는 아리우스 사상에 반대하는 변증적 성격을 띤다. 아타나시우스 사상의 학문적 체계화는 후일 카파도키아의 세 교부에 의해 이루어졌다. 그의 저서로는 초기 저작이자 그의 사상의 모체인 『이방인에 반대하여』, 『성육신에 관하여』가 있고, 아리우스주의에 반대하는 저술들 『아리우스주의자들에 대한 반론』, 『아리우스주의자들에 반대하는 성육신에 대해』, 『아리우스주의자들에 반대하는 변증』 등과 금욕서인 『안토니우스 전기』가 있으며, 그 외에도 많은 편지들이 남아 있다.

제1차 니케아 공의회(325) 이콘.

서 대적들마저 그 앞에서 함부로 할 수 없는 위엄을 갖고 있었습니다.[63] 미래를 내다보는 통찰력, 누구에게도 무릎 꿇지 않는 용기, 왕성한 활동력으로 신앙과 교회를 위해 싸워 "위대한 계몽자", "하나님의 모퉁잇돌"이라는 찬사를 받은 이 사람의 주장은 매우 단순하고 명료합니다. 그래서 우리는 그것을 한마디의 삼단논법으로 다음과 같이 요약할 수 있습니다. "아들은 구세주고, 오직 하나님만이 우리를 구원할 수 있다, 그러므로 아들이 곧 하나님이다"가 바로 그것입니다.[64] 요컨대 아들이 하나님이 아니고서야 어떻게 인간과 세계를 구원할 수 있겠느냐는 말입니다.

아타나시우스에 의하면, 구원이 새로운 창조라고 해도 그것은 오직 창조주 한 분만이 할 수 있는 일이고, 또 구원이 영원한 생명을 받는 것—곧 '우리가 상실한 불멸성을 회복하는 것—이라고 해도 그것은 오직 불멸자이며 영원자인 하나님 한 분만이 줄 수 있습니다. 그러므로 구세주란 당연히 하나님이어야 한다는 말이지요.[65] 오직 하나님만이 우리를 신성화할 수 있다는 뜻입니다. 한마디로, "하나님은 우리가 신이 되도록 하기 위해 인간이 되었다"는 겁니다.[66] 아타나시우스의 이 같은 주장이 이후 '신의 세속화 kenosis를 통한 인간의 신성화 theosis'라는 동방정교 신학의 중추가 되었습니다.

하나님만이 인간을 구원할 수 있다는 것! 바로 이것이 아타나시우스가 '사벨리우스주의자'(또는 성부수난론자)로 몰리면서까지 아버지와 아들의 동질성을 강조한 이유였고, 바로 이것이 그가 아리우스주의자들을 '사모사타의 바울주의자'(또는 양자그리스도론자)로 몰면서까지 반대했던 까닭이었습니다. 물론 정확히 말하자면, 그는 사벨리우스주의자가 아니었고 아리우스주의자들도 사모사타의 바울주의자가 아니었지요. 아타나시우스는 삼위의 동질성을 강조하면서도—사벨리우스주의자들과는 달리—아버지와 아들과 성령이 이름에 불과하지 않고 실재적이라고 주장했기 때문입니다.[67]* 그는 삼위일체를 다음과 같이 설명했습니다.

하나님 안에 마치 사람들처럼 서로 분리된 세 실체가 있는 것처럼 상상해서는 안 된다. 그렇게 하면 이교도들처럼 여러 신을 섬기게 된다. 오히려 마치 샘과 그것에서 흘러나온 시냇물이 비록 두 가지 형태와 이름을 지닐지라도 서로 분리되지 않는 것처럼 생각하는 것이 옳다. [물론] 성부는 성자가 아니시고, 성자는 성부가 아니시다. 성부는 성자의 아버지시고 성자는 성부의 아들이시기 때문이다. [그럼에도] 샘이 시내가 아니고 시내가 샘이 아니지만, 둘은 하나이고 같은 물이 샘에서 시내로 흐르는 것같이 신성도 구분 없이 성부에게서 성자에게로 부어진다.[68]

이 같은 이유로 아타나시우스는 아리우스주의자들의 주장에 대

---

\* 이 편지에는 이런 글도 들어 있다. "교회에서는 '만유 위에 계시고 만유를 통해서 만유 가운데 계[신]'(에베소서 4:6) 한 분 하나님을 설교한다. '만유 위에'라 함은 성부가 시작과 근원이라는 뜻이며, '만유를 통해서'라 함은 '성자를 통해서'라는 뜻이며, '만유 가운데'란 '성령 가운데'라는 말이다. 삼위는 이름뿐이거나 말과 관념에만 그치는 것이 아니라 참으로 실제로 삼위이시다."

해 불같이 일어나 단호하게 맞섰던 겁니다. 아리우스주의자들의 말대로 아버지와 아들이 유사할 뿐 동등한 자가 아니라면, 따라서 아들은 엄밀한 의미에서 하나님이 아니고 단지 아버지와 세계 사이의 중간자라면, 기독교는 다신교이며 교회는 다른 다신론을 정죄할 이유가 없다는 것이 그의 일관된 생각이었지요. 또한 하나님은 초월적 존재이지만 세계의 창조자로서 지금도 피조물의 세계에 부단히 직접 관계하므로 하나님과 세계 사이의 중간자는 필요 없다고도 여겼습니다.[69] 한마디로, 아버지와 아들은 하나이고, 아들도 하나님이며, 기독교는 유일신교라는 것이 아타나시우스의 변함없는 생각이었습니다.

### 비록 모음 하나의 차이였지만

한 치도 물러서지 않는 논쟁이 계속되던 니케아 공의회에서 문제 해결의 열쇠가 된 것은 결국 전문용어 terminus였습니다. 시간이 갈수록 감독들은 대부분 예수님의 신성을 거부하는 것 같은 아리우스주의에 거부감을 보였지만, 논쟁은 점점 심해질 뿐 끝날 기미를 보이지 않았지요. 그러자 콘스탄티누스 황제가 자신의 종교 문제 자문관이기도 한 코르도바의 감독 호시우스 Hosius of Cordova의 도움을 받아 아버지와 아들이 동일본질이라는 뜻인 '호모우시오스' homoousios라는 용어를 신조 creed 안에 넣을 것을 제안했습니다.*

---

* 다른 견해도 있다. '동일본질'(homoousios)이라는 용어는 오히려 아리우스주의자들의 대표인 니코메디아의 에우세비오스가 먼저 만들어 사용한 것으로 이 용어를 가지고 아버지와 아들이 '동일본질'인 것을 부인하자(에우세비우스, 『황제에게 보내는 편지』,

알렉산드로스를 비롯한 반(反)아리우스주의자들은 기꺼이 이 제안을 받아들였지요. 하지만 아리우스주의자들은 강력히 반대하며 이것 대신 아버지와 아들은 본질이 유사하다는 뜻의 '호모이우시오스'homoiousios(유사본질)라는 용어를 내세웠습니다. 그러자 '동일본질'이라는 용어를 신조에 삽입하는 것을 꺼리던 감독들의 상당수가 그래도 그것이 '유사본질'보다는 낫다고 판단했지요.

결국 우여곡절 끝에 아리우스주의가 배격되고 반(反)아리우스주의가 채택되었습니다. 그렇게 해서 작성된 새로운 신앙고백이 바로 '니케아 신조'the Creed of Nicaea*입니다. 내용상으로는 오늘날 그리스도인들이 사용하는 '사도신경'使徒信經과 흡사하지만,** 특이하게도 맨 마

---

4), 반아리우스파에서 이를 반박하기 위해 이 용어를 그대로 사용했다는 것이다(참고. 조병하, 『교부들의 신학사상』, 그리심, 2005, pp. 158-162).

* '니케아 신조'(the Creed of Nicaea)와 '니케아 신경'(Nicaea Creed)은 구분해야 한다. 니케아 신경은 니케아 신조를 바탕으로 하되, 451년에 칼케돈 종교회의에서 공포되었다.

** 사도들은 세례 때에 세례를 받는 자에게서 예수님이 '주님' 또는 '하나님의 아들'이라는 고백을 받아 내고, "주 예수 그리스도의 이름으로" 세례를 주었다. 이것이 기독교 신조(信條) 또는 신경(神經)의 시발이다. 그러나 이는 여호와가 창조주이며 유일신임을 이미 아는 유대인들에게는 충분한 것이었으나, 이교도와 이단에게 기독교가 구체적으로 무엇을 신앙하는지 설명하는 데는 불충분했다. 그래서 사도 교부들은 이것을 좀더 구체화한 신경을 만들었다. 예컨대 2세기 초에 나타난 「디다케」에는 세례자가 "성부·성자·성령을 믿느냐?"라고 물으면, 세례받는 자가 이에 답해 "저는 성부 하나님과 그의 독생자이신 우리 주님 예수 그리스도와 성령을 믿사옵니다"라는 고백을 했다. 그 후 차츰 여기에 몇 가지가 첨부되면서 2세기 말엽에는 초대 사도신경 형태로 보이는 '로마 신경'(Roman Creed, "R")이 완성되었다. 이후 삼위일체 논쟁을 거치면서 그때마다 조금씩 변경된 니케아 신조(325년)와 콘스탄티노플 신조(381년) 등이 나왔다. 오늘날 우리가 보는 '사도신경'에 대한 기록은 4세기에 앙키라의 마르켈루스(Marcellus of Ancyra)와 아퀼레이아의 루피누스(Rufinus of Aquileia)에 의해 만들어진 것인데 '로마 신경' 또는 그 이후 신조들과 내용상으로는 큰 차이가 없다.

지막에 아리우스주의자들을 저주하는 다음과 같은 내용이 붙어 있습니다.

> 그러나 아들이 계시지 않았던 때가 있었다고 말하는 자들, 탄생 전에는 아들이 계시지 않았다고 말하는 자들, 아들이 무에서 지음을 받았다고 하는 자들, 하나님의 아들은 상이한 본질 또는 본체를 가졌다고 주장하는 자들, 혹은 아들이 피조되었다거나 변화될 수 있고 바뀔 수 있다고 말하는 자들을 보편적이며 사도적인 교회는 저주하노라.[70]

니케아 신조의 핵심은 아들이 '아버지와 동일본질'homoousion tō patri 이라는 것, 곧 일자=창조주라는 오리게네스 우파의 동등성 등식이었습니다. 여기서 주목할 것은 아리우스주의자들은 모음 하나만 덧붙인 '호모이우시오스'homoiousios(유사본질)라는 용어가 채택되기를 간절하게 바랐지만, '니케아의 결정'은 '호모우시오스'homoousios(동일본질)라는 용어를 택했다는 점이지요. 철자로는 비록 모음 하나 차이였지만, 의미로는 지대한 차이였기 때문입니다. 종교적 측면에서 보면 예수님의 신성을 명백히 인정하는 것이었고, 사상사 관점에서 보면 기독교 신학이 그리스 철학을 극복한 첫 번째 계기가 되었지요.

공의회가 끝난 후 콘스탄티누스 황제는 아리우스주의자들을 면직시켜 갈리아로 유배했습니다. 그렇지만 공의회에 참석한 감독들 가운데 아들과 아버지가 '동일본질'이라는 데 진심으로 동의한 사람은 극

제1차 니케아 공의회에서 채택된 '니케아 신조' 이콘.

히 소수에 불과했습니다. 게다가 니케아 신조에는 '호모우시오스'(동일본질)라는 용어에 대한 해명이 전혀 없었기 때문에 어떻게 아들이 아버지와 같을 수 있는가 하는 의문은 여전히 남았지요. 예수님 자신도 "아버지는 나보다 크심이라"(요한복음 14:28)라고 시인했는데, 어떻게 둘이 똑같을 수 있느냐 하는 볼멘소리가 이제는 비단 아리우스주의자들의 입만이 아니라 사방에서 터져 나왔습니다.

이 와중에 콘스탄티누스 황제가 죽었습니다. 당연히 니케아 신조에 반대하는 세력이 동방교회를 중심으로 우후죽순처럼 다시 들고 일어나 이전 못지않은 혼란이 시작되었습니다.* 그런 가운데 니케아의 영웅 아타나시우스조차 두 번이나 면직되어 유배와 망명을 떠나야 했지요. 콘스탄티누스 황제의 뒤를 이은 둘째 아들 콘스탄티우스 Constantius가 아리우스주의를 신봉했기 때문입니다.

교회사를 보면, 동방교회와 서방교회가 완전히 등을 돌리며 돌이킬 수 없을 정도로 갈라선 것은 1054년이었습니다. 이 말은 325년 니케아 공의회부터 787년 제2차 니케아 공의회**까지, 다시 말해 존 노먼 데이비슨 켈리가 구분한 '신조들의 시대'에는 이른바 '분열되지

---

* 4세기 중반 니케아의 결정에 반대한 대표적 무리는, 아버지와 아들이 같지 않다는 '상이본질파'(anomoean), 아버지와 아들이 같은 종류라는 '동류본질파'(homoean), 아버지와 아들이 유사하다는 '유사본질파'(homoiousian) 등 적어도 셋이었다.
** '니케아 공의회'는 제1차와 제7차 세계 공의회(ecumenical council)를 통칭하는 이름이다. 제1차 세계 공의회는 325년에 콘스탄티누스 대제가 소집했고, 제7차 세계 공의회는 787년에 콘스탄티누스 6세가 소집했다. 제7차 세계 공의회를 니케아에서 열린 두 번째 세계 공의회라는 의미로 흔히 '제2차 니케아 공의회'라고 부른다.

않은 교회'the undivided Church가 유지되었다는 것을 뜻합니다. 하지만 신학적으로 보면, 니케아 신조가 확정된 후 이에 반발하는 세력과 교회가 늘면서 동방교회와 서방교회는 이미 각자의 길을 가기 시작했지요.* 이렇듯 유례없는 혼란 가운데 동방교회에서는 카파도키아의 위대한 세 교부가, 서방교회에서는 기독교 사상사에 가장 큰 족적을 남긴 아우구스티누스가 나왔습니다. 혼탁한 강물이 범람하는 땅에서 달고 탐스러운 열매들이 맺히는 법이지요.

## 카파도키아의 위대한 세 교부

카파도키아의 위대한 세 교부Three Great Cappadocians란 가이사랴 감독 바실리우스Basilius Magnus, ?330-379, 그의 동생이자 니사의 감독인 그레고리우스, 그리고 이들 형제와 친교를 나눈 콘스탄티노플 대주교 나지안주스의 그레고리우스Gregorius Nazianzenus, 329-389를 말합니다. 이 세 사람은 니케아 신앙을 보존하기 위해 긴밀한 관계를 유지했습니다. 그 덕분에 각각의 품성과 처한 환경의 차이에도 불구하고 이들의 삼위일체론은 공통성을 갖고 있지요.

이들 가운데 특히 바실리우스는 학문만이 아니라 자선慈善에서도 뛰어나 '대大바실리우스'라고 불릴 만큼 존경을 받았습니다. 고대

---

* 니케아 신조(325)와 콘스탄티노플 신조(381)에는 성령이 "아버지로부터 발출하신다"라고만 되어 있는데, 589년 서방교회가 단독으로 연 '톨레도 공의회'에서 성령이 "아들로부터도 나온다"라는 이른바 '필리오케'(filioque) 구절을 삽입한 것이 좋은 예다.

교부 가운데 생전에 그 이름에 '위대하다'는 의미의 '마그누스'Magnus 가 붙은 사람은 바실리우스뿐입니다.* 자선과 경건으로 성인聖人이 된 성 마크리나St. Macrina the Elder, 270-340가 할머니이고, 성 에멜리아 St. Emmelia, ?-375가 어머니인 그는 부유하게 태어났으나 평생 동안 제 스스로 가난하게 살았습니다. 바실리우스는 평생 한 벌의 옷과 빵과 소금만으로 지내면서 가난하고 병든 사람들을 보살폈습니다. 감독으로 봉사하던 가이사랴 외곽에 '바실리아스'Basilias라는 대규모 빈민보호시설을 지었는데, 주로 버림받은 문둥병자들을 위한 곳이었습니다. 여기서 바실리우스는 몸소 그들을 보살피고 대접했으며 그들에게 입 맞추기를 주저하지 않았다고 합니다.[71]

동방교회에서는 매년 1월 1일**을 '성 대바실리우스 축일'로 정하고, 지금도 조과朝課(아침 기도)에 다음과 같이 그를 찬양하지요.

온 세상에 당신의 말씀이 퍼짐으로써
땅 끝까지 전해졌도다.
바른 믿음의 교리를 확립하셨고

---

* 드물게 아타나시우스나 로마의 감독 레오 1세에게도 마그누스(Magnus)를 붙이는 경우가 있지만, 그것은 로마 가톨릭이 자신들의 권위를 높이려고 스스로 붙인 것이기에 가치를 인정받지 못한다.
** '성 대바실리우스 축일'은 지역에 따라 1월 1일 또는 2일로 다르게 정해 지킨다. 그리스 정교회 전통에서는 매년 1월 1일, 13세기에서 1969년까지 가톨릭과 성공회에서는 6월 14일, 그 이후부터는 1월 2일, 루터 교회 미주리 주교와 위스콘신 복음주의 루터 교회 총회에서는 1월 10일, 알렉산드리아 콥트 정교회와 에티오피아 정교회의 테와 헤도 교회에서는 1월 15일이나 1월 16일(윤년)에 각각 지킨다.

인간의 선한 윤리관을 정립하신 거룩한 바실리우스 교부시여,

우리 구원을 위하여 우리 하나님 그리스도께 간구하소서.[72]

여기서 "바른 믿음의 교리를 확립하셨고"라는 구절은 바실리우스가 동방교회에서 처음으로 삼위일체를 '세 실체, 한 본질'treis hypostaseis, mia ousia이라고 확정한 것을 의미합니다. 그리고 "인간의 선한 윤리관을 정립하신 거룩한 바실리우스 교부시여"라는 구절은 그의 도덕적 삶과 성인적인 자선 활동을 찬양한 것이지요. 그는 종교개혁자 마르틴 루터가 그랬듯이 "내가 나의 영을 주의 손에 부탁하나이다. 진리의 하나님 여호와여 나를 속량하셨나이다"(시편 31:5)를 암송한 다음 여든의 나이로 평안히 세상을 떠났습니다.

### 단테와 루블료프의 고민

당신도 눈치챘겠지만, 기독교 신학에서 삼위일체론만큼 기본적인 교리도, 해석하기 어려운 교리도 없습니다. 버금가는 교리가 있다면 그리스도론뿐이지요. 그런데 알고 보면 그 대부분의 문제는 언제나 비합리적일 수밖에 없는 종교적 사유들을 합리적으로 설명할 수 있는 적당한 용어가 없다는 데 있습니다. 단테는 『신곡』에서 삼위일체 하나님에 대한 언어적 표현이 여전히 얼마나 어려운가를 다음과 같이 표현했지요.

숭고한 빛의 깊고 밝은 실체 속에

세 가지 빛깔을 띤 같은 크기의
세 원이 하나의 차원으로 나타났으니

첫째 원은 둘째 원에 무지개처럼 반사되고,
셋째 원은 다른 두 원에서
똑같이 발산되는 순수한 불길처럼 보였다.

아, 그러나 말이란 얼마나 약하며, 생각에 비해 또 얼마나
모자란 것인가. 내가 본 것에 비하면, 그저
"아무것도 아니다"라고 말해야 하리라.[73]

이 글에서 단테는 성부·성자·성령을 "세 가지 빛깔을 띤 같은 크기의 세 원"이라고 형상화했고 일체를 "하나의 차원으로"라고 묘사했지만, 이러한 말들은—단테 스스로 고백한 것같이—약하고 모자라서 우리가 삼위일체를 이해하는 데 별 도움이 되지 않습니다. 오히려 '세 원'과 같은 표현은 '분명 구분되지만 결코 분리되지는 않는' 삼위가 마치 분리되어 있는 것같이 왜곡해 오해를 불러일으킬 수 있지요.

물론 이 같은 왜곡은 삼위일체를 언어로 묘사하고자 하는 작가들에게는—설령 그가 아무리 천부적 재능을 가졌다 해도—피할 수 없는 고민이어서 비단 단테의 문제만은 아니었습니다. 게다가, 한술 더 떠 삼위를 각각의 개체로 형상화해야 하는 화가들에게는 그 고민이 더욱 깊을 수밖에 없었지요. 성부·성자·성령을 구분해 그리되 그 셋

이 하나라는 것을 표현하는 일이 불가능하게 여겨졌기 때문입니다. 이 문제를 고심했던 화가의 대표적 예로 우리는 단테보다 100년쯤 후에 활동했던 러시아의 위대한 성화상$^{icon}$ 화가 안드레이 루블툐프 Andrey Rublyov, ?1370-?1430를 들 수 있습니다.

루블툐프가 1425년에 완성한 아름다운 성화상 〈삼위일체〉를 보면, 성부·성자·성령이 날개가 달린 세 존재로 형상화되어 있습니다. 식탁을 가운데 두고 중앙에 갈색 옷의 성자가 앉아 있고 왼쪽에는 붉은색 겉옷을 걸친 성부와 오른쪽에는 녹색 옷을 걸친 성령이 무릎을 마주하고 앉아 있지요. 성자가 식탁 위에 두 손가락을 펼쳐 보이는 것은 성자의 신성과 인성을 나타내며, 성자 쪽을 향해 있는 성부의 손 모양은 성자를 격려하고 축복하는 것을 표현한 것이고, 식탁의 전면 중앙에 난 사각형 통로를 가리키는 성령의 손은 천국으로 가는 좁은 길을 의미한다는 것이 학자들의 해석입니다.

우리의 이야기와 연관해서 주목할 것은 이 성화상에 그려진 삼위가 모두 나이가 몇인지, 또 남성인지 여성인지를 알아볼 수 없는 동일한 젊은이의 얼굴 모습을 하고 있다는 것이지요. 그렇기 때문에 사전 지식 없이 보면 누가 성부고 성자며 성령인지 알아볼 수조차 없습니다. 루블툐프의 이러한 표현 방식은 서방 가톨릭교회의 성화뿐 아니라 그리스정교회의 성화상에서도, 성부는 흰머리에 흰 수염을 기른 노인의 모습으로 묘사하고, 성자는 짙은 갈색 머리에 갈색 수염을 기른 장년의 남성이나 경우에 따라서는 어린 소년으로 표현하

안드레이 루블료프, ⟨삼위일체⟩, 1411년경.

며, 성령은 보통 비둘기로 나타낸 것과는 전혀 딴판인데요.* 왜 그랬을까요? 왜 러시아가 존경하는 이 천재적 화가는 성부·성자·성령을 전혀 구분할 수 없게 표현했을까요?

이에 대한 대답은 간단합니다. 그것은 루블료프가—성부·성자·성령을 어쩔 수 없이 세 개체로 나누어 형상화할 수밖에 없는 회화적 한계를 극복하고—삼위의 동등성과 통일성을 강조하기 위해 오랜 번민 끝에 취한 조치였지요. 그뿐만 아니라 삼위가 각자 다른 색깔의 옷을 입고 있지만, 셋 모두가 신성을 뜻하는 청색의 옷을 부가적으로 입거나 걸친 것, 왼손에 똑같이 '권위의 지팡이'를 하나씩 쥐고 있는 것 역시 같은 의미입니다.

루블료프의 오랜 고뇌의 소산인 이 같은 표현법이 당시로는 삼위일체를 모티브로 하는 회화의 한계를 극복할 수 있는 천재적 발상으로 평가받았습니다. 그래서 러시아 정교회는 1551년에 열린 스토슬라브 교회회의에서 삼위일체를 그릴 때 이 같은 '루블료프의 유형'을 따르도록 규정했지요. 요컨대 어쩔 수 없이 셋으로 표현하되 반드시 통일성을 강조할 것! 이것이 루블료프 이후 러시아 성화상 화가들이 지켜야 할 준칙이 된 것입니다. 러시아 성화상들이 이 준칙에서 벗어

---

* 예컨대 19세기 초에 그려진 그리스의 〈삼위일체〉 이콘(icon)을 보면, 오른편에 갈색 머리에 갈색 수염을 기른 장년의 그리스도가 붉은 옷 위에 푸른 가운을 걸치고 구름 위에 앉아 오른손으로는 축복을 내리고 왼손은 지구 위에 얹어 놓고 있다. 지구를 사이에 두고 왼편에는 흰머리와 흰 수염을 한 성부가 하얀 옷에 하얀 가운을 걸치고 역시 구름 위에 앉아 오른손을 지구 위에 놓고 왼손으로는 왕홀(王笏)을 들고 있다. 그 사이에 황금색 별이 떠 있는데 그 별 속의 하얀 비둘기가 바로 성령이다.

나 새로운 표현을 할 수 있게 된 것은 수백 년이 지난 후에야 비로소 가능했습니다.

문학에서든 미술에서든 결국 문제는 어떻게 하면 성부·성자·성령이 셋이면서 하나이고 하나이면서 셋이라는 것을 표현할 수 있느냐였지요. 니케아 신조 및 '니케아-콘스탄티노플 신경'의 기반이 된 아타나시우스의 삼위일체 신학의 약점도 '삼위'가 가진 다양성과 '일체'가 가진 통일성을 동시에 설명해 줄 확정된 용어가 결여되었다는 것이었습니다.

삼위일체 논쟁 당시 신학자들은 때로는 거의 같은 내용의 신앙을 갖고 있으면서도 단지 용어 때문에 서로 대립했고, 심지어 이단으로 모는 경우가 비일비재했습니다. 그 좋은 예를 니케아 신조에 적힌 '동일본질'이라는 용어의 위대한 수호자이자 투사인 아타나시우스가 놀랍게도 말년에는 '유사본질'을 주장한 앙키라의 바실레우스<sup>Basileus of Ancyra</sup>를 인정했던 이유에서 찾아볼 수 있습니다. 아타나시우스는 다음과 같이 말했습니다.

니케아에서 정의된 모든 것을 인정하면서도 오직 '동일본질'이라는 용어만 거부하는 자들을 적처럼 대해서는 안 된다. 또한 우리는 그들을 아리우스에 미친 자들이나 교부들과 싸우는 자들을 대하듯 대적하지 말고, 우리와 같은 생각을 갖지만 용어를 두고 논쟁하는 형제들을 대하듯 대화해야 한다. 왜냐하면 아들이 다른 위격이 아니라 아버지의 본질로부터 존재하고, 그분이 피조물이나 지어진 것이 아니라 참된 본성으로부터 나신 자이며, 그분이 말씀과 지혜로 아버지와 영원히 함께 있다고 고백하는 자들은 '동일본질'이라는 용어를 받아들이는 것에서 멀지 않기 때문이다.[74]

이 글은 아타나시우스가 정확한 개념 정의가 안 된 용어에서 오는 심각한 폐단을 잘 알고 있었음을 우리에게 알려 줍니다. 그는 당시 아리우스주의자들이 사용하던 '위격'prosopon*이라는 용어를 사용하지 않았고, '휘포스타시스'hypostasis와 '우시아'ousia를 구분할 줄도 몰랐습니다.[75] 이 때문에 자신이 아리우스주의자들의 주장을 정확히 이해하지 못해 그들에게 지나치게 엄격했음을 나중에야 알아차린 것이지요. 말년에 아타나시우스는 이 같은 혼란을 정리할 전문용어의 필요성을 절실히 인식했지만, 끝내 그 일을 완수하지는 못했습니다. 그리고 그 일은 '카파도키아의 위대한 세 교부'에게로 넘어갔지요.[76]

그렇다고 해서 카파도키아의 세 교부가 삼위일체를 합리적으로 설명할 수 있는 특별한 전문용어나 이론을 새로 개발하는 업적을 남긴 것은 아니었습니다. 그들의 업적을 엄밀하게 평가하자면, 삼위일체를 설명하는 기존 용어들에서 애매함을 제거함으로써 삼위일체 개념을 분명히 했다는 것입니다. 하지만 이 일만으로도 그들 이름에 붙는 '위대

---

* '위격'을 뜻하는 테르툴리아누스의 용어 '페르소나'(persona)에 대한 그리스어가 '프로소폰'(prosopon)인데, 당시 이 말에는 '가면'이라는 뜻이 있었기 때문에 사벨리우스주의자나 양상적 군주신론자들의 주장으로 오해될 소지가 있어서 동방교회 신학자들은 사용을 꺼렸다.

한'이라는 수식어는 결코 어색하지 않습니다. 당시 신학계에는 용어와 개념의 혼란에서 오는 폐단이 견딜 수 없을 만큼 심했기 때문입니다.

## 아우게이아스의 외양간 청소

셰익스피어의 『햄릿』에는 이런 말이 나오지요. "분명한 말을 써야겠어. 어정쩡한 말을 쓰다간 봉변당하겠는걸!"[77]

삼위일체 논쟁 당시 신학자들 대부분이 바로 이 같은 처지에 놓여 있었습니다. 이때 카파도키아의 위대한 세 교부가 나와 그 폐단을 없애기 위해—마치 헤라클레스가 소가 3,000마리나 되는 엘리스 왕 아우게이아스의 난장판 외양간을 청소했듯이—혼란스런 용어들의 정리를 시작했지요. 이 세 사람이 과감하게 나서, 마치 현대철학에서 루트비히 비트겐슈타인이 "철학은 언어가 우리의 지성을 사로잡는 것에 맞서는 투쟁"[78]*이라고 외치며 수행한 것과 똑같은 일을 고대신학에서 이루어 냈던 것입니다. 그것은 어떤 방식으로 이뤄졌을까요?

기독교가 부지런히 교리를 정립하던 2-3세기에는 에게해를 중심으로 하던 그리스 문명이 이미 석양 속으로 가라앉고, 지중해를 중심으로 한 라틴 문명이 황금기를 맞고 있었습니다. 그렇지만 유구한 학

---

* 비트겐슈타인은 언어에 사로잡힌 우리의 정신을 파리통에 빠진 파리에 비유하며 "철학에서 당신의 목적은 무엇인가?—파리에게 파리통에서 빠져나갈 출구를 가르쳐 주는 것"(『철학적 탐구』, 309)이라고도 주장했다.

문적 역사를 가진 그리스어는 마치 넘실거리는 황혼의 날빛이 더 아름다운 것처럼 그 다양함과 풍성함을 천지에 드리우고 있었습니다. 특히 각 단어가 다양한 의미를 갖는다는 점에서 그랬습니다. 당연한 일이겠지만, 한 단어가 여러 가지 의미를 갖는다는 사실은 풍성한 의미를 창조해야 하는 문학에는 분명 도움이 되지요. 그러나 정확한 개념을 구사해야 하는 학문에서는 자주 방해가 됩니다.

카파도키아의 세 교부가 삼위일체론을 설명할 때 위격을 가리키는 말로 사용한 '휘포스타시스'hypostasis와 본질이라는 의미로 사용한 '우시아'ousia가 그 대표적 예입니다. 이 단어들은 그때까지 적어도 수백 년 동안 여러 철학자와 그 학파들이 전문용어로 사용하면서 제각각 다른 의미를 부여했기 때문입니다. 이제 그 이야기를 가능한 한 줄여 간단히 하고자 하는데요, 이 이야기는 전문가들도 혼란스러워 할 만큼 매우 복잡합니다. 그래서 만일 당신이 골치 아픈 세부 내용을 피하고 싶다면, 우시아와 휘포스타시스에 얽힌 언어적 혼란을 설명하는 이 부분은 건너뛰어도 좋습니다.

하지만 그렇지 않다면, 먼저 우시아ousia를 볼까요? 그리스인들에게 이 용어는 일상적으로 어떤 사람이 '갖고 있는 것', 곧 그 사람의 '자산'資産을 의미했습니다. 그러나 철학용어로서 우시아는 '실제로 있는 것'實體, ontos on을 뜻했지요. 이에 대한 플라톤의 개념이 바로 이데아idea입니다.\* 그런데 우리가 1권 『하나님은 존재하는가』의 2부

---

\* 플라톤은 이데아를 '참으로 있는 실체'(ousia ontos ousia)라고도 불렀다(『파이드로스』, 247c).

"하나님은 존재다"에서 살펴보았듯이, 플라톤에게 이데아는 세상의 모든 존재물이 각각 그것으로 있게 하는 원인이자 모든 존재물을 초월해서 존재하는 영원불변한 실체지요.[79] 다시 말해 플라톤에게는 이데아만 실제로 있는 것이고 모든 존재물은 단지 이데아의 분여물, 곧 모상模寫, eikon일 뿐입니다.* '사과의 이데아'가 실체이고, 현실세계에 존재하는 사과는 그 모상일 뿐이라는 말이지요. 플라톤 철학의 이 독특한 사변 탓에 우시아는 플라톤의 관점에서는 '실체'이지만, 우리의 관점에서는 오직 '개념'을 통해 파악되는 존재물의 '본질'일 뿐이지요.

하지만 아리스토텔레스는 우시아가 플라톤의 '이데아'처럼 완전하고 불변하며 단일한 실체로서 개별적 사물을 초월해서 존재한다는 데 반대했습니다.** 아리스토텔레스에게 우시아는 현실세계에 있는 개개의 사물 안에 존재함으로써 그것을 그것이게끔 하는 형상, 곧 에이도스eidos지요.*** 따라서 아리스토텔레스가 예를 들어 '인간'을 이야기할 때는 플라톤이 우시아로 여긴 '보편적 인간'을 의미하지 않고, 우리가 '누구'라고 부를 수 있는 개별적인 인간, 곧 '철수'나 '영희'를 가

---

* 플라톤은 『국가』 제7권 '동굴의 비유'(514a-516c)에서 이데아와 사물 간의 관계를 실체와 그 그림자[模寫]에 비유했다.
** 참고. 아리스토텔레스, 『형이상학』, 991a 8-14, 991b 1-9. 아리스토텔레스는 플라톤이 단지 하나의 보편개념일 뿐인 '이데아'를 하나의 실체로 인정함으로써 존재론적으로나 인식론적으로나 불가능한 또 하나의 세계를 창조했다고 비판했다.
*** 아리스토텔레스의 '에이도스'(eidos)는 1) '보편개념'으로서 우리 영혼에 있고, 2) '형상원인'으로서 개개의 사물 안에 있으며(『형이상학』, 991a 3), 3) 단지 개념적으로만 단일 사물에서 분리될 뿐(같은 책, 1042a 28-31) 존재적으로는 분리될 수 없다(같은 책, 1028a 22-24).

리킬 뿐입니다. 에티엔 질송은 아리스토텔레스의 관점을 다음과 같은 예로 적절하게 표현했습니다.

> 프랑스의 한 의사가 '아픔이라는 것은 없고 오직 아픈 사람들만이 있다'고 말했을 때, 그는 쉽고 간단한 문장으로 아리스토텔레스 존재론 전체를 요약하고 있음을 자각하고 있었던 것은 아니다. 그러나 그는 그렇게 요약한 것이다.[80]

이처럼 아리스토텔레스에게 우시아는 현실적으로 존재하는 '가시적 실체'를 의미하지요. 이런 이유로 그리스어 '우시아'는 본래 '실체'를 의미하지만, 4세기 당시에는 플라톤이 말하는 '가지적 실체'와 아리스토텔레스가 말하는 '가시적 실체', 즉 '본질'과 '실체'라는 의미를 함께 갖고 있었습니다. 그리하여 때로는 플라톤적 의미로, 때로는 아리스토텔레스적 의미로 폭넓게 혼용되고 있었지요.

'휘포스타시스'hypostasis는 어땠을까요? 마찬가지였습니다. 이 용어는 일상적으로는 '겉으로 드러난 배후에 있는 실체'를 나타내는 말이었기 때문에 '계획', '의도', '기본 개념' 등의 의미로 쓰였지요. 그러다가 스토아 철학에 와서 처음으로 철학적 의미를 띠게 되는데요, '우시아에 의해서 존재하게 된 것' 또는 '우시아에 의해서 실체를 얻은 것'이라는 뜻으로 쓰였습니다.

플라톤과 아리스토텔레스 철학의 영향을 함께 받은 스토아 철학자들은, '우시아'는 플라톤의 이데아처럼 개별적 사물을 초월한 '가지적 실체'로, '휘포스타시스'는 아리스토텔레스의 에이도스처럼 우시아가 개별 사물에서 나타나는 '가시적 실체'로 인정했지요. 즉 스토아 철학에서 "휘포스타시스는 현실에서 실현되고 있는 우시아인 것"입니다.[81] 나중에 카파도키아의 위대한 세 교부에 의해 위격을 나타내는 '페르소나'persona의 의미로 사용된 이 용어가 스토아 철학이 강했던 서방교회에서는 오히려 '본질' 또는 '실체'를 뜻하는 '수브스탄티아'substantia로 오해된 건 바로 그 탓입니다.

그런데 신플라톤주의자들은 휘포스타시스를 '일자'로부터 유출되는 '정신'과 '영혼'을 가리키는 데 사용했습니다. 그럼으로써 이 용어에서 '가시적 실체'라는 아리스토텔레스적 의미가 자연스레 제거되고, 플라톤의 이데아처럼 개별적 사물과는 별도로 존재하는 궁극적 존재라는 의미를 갖게 되었지요. 요컨대 휘포스타시스는 우시아에서 유출되었지만 우시아와 마찬가지로 사물의 원인이되 사물을 초월해 존재하는 '가지적 실체', 즉 우리가 일반적으로 말하는 사물들의 궁극적 '본질'을 뜻했습니다. 그래서 오늘날의 학자들은 이를 스토아 철학에서 말하는 '가시적 실체'와 구분하기 위해 흔히 '본체'本體라고 표기하지요.

결국 4세기 당시 그리스어 '휘포스타시스' 역시 '실체'와 '본질'—다시 말해 가시적 실체와 가지적 실체—이라는 의미를 함께 갖고 있었고, 어떤 때는 스토아 철학적 의미로 어떤 때는 신플라톤주의적 의미로 자주 혼용되었습니다.

어떠세요? 이쯤 되면 당신도 매우 혼란스럽지요? 사실은 나도 그렇습니다. 그러니 지금까지 살펴본 내용을 다시 간단히 정리해 볼까요?

4세기 당시 그리스어 우시아는 플라톤적 의미와 아리스토텔레스적 의미, 즉 본질과 실체라는 의미를 함께 갖고 있었습니다. 그런데 휘포스타시스도 신플라톤주의적 의미와 스토아 철학적 의미, 곧 본질과 실체라는 의미로 사용되고 있었지요. 그 결과 당시 철학적 문헌들이나 심지어 니케아 공의회의 결정에서도 '우시아'와 '휘포스타시스'가 종종 같은 의미로 사용되었고, 이 두 단어가 똑같이 라틴어 '수브스탄티아'로 번역되기도 했습니다.* 그런가 하면 라틴어 페르소나도 때로는 우시아로 때로는 휘포스타시스로 번역되었지요. 한마디로 아무렇게나 사용되었던 것입니다. 이렇듯 수습할 길 없는 언어적 혼란에 대해서는 당시 서방교회를 대표하는 최고의 신학자 중 하나였던 아우구스티누스도 그의 대작 『삼위일체론』에서 다음과 같이 불만을 털어놓았습니다.

내가 본질 곧 에센티아라고 하는 것이 그리스어로는 우시아이며 라틴어로는 수브스탄티아인 것이다. 그들은 휘포스타시스라는 말도 쓰는데, 우시아와 휘포스타시스의 뜻을 나는 알 수 없다. 그리스어로 이 문

---

* 예컨대 아우구스티누스의 『삼위일체론』에 나오는 "그리스 형제들이 세 수브스탄티아를 세 휘포스타시스라고 부른 것같이, 원한다면 세 페르소나를 세 프로소폰(prosopon)이라고 부를 수도 있지만, 그들은 휘포스타시스라는 말을 택했다"(『삼위일체론』, 7, 6, 11)라는 말도 이때의 언어적 혼란을 잘 보여 준다.

제를 논하는 사람은 "mia ousia, treis hypostaseis"라고 말하지만, 라틴어로는 "한 에센티아, 세 수브스탄티아"una essentia, tres substantia라고 한다.[82]

이 글에서 보면 아우구스티누스마저 우시아와 휘포스타시스의 개념적 차이를 구분하지 못했고, 휘포스타시스가 수브스탄티아와 같은 의미라고 생각했음을 알 수 있습니다. 비록 그리스어를 몰랐다 하더라도, 그가 당대 최고의 신학자였던 것을 감안하면 놀랄 만한 일이지요. 그러니 하물며 다른 사람들이야 오죽했을까요? 이러한 극심한 언어적 혼란 때문에 당시 동방교회 사람들에게는 테르툴리아누스의 삼위일체 정식formula이 어떤 형태의 그리스어로 표현되더라도 삼신론과 단일신론 사이에서 혼란만 가중시킬 뿐 그 의미는 여전히 애매모호했던 겁니다.

카파도키아의 세 교부가 사용한 "세 휘포스타시스로 존재하는 하나의 우시아"treis hypostaseis, mia ousia라는 표현도 다른 사람들에게 혼란스럽기는 마찬가지였습니다. '세 휘포스타시스'라는 표현이 '세 본질들'을 뜻하는지 아니면 '세 실체들'을 의미하는지가 명확하지 않았고, '하나의 우시아'도 '하나의 본질'인지 '하나의 실체'인지가 분명하지 않았지요. 그 당시 일반인들은 물론이고 성직자와 신학자들도 우시아를 플라톤적 의미로 이해해야 할지 아니면 아리스토텔레스적 의미로 해석해야 할지를 몰랐고, 휘포스타시스를 스토아 철학적으로 이해할지 아니면 신플라톤주의적으로 해석할지를 망설였던 것입니다.

그럼에도 362년에 개최된 알렉산드리아 회의에서조차 이 같은 언어적 혼란 문제를 근본적으로 해결하려 하지 않고, '하나님에게는 한 본체만 있다고 했으나 다른 의미에서는 세 개의 본체도 동시에 주장할 수 있다'는 식으로 애매모호하게 얼버무리는 수준에서 문제를 마무리했지요. 그러나 이런 식의 미봉책은 당연히 어떻게 해석하느냐에 따라 얼마든지 삼신론 또는 단일신론에 빠질 위험을 안고 있었습니다. 당연히 그때 상황은 말 그대로 소가 3,000마리나 되는 엘리스 왕 아우게이아스의 외양간처럼 난장판이었고, 급기야는 그곳을 청소할 헤라클레스가 필요해졌습니다.

### 고대의 비트겐슈타인들이 한 일

카파도키아의 세 교부가 바로 이러한 언어적 혼란을 정리했습니다. 그들의 원칙은 삼위일체를 단호하게 플라톤주의적으로 해석하는 것이었습니다. 우시아는 플라톤적 의미에서 '본질'로, 휘포스타시스는 플로티노스적 의미에서 '실체', 곧 '본체'로 확정하여, 하나님은 '세 본체로 존재하는 하나의 본질'treis hypostaseis, mia ousia이라고 명백히 선포했지요. 나지안주스의 그레고리우스는 다음과 같이 가르쳤습니다.

내가 이제부터 말하는 하나님에 대한 설명을 잘 들으면 당신들은 곧바로 하나의 불빛과 세 개의 불빛에 의해서 깨달음을 얻을 것이다. 하나님은 개별성 또는 본체hypostasis로 보면 셋이다. 사람에 따라서는 이렇게 부르기도 하고 위격persona이라고 부르기도 하는데 같은 뜻이므로 더는 명칭을 놓고 왈가왈부할 필요가 없다. 그러나 본질ousia─즉 신격에서는 하나다. 언어적으로 표현하면, 나뉨이 없이 나뉘기 때문이다. 또한 나뉨 속에서도 연합해 있다.[83]

얼핏 보기에 이 선포는 '세 본체'라는 말 때문에 – 예컨대 독일의 교회사가 아돌프 하르낙이 그런 것처럼 – 삼신론 Tritheism 경향을 띤 것으로 오해받을 수 있습니다.• 그레고리우스의 말이 빌미를 제공한 것은 사실이지만, 그것은 카파도키아의 세 교부가 말한 '휘포스타시스'를 아리스토텔레스적 '실체'로 해석했을 때 가능한 비판이기 때문에 상당 부분 오해라고 할 수 있습니다. 대바실리우스의 다음과 같은 말이 이 사실을 증명합니다.

본질 ousia 과 본체 hypostasis 의 관계는 공통된 것 to koinon 과 고유한 것 to idion 의 관계와 같다. 우리 각자는 본질이라는 공동용어에 의해 존재에 참여하며, 자신의 고유한 특성에 의해 이런저런 자가 된다. 마찬가지로 본질이란 용어가 선, 신성 또는 유사한 속성처럼 공통적이라면, 위격은 아버지 됨, 아들 됨, 또 거룩하게 하는 능력의 고유한 특성 안

---

• 하르낙은 카파도키아의 세 교부가 – 나지안주스의 그레고리우스가 예로 들었듯이 – 베드로, 야고보, 요한 세 사람이 지닌 각각의 고유한 것 사이에 가정할 수 있는 공통점이 하나님 안에도 있는 듯 주장한 것은 동일본질의 옷을 입고 유사본질을 재도입한 것, 즉 삼신론 경향을 띤 것으로 간주했다. 그레고리우스가 든 예가 오해를 살 여지를 제공한 것은 사실이다. 그러나 카파도키아의 세 교부가 말하는 '휘포스타시스'가 아리스토텔레스적 '실체'가 아니라 신플라톤주의적 '실체', 곧 '본체'라는 점을 감안하면 하르낙의 비판은 지나친 면이 없지 않다.

에서 직관된다.…따라서 우리는 공통적인 것에 고유한 것을 덧붙여야 하며 우리는 다음과 같이 신앙을 고백해야 한다. 신성은 고유한 것이며 아버지 됨은 고유한 것이다. 그러므로 우리는 둘을 결합하여 '나는 성부 하나님을 믿는다'라고 말해야 한다. 아들을 고백할 때도 같은 일을 해야 한다. 우리는 공통적인 것과 고유한 것을 하나로 묶어서 '나는 성자 하나님을 믿는다'고 말해야 옳다. 이와 같이 성령에 대해 말할 때도 호칭에 알맞게 불러 '나는 성령 하나님을 믿는다'라고 말해야 한다. 이렇게 할 때 한 분 신성 안에서 하나 됨이 온전하게 보존되며, 이와 동시에 각자에 대해 인지되는 고유한 것들의 차이를 통해서 위격들의 고유성이 고백된다.[84]

이처럼 카파도키아의 세 교부는, 그들이 '세 본체로 존재하는 한 본질'이라는 새로운 정식을 구축하는 데서는 오리게네스 좌파와 마찬가지로 분명 신플라톤주의를 따랐습니다. 그러면서도 이 정식을 해석하는 데서는 오리게네스 우파의 주장도 무시하지 않고 '신적 본질의 통일성'을 부단히 강조했지요. 요컨대 그들은 하나의 공통된 신적 본질이 다른 세 가지 고유한 존재양식 속에서 자신을 표현하지만, 삼위는 "나뉨 속에서도 연합해" 있기 때문에 오직 서로의 관계에 의해서만 구별이 가능하다는 것을 분명히 했습니다. 그리고 이것이 '니케아 신조'를 다시 한번 확인한 콘스탄티노플 공의회 The Council of Constantinople의 결정인 '니케아-콘스탄티노플 신경'Niceno-Constantinopolitan Creed의 핵심이 되었습니다.

이렇게 해서 카파도키아의 세 교부를 통해 – 적어도 동방교회에서 는 – 삼위일체의 용어와 개념이 비로소 분명해졌습니다. 나지안주스 의 그레고리우스가 쓴 표현을 빌려 말하자면, 삼위일체라는 용어가 더는 사벨리우스주의자들같이 "하나-됨을 혼합으로" 오해하거나, 아 리우스주의자들같이 "구분-됨을 분리-됨으로" 잘못 아는 일이 없어 진 것이지요.[85]

그럼 서방교회에서는 어떻게 되었을까요? 서방교회에서는 아우 구스티누스가 동방교회에서 카파도키아의 세 교부가 한 바로 그 일 을 했습니다. 아우구스티누스는 그리스어를 몰랐기 때문에 카파도키 아의 세 교부가 삼위일체론에 사용한 용어들과 그 내용은 깊이 이해 할 수 없었지요.* 하지만 플라톤주의에는 누구보다 정통했기 때문에 "나뉨 속에서도 연합해" 있다는 '하나님의 상호내주'the divine coinherence 에 관한 세 교부의 중심 사상에 독립적으로 도달할 수 있었습니다. 그리고 그것을 더 명료하고 심오하게 설명하여 이른바 '관계설'이라 불리는 삼위일체론을 만들어 냈습니다.

우리의 이야기와 연관해 중요한 것은 아우구스티누스가 자신의 관계설을 통해 단순히 삼위일체론을 설명하는 데 그치지 않고 그 현세적 의미, 곧 하나님의 삼위일체가 우리에게 어떤 상징과 의미

---

* 아우구스티누스는 "그들은 내가 알지 못하는, 'ousia'와 'hypostasis' 사이의 다른 점을 표 현하려고 한다"(『삼위일체론』, 5, 8, 10)라고 썼다.

를 갖는지 해석해 냈다는 점입니다. 신학자들은 그것을 '삼위일체 흔적'vestigia Trinitatis이라고 부릅니다. 삼위일체의 흔적이라니, 이건 또 무슨 말일까요? 이제부터 아주 생소하지만 매우 흥미로운 이 이야기 속으로 함께 들어가 볼까요?

## 아우구스티누스의 삼위일체론

아우구스티누스는 399년부터 419년까지 약 20년에 걸쳐 총 열다섯 권으로 이뤄진 『삼위일체론』을 썼습니다. 예리한 문체와 해박한 철학 지식, 무엇보다도 깊은 신앙심으로 오랜 세월 숙성한 이 열매는 기독교 역사상 가장 뛰어난 교리서 가운데 하나로 평가되지요. 이 책은 "이 주제에 대한 오류보다 더 위험스럽고, 더 많은 연구가 추가로 필요하고, 진리의 발견이 더 유익한 다른 주제는 없다"[86]라고 삼위일체의 난해성과 중요성을 동시에 강조하면서 시작합니다. 그리고 "오, 유일하신 주 하나님, 삼위일체 하나님, 당신의 것인 이 책에서 제가 당신에 대해 한 말을 당신께 속한 자들이 인정하게 하소서. 그러나 만일 그 안에 제 자신의 생각이 들어 있다면, 당신과 당신에게 속한 백성들 모두에게 용서받게 하소서. 아멘"[87]이라는 기도로 끝납니다.

먼저 주목해 보려는 것은, 아우구스티누스가 '세 위격으로 존재하는 하나의 본질'이라는 테르툴리아누스의 정식에서 위격을 나타낸 용어 페르소나persona와 본질을 나타낸 용어 수브스탄티아substantia가 모두 하나님에게는 적합하지 않음을 지적했다는 사실입니다.

아우구스티누스는 우선 '본질'을 뜻하는 말로 쓰인 라틴어 '수브스탄티아'가 일상에서는 보통 '속성'을 나타내는 말이기 때문에, 하나님의 수브스탄티아란 그의 위대함, 전능함, 참됨, 선함, 아름다움과 같은 하나님의 속성을 모두 포함한다고 주장합니다. 그래서 그는 그 단어가 하나님의 핵심적 속성인 본질에 대한 표현으로는 적합하지 않음을 지적하면서, 오직 '존재'라는 하나님의 본질만을 나타내는 표현인 '에센티아'essentia가 더 적합하다고 했지요.[88] 또한 위격을 나타내는 라틴어 '페르소나' 역시 하나님에게는 적합하지 않은데, 이 용어는 일상에서 보통 '단일 개체'를 뜻하기 때문에 성부·성자·성령이 본질에서도 상이한 존재인 것처럼 오해하게끔 한다*고 설명했습니다.[89]

아우구스티누스의 이 같은 지적은 '삼위의 통일성'을 다른 누구보다도 '유난히' 강조하는 그의 입장을 대변합니다. 그는 우선 삼위의 불가분성을 주장하며 "아버지와 아들과 성령이 [본질과 실체에서] 분리될 수 없으며, 분리될 수 없게 행동한다"[90]라고 서슴없이 말했지요. 그리고 자신의 주장을 뒷받침하기 위해 예수님이 요한에게 세례를 받을 때 하늘에서 성령이 비둘기같이 내려오며 "너는 내 사랑하는 아들이라"(마가복음 1:11)라는 소리가 들렸던 사건을 예로 들어 다음의 설명을 덧붙였습니다.

---

* 이에 대해서는 테르툴리아누스가 말하는 위격(persona)이라는 말을 아우구스티누스가 잘못 이해했다는 지적도 있다.

[사람들은] 삼위일체가 어떻게 성부만이 음성을 냈으며, 삼위일체가 어떻게 성자만이 처녀에게서 그 육신을 창조했을까 하고, 삼위일체가 어떻게 성령만이 나타난 그 비둘기 모양을 만들어 냈을까 하고, 이 일을 이해하려고 애쓴다. 그러나 만일 이 일들에 삼위일체가 함께 행동한 것이 사실이 아니라면, 삼위일체는 불가분적으로 일하시는 것이 아닐 것이며, 성부가 어떤 일을, 성자가 어떤 일을, 성령이 어떤 일을 하시게 될 것이다. 또한 어떤 일을 함께 하시고 어떤 일은 따로 하신다면, 삼위일체는 불가분적으로 일하시는 것이 아니실 것이다.[91]

한마디로, 성부와 성자와 성령이 함께 음성을 냈으며, 함께 처녀에게서 그 육신을 창조했고, 함께 비둘기 모양을 만들어 냈다는 뜻입니다.

어때요? 놀랍지 않나요? 이쯤에선 당신도 이미 느꼈겠지만, 우리는 아우구스티누스가 삼위의 통일성을 '지나치다 싶을 만큼' 강조한다는 걸 알 수 있습니다. 이 때문에 그의 주장에는 마치 사벨리우스주의자들처럼 '단일신론'으로 흐를 수 있는 위험이 내포된 듯도 보입니다. 앞서 언급한 하르낙이 지적한 대로, 만일 카파도키아의 세 교부가 '삼신론'에 빠졌다고 오해될 수 있다면, 오히려 아우구스티누스는 꼭 그만큼 그 반대편에 서 있는 셈이지요. 당신도 점차 알게 되겠지만, 기독교 사상가들은 일반적으로 자신들의 진리를 언제나 좌로도 치우치지 않고 우로도 기울지 않는 '황금의 중간 길'the golden middle way 에서 찾곤 했습니다. 이런 관점에서 보자면 아우구스티누스는 적어도 이 점에서만은 조금 우로 기운 셈이지요.

그러다 보니 당연한 논리적 귀결이지만, 아우구스티누스는 '삼위의 동등성' 또한 '유별나게' 강조했습니다. 그리고 자신의 주장을 정당화하기 위해 성서에서 특히 아버지보다 아들이 열등해 보이는 구절을 일일이 찾아서 해명하는 데―『삼위일체론』 초반부의 상당 부분을 할애할 만큼―많은 힘을 기울였지요. 예컨대 그는 오리게네스 좌파가 종속성을 주장할 때 근거로 삼는 "아버지는 나보다 크심이라"(요한복음 14:28)라는 예수님의 말은 그가 인성을 취한 '종의 형체'로서 한 말일 뿐, 성부에 대한 성자의 열등을 나타낸 말이 아니라고 역설했습니다.[92]

### 아버지와 아들은 종이의 앞면과 뒷면

아우구스티누스에게 삼위는 이처럼 본질과 실체 또는 지위에서는 서로 다르지 않습니다. 그럼 당신은 "삼위가 아예 구분되지 않는다는 말인가? 그게 아니라면 도대체 그들은 어떻게 구분된다는 말인가?" 하는 질문을 던질 수 있지요. 이에 대해 아우구스티누스는 삼위는 오직 '관계에서만' 서로 다를 뿐이기 때문에, 구분되지만 분리되지 않고 나뉘지만 연합해 있다고 대답했습니다. 카파도키아 세 교부의 주장에서도 찾아볼 수 있는 이른바 '관계설'이 삼위일체에 대한

---

- 아우구스티누스는 이어서 "나와 아버지는 하나이니라"(요한복음 10:30)라고 한 예수님의 말이, 예수님이 신성을 취한 '하나님의 형체'로서 한 말이라고 해석하면서 두 구절 사이에는 모순이 없다고 설명했다.

아우구스티누스의 해석입니다! 그는 다음과 같이 설명했습니다.

> 하나님에 대한 말이 모두가 그의 본질에 대한 것은 아니다. 왜냐하면 어떤 것과의 관계에 대해 말하는 경우가 있기 때문이다. 즉 아들에 대한 아버지의 관계나 아버지에 대한 아들의 관계 같은 것이다.…아버지라고 부르는 것이 아들에 대해서가 아니라 자신에 대해서 말하는 것이고, 아들이라고 부르는 것이 아버지에 대해서가 아니라 자신에 대해서 말하는 것이라면, 본질에 따라 말하는 것이며, 한편은 아버지요 한편은 아들이다. 그러나 참으로 아버지가 있어야 아들이라 부르고, 아들이 있어야 아버지라고 부른다면, 이것은 본질에 따라 말하는 것이 아니다[관계에 따라 말하는 것이다]. 왜냐하면 이것들 각각은 자신에 대해 말하는 것이 아니라, 서로서로 상대에 대한 자신에 대해 말하는 것이기 때문이다.[93]

한마디로 "이 둘은 서로 상관관계를 이루면서 하나로 계시기 때문에 따로 떼어서 하나만 생각할 수 없다"[94]는 이야기입니다. 중세에 토마스 아퀴나스가 "하나님 안에는 오직 관계에 따른 구분만 있을 뿐이다"Quod in diuinis non est distinctio nisi secundum relationes[95]라고 선언했을 때나, 근대에 칼빈이 "그리스도는 자신에 대해서는 하나님이라고 불리며, 아버지와의 관계에서 생각될 때는 아들이라고 불린다"[96]라고 교훈했을 때, 그들은 모두 아우구스티누스를 따라 말했던 것이지요. 그런데 이 말이 뜻하는 바가 정확히 뭘까요? 뭔가 또 애매모호한 말

같지 않나요? 그래서 나는 다음과 같이 비유를 들어 설명하고자 합니다.

예컨대 당신의 손에 종이 한 장이 쥐어졌다고 생각해 봅시다. 그 종이의 앞면과 뒷면은 '분리할 수 없이' 하나로 붙어 있습니다. 그렇지요? 따라서 어느 면이 먼저 생기고, 어느 면이 나중에 생겼다고 할 수 없습니다. 또한 어느 한 면을 '앞면'이라고 했을 때에야 비로소 다른 한 면이 '뒷면'이 되지요. 이와 마찬가지라는 말입니다. 아버지와 아들은 본질적으로는 '분리할 수 없이' 하나이고 누가 먼저 존재하고 누가 나중에 존재하는 것도 아니며, 다만 관계적으로만 구분된다는 것이지요. 그 둘은 마치 '종이의 앞면과 뒷면'처럼 서로의 관계 속에서만 아버지에 대해 아들로, 아들에 대해 아버지로 구분할 수 있다는 뜻입니다. 바로 이것이 아우구스티누스가 주장한 관계설의 핵심이지요. 어때요? 이제 분명해졌지요?

『고백록』보다 덜 알려져 있고 『신국론』보다 덜 방대하지만 결코 그 둘보다 덜 위대한 것은 아닌 『삼위일체론』에서 아우구스티누스가 펼친 관계설은 얼핏 평범해 보이지만, 사실은 매우 '놀라운 생각'입니다. 왜냐고요? 이유는 이렇습니다.

삼위일체론과 연관해서 사람들이 예나 지금이나 한결같이 갖고 있는 물음 가운데 하나가 "아들이 아버지에게서 나왔다고 하면서 도대체 어떻게 아들이 있지 않았던 때가 없었다고 주장하는가?" 하는 것이지요. 아마 당신도 이미 그런 생각을 머리에 떠올렸을 것입니다.

우리는 앞에서 심지어 삼위일체라는 용어를 만든 장본인인 테르툴리아누스 역시 성부에게서 성자가 나온 만큼 당연히 "아들이 있지 않았던 때가 있었다"라고 주장한 것도 보았습니다. 그렇지요? 이후에도 그런 사람들이 부단히 나왔습니다.

아우구스티누스가 살았던 4세기 당시에는 동방정교 아리우스파의 에우노미우스$^{Eunomius}$가 바로 이 물음을 던진 다음, 스스로 다음과 같이 단순 명료하게 답했습니다. "이미 존재하고 있는 존재는 또다시 낳을 필요가 없다. 그러므로 아버지가 아들을 낳았다고 할 바로 그때까지는 아들은 존재하지 않았다는 것이 옳다."[97] 간단하지만 논리적이고 타당한 답변 아닌가요? 그래선지 이에 맞서 대응을 해야 했던 당대 최고의 동방정교 신학자 대大바실리우스마저 그것은 "시간의 제약을 받지 않는 출생"이기 때문에 "말로 표현할 수 없고 머리로 이해할 수 없는 것"이니 "이 출생이 어떻게 일어나는가는 나에게 묻지 말라"라면서 정면 대결을 피할 수밖에 없었습니다.[98]

하지만 내 생각에는 아우구스티누스라면 분명 다르게 대응했을 것입니다. 당신도 짐작하겠지만, 그의 대답은 마땅히 "아버지와 아들은 태초부터 함께 있었으나 우리가 그중 하나를 아버지라고 할 때 다른 하나가 아들이 된다. 따라서 아들이 존재하지 않았을 때가 있었다는 건 옳지 않다"라는 것이었겠지요. 아우구스티누스의 관계설은 이처럼 에우노미우스의 현문현답賢問賢答을 단번에 우문우답愚問愚答으로 바꾸어 놓을 만한 힘을 갖고 있습니다. 그렇지만 삼위일체론과 연관하여 아우구스티누스가 남긴 위대한 업적은 오히려 다른 곳에 있습니다. 우리의 이야기는 이제 그것으로 넘어갑니다.

## 삼위일체가 진정 의미하는 것

앞서 내가 소개한 '종이의 비유'를 통해 당신도 이젠 아우구스티누스가 주장한 관계설을 충분히 이해했을 겁니다. 그렇다 해도 삼위일체 하나님 자체를 이해하는 데는 여전히 어려움을 느낄 수 있습니다. 어떤가요? 혹시 그런가요? 만일 그렇다면 당신에게 1권 『하나님은 존재하는가』의 2부 1장 가운데 '하나님의 모습 상상하기'에서 하나님을 상상하는 방법으로 소개한 '존재의 바다'라는 비유를 다시 떠올려보기를 권합니다. 내 생각에는 '존재의 바다'라는 비유는—그것을 유물론적인 개념으로 간주하려는 위험성만 제거한다면—우리가 하나님을 표현하기 위해 사용하는 여러 비유 가운데 가장 뛰어나기 때문입니다.

기억을 되살리기 위해 잠시 다시 언급하자면 대강 다음과 같습니다. "어떤 무한한 바다가 있다. 그 바다는 가만있지 않고 끊임없이 역동적으로 출렁이는데, 그것에는 일정한 법칙이 있어서 그 법칙에 의해 무수한 물방울들이 생겼다가 없어진다. 게다가 무작정 출렁이는 것이 아니고 거스를 수 없이 강력하고 일관된 자신의 의지를 이루기 위해 출렁인다. 따라서 그 안의 모든 물방울은 잠시 존재하는 동안에도 그 바다의 뜻과 의지에 의해서만 이끌려 간다. 이 무한하고 역동적인 바다가 바로 하나님이다."

만일 우리가 이 비유를 통해 삼위일체를 이해하려 한다면, 그 내용은 당연히 다음과 같아야 합니다. "모든 존재물이 그 안에서 생성·소멸하는 무한한 바다가 곧 성부[일자]이고, 그 바다에서 무수한 존재물들을 생성·소멸하게 하는 법칙이 곧 성자[정신]이며, 거스를 수 없이 강력하고 일관되게 작용하는 그 바다의 의지가 바로 성령[영혼]이다. 그 셋은 이렇게 구분되고 이렇게 연합되어 있다!"

어때요? 이렇게 생각하고 나면 성부·성자·성령이 "나뉨 속에서도 연합해" 있고, "분리되지 않는 하나이면서 동시에 구분되는 셋"이라는 주장이 보다 자연스레 이해되지 않나요? 적어도 내게는 이렇게 '존재의 바다'라는 비유를 통해 생각하는 것이 삼위일체를 이해하거나 설명하는 데 큰 도움이 됩니다. 그래서 당신도 한번 그리해 보라는 것이지요. 존재론적 사고는 이 책을 이끌어 가는 중요한 길라잡이인데, 그것이 많은 경우 우리를 혼란에서 구해 주기 때문입니다. 그런데 혹시, 아우구스티누스도 이런 방법을 썼을까요?

아닙니다! 아우구스티누스는 나와는 애당초 생각이 달랐습니다. 그는 삼위일체는 그것이 어떤 식으로든 사고되거나 표현되었을 때는—설사 아무리 뛰어난 방식으로 실행되더라도—삼위가 분리되어 나타날 수밖에 없다고 생각했지요. 물론 그는 '존재의 바다'라는 개념을 갖고 있지 않았습니다. 하나님을 바다에 비유한 표현은 동방정교 신학자인 나지안주스의 그레고리우스가 "무한하고 무규정적 실체의 거대한 바다"[99]라고 쓴 글에서 처음 발견되고, 서방교회에는 8세기에서야 다마스쿠스의 요하네스에 의해 알려지기 때문이지요. 어쩌면 그래서일지도 모르지만, 아우구스티누스는 인간으로서는 어떤 수를 써도 삼위일체를 제대로 이해할 수 없고 표현할 수 없다고 단정지었습니다. 그는 이를 다음과 같이 재치 있게 표현했지요.

> 우리가 성부·성자·성령이라고 말할 때 [아무리 빨리 발성한다고 하더라도] 벌써 시간적 간격이 있어 분명하게 분리되며, 단어가 차지하는 음절만큼 시간적 차이가 있다. 그러나 삼위가 계시는 본질은 셋이며 하나이고, 아버지·아들·성령은 시간적 경과에 얽매이지 않고, 모든 피조물을 넘어 시간과 공간의 어떤 간격도 없이 동일하시며, 진리와 사랑과 영원 그 자체로서 영원부터 영원까지 하나시다. 그러나 내가 하는 말은 아버지·아들·성령으로 나누어 표현할 수밖에 없으며, 한꺼번에 이름을 댈 수도 없고, 글자로 쓴다고 해도 일정한 면적을 각각 차지할 수밖에 없다.[100]

이 글은 시대를 뛰어넘는 신학자로서 아우구스티누스의 재능을 엿볼 수 있게 해 주는 대목입니다. 아우구스티누스는 삼위일체의 신비에 대해 우리가 확실히 밝힐 수 없는 이유를 다름 아닌 인간의 이성과 언어의 한계에서 발견했습니다. 이 때문에 아우구스티누스는—그 자신도 삼위일체를 설명하는 데 사용되는 용어들의 문제점을 간파했는데도 불구하고—카파도키아의 세 교부처럼 용어 정리에 매달리지는 않았습니다. 그는 우리가 육체의 한계와 이에 따른 이성의 한계로부터 완전히 벗어날 때에야 이 진리를 완전하게 알게 될 것이라고 말하며,[101] 그것을 인간의 한계로 조용히 받아들였지요. 그리고 곧바로 이보다 훨씬 '흥미롭고 위대한' 일로 자신의 관심을 돌렸습니다. 그것은 삼위일체가 우리에게 의미하는 것 또는 지시하는 바가 무엇인지를 파악하는 일이었습니다. 이제 곧 알게 되겠지만, 그럼으로써 아우구스티누스는 '지식'을 떠나 '지혜'로 한 걸음씩 걸어 들어갔습니다.

### 인간 공동체의 원형으로서의 삼위일체

아우구스티누스는 우선 하나님의 삼위일체적 본성이 인간을 비롯한 피조물 세계에 어떻게 나타났는지, 다시 말해 피조물들에게 나타나는 '삼위일체 흔적' vestigia Trinitatis이 무엇인지 파악하는 데 몰두했습니다. 우리가 경험할 수 있는 피조물의 세계에서는 오로지 유비 analogy로 나타난 흔적으로만 하나님의 삼위일체 관계를 확인하거나 우리 삶에 대한 지침을 찾을 수 있다고 믿었기 때문이지요. 이것이 무슨 이야기인지 예를 들어 설명하면 이렇습니다.

아우구스티누스는 『삼위일체론』 8권에서 하나님의 본성인 사랑에 '삼위일체 흔적'이 들어 있다고 했습니다. 모든 사랑에는 사랑하는 자 amans, 사랑받는 자 quod amatur, 사랑 amor의 세 요소가 있고, 그것들이

---

• '삼위일체 흔적'(vestigia Trinitatis)에 관한 예는 『고백록』에서 아우구스티누스가 인간의 영혼을 삼위일체의 형상이라고 말하면서 존재, 인식, 의지의 삼위일체적 구조를 강조하는 데서도 찾아볼 수 있다(참고. 『고백록』, 13, 11, 12).

하나로 연결되어 있다는 것이지요.[102] 마찬가지로 9권에서는 정신$^{mens}$과 정신에 대한 사랑$^{amor\ eius}$, 정신에 대한 지식$^{noititia\ eius}$이 삼위일체 흔적임을 밝히고,[103] 10권에서는 기억$^{memoriae}$과 이해$^{intellegentia}$와 의지$^{voluntas}$에서 삼위일체 흔적을 발견해 제시합니다.[104]

아우구스티누스는 이 밖의 다른 유비 목록도 숱하게 제시했는데, 그 가운데는 우리의 이야기와 연관해서 당신에게 소개하고 싶은 중요한 주장이 들어 있습니다. 아우구스티누스가 하나님의 삼위일체적 본성에서 사랑(성령)에 의한 동등한 사귐과 교제로서의 '인간 공동체 원형'을 발견하고 주장했다는 사실이지요. 오늘날 현대신학자들에 의해 '사회적 유비'$^{social\ analogy}$라는 이름으로 새롭게 조명되고 있는 이 독특한 사유를 아우구스티누스는 『삼위일체론』에서 다음과 같이 표현했습니다.

> 성령은 두 분[성부와 성자] 중 한 분이 아니시다. 두 분은 그[성령]로 말미암아 결합되며; 그[성령]로 말미암아 낳은 이가 난 이를 사랑하고, 난 이가 낳은 이를 사랑하며; 그[성령]로 말미암되 그것은 그에 참여하기 때문이 아니라 그들 자신의 본질로 인함이며; 위로부터 온 은사로 인함이 아니라 그들 자신으로 인하여, '평안의 매는 줄로 성령이 하나 되게 하신 것을'(에베소서 4:3) 힘써 지키신다. 우리는 은총을 받아 하나님과 우리 자신을 향해서 이 일을 본받으라는 계명을 받았다.…그러므로 성령은 무엇이든 간에 성부와 성자와 공통적이시다. 그리고 이러한 사귐$^{communion}$ 자체는 본질공동체적$^{consubstantial}$이며 영

원동등등적co-eternal이다. 그리고 이 친교를 우정이라고 부르는 것이 합당하다면 그렇게 불러도 좋다. 그렇지만 사랑이라고 부르는 것이 가장 합당하다. 그리고 이 사랑은 또한 본질적 존재다. 하나님이 본질적 존재시며, 성서 기록과 같이 '하나님은 사랑'이시기 때문이다(요한1서 4:16).[105]

성부·성자·성령의 공동체적이고 동등한 사귐이 곧 하나님의 본질인 사랑이라는 것 그리고 우리가 그러한 사랑을 본받으라는 계명을 받았다는 것이 이 글의 핵심입니다.

기독교 신학에서 아우구스티누스의 삼위일체 흔적을 말할 때 자주 거론되는 것이 있는데요. 아우구스티누스가 인간의 영혼 속의 기억, 이해, 의지의 통합에서 발견된다고 주장한 이른바 '심리적 유비'psychological analogy가 그것입니다. 중세 서방신학자들이 이 이론을 특별히 조명해 체계화했기 때문입니다. 반면 그가 삼위일체로부터 '인간 공동체의 원형'을 이끌어 낸 '사회적 유비'social analogy는 거의 주목받지 못했습니다. 하나님의 삼위일체에서 인간사회의 바람직한 형태를 찾는 이론은 주로 카파도키아의 세 교부를 계승한 동방신학자들이 부각시켰기 때문이지요. 그렇지만 아우구스티누스의 다음 글을 보면 이런 상황이 뭔가 잘못된 것임을 느끼게 됩니다.

아버지와 아들이 공유한 그것[성령]을 통해 그분들은 우리가 우리들 서로 간의 친교를 세우고, 그분들과의 친교도 세우기를 원하셨다. 둘을 하나로 만드는 그 선물을 통해 그분들은 우리를 하나 됨으로 이끌기를 원하셨다. 즉 하나님이시며 하나님의 선물이신 성령을 통해, 그분을 통해 우리는 하나님과 화해되며, 그분을 통해 기뻐한다.[106]

아우구스티누스는 성령을 사랑, 선물, 친교로 파악했고, 우리도 성령에 의해 서로 간의 친교는 물론이고 더 나아가 삼위일체의 하나님과도 친교를 이룰 수 있으며, 또 그래야만 한다고 권고했습니다. 이 얼마나 귀하고 보배로운 사유인가요! 우리는 이 같은 사유의 가치를 결코 가볍게 봐서는 안 됩니다. 기독교는 진리가 단지 교훈으로 선포된 종교가 아니고, 성육신과 십자가 사건을 통해 행위로서 실천된 종교이기 때문입니다. 2권 『하나님은 창조주인가』의 2장 가운데 '말에서 육신으로, 진리에서 행동으로'에서 지적했듯이, 말로 천지를 창조한 하나님도 말만으로는 구원을 이루려 하지 않았습니다.

진리는 말뿐만 아니라 행위를 통해 구현된다는 것, 이것이 바로 기독교의 핵심입니다! 기독교를 통해 서양문명 안에 잠재되어 부단히 내려오는 바로 이 고귀한 사유를 감안할 때, 우리가 삼위일체의 내용을 단순히 사변적으로 파악하는 것보다 훨씬 더 중요한 것은 그것이 우리에게 어떤 실천적 지침이 되느냐 하는 것이지요. 아우구스티누스가 1,600년 전에 바로 이 진리를 선포한 겁니다.

그럼에도 서방신학자들은 아우구스티누스의 '사회적 유비'에 귀를 기울이지 않았고, 세월은 바람처럼 빠르게 흘러갔지요. 1,500년도 더 지난 현대에 와서야 신학자들은 성령(사랑)의 공동체적이고 동등한 사귐과 교제에서 '인간 공동체'의 모델을 찾으려는 노력을 기울이기 시작했습니다. 예컨대 현대신학자 위르겐 몰트만이나 그의 뒤를 좇는 해방신학자 레오나르도 보프Leonardo Boff 같은, 한 무리의 포스트모던 신학자들의 작업이 바로 그것입니다.•

## 상호내주적·상호침투적 공동체로서의 삼위일체

독일 튀빙겐 대학의 신학 교수였던 몰트만은 하나님의 단일한 통일성을 주장하는 서방신학 전통의 일신론적 삼위일체론monotheistic trinitarianism에 단호히 반대했습니다. 그리고 다원적 삼위의 공동체성을 강조하는 '사회적 삼위일체론'the Doctrine of the Social Trinity을 내세웠지요. 몰트만은 자신의 주장을 동방신학의 '페리코레시스'perichoresis라는 개념에서 가져왔습니다.

페리코레시스란 상호내주相互內住와 상호침투相互浸透라는 다분히 존재론적 의미를 가진 용어입니다.•• 이게 무슨 말인가 하면, '서로가 서로의 안에 침투해 들어가 있다'는 뜻이지요. 그런데 만일 당신이

---

• 레오나르도 보프는 스페인의 제11차 톨레도 공의회(Council of Toledo, 675)뿐 아니라 피렌체 공의회(the Council of Florence, 1438-1445)에서도 "아버지는 전적으로 아들 안에 계시고, 아들은 전적으로 아버지 안에 계시고, 또 전적으로 성령 안에 계시며, 성령은 전적으로 아버지 안에 계시고, 또 전적으로 아들 안에 계신다"라는 식으로 삼위일체의 페리코레시스에 해당하는 내용이 선언되었다고 주장한다(참고. L. Boff, *Trinity and Society*, Maryknoll: Orbis Book, 1988, p. 135).
•• 그리스어 '페리코레시스'(perichoresis)는 상호내주(circuminsessio)와 상호침투(circumincessio)라는 의미를 동시에 갖는다.

논리적으로 치밀한 성격을 가진 사람이라면, 여기서 아마 이렇게 묻고 싶을 겁니다.

"뭐라고? 그게 어떻게 가능한가? 논리적으로 모순 아닌가? 따져 보자. A가 B 안에 들어 있으면, B는 A를 포괄하고 있는 게 아닌가? A가 B 안으로 침투했으면 B는 A에게 침투된 것이 아닌가? 그렇다면 어떻게 서로가 서로 안에 침투해 들어가 있을 수 있다는 말인가?"

그렇지요? 당신의 말이 옳습니다! 우리는 이렇게 사고할 수밖에 없기 때문에 페리코레시스라는 개념을 이해하기가 무척 난감합니다. 그래서 다들 얼버무리고 대충 넘어가지요. 하지만 알고 보면 이는 아리스토텔레스 이후 수천 년 동안 사용해 온 우리의 논리체계가 가진 취약점 때문에 일어나는 문제들 가운데 하나일 뿐입니다.<sup>•</sup> 무슨 소리냐고요? 찬찬히 설명할 테지만, 우선 이렇게 한번 따라해 봅시다.

당신의 양손을 각각 엄지와 검지를 맞대 동그라미를 만듭니다. 그렇게 만든 왼손과 오른손의 동그라미를 서로 끼웁니다. 어때요? 당신의 양손이 만든 두 개의 동그라미가, 서로가 서로 안에 침투해 들어간 모양이 되지요? 우리는 이처럼 단순한 작업을 통해서도 서로가 서로 안에 침투해 들어간 형태를 만들 수 있습니다. 그럼으로써 우리의 논리적 사고가 가진 한계—즉 상호주관적 사고를 할 수 없는 한

---

• 아리스토텔레스가 정립한 이래 우리가 현재도 사용하는 논리체계의 한계는 이미 곳곳에서 드러났다. 특히 20세기 초 양자물리학이 발달하면서 아리스토텔레스 논리의 두 기둥인 동일률과 모순율이 무너졌다. 우리는 그것의 또 다른 취약점으로 탈시간화되었다는 점이 있음을 앞에서 확인했다(이에 대해서는 1권 『하나님은 존재하는가』의 2부 1장 가운데 '시간화와 탈시간화의 마술'을 보라).

계—를 간단히 확인할 수 있습니다.\* 아닌가요? 자주 반복하는 말이지만, 우리가 심오한 진리에 보다 가까이 다가가려면 우리의 사고방식과 영역을 확장할 필요가 있습니다.

물론 그렇다고 해서 성부·성자·성령 삼위가 딱 이런 방식으로 존재한다고 주장하려는 것은 아닙니다. 나는 단지 우리의 논리적 사고가 가진 취약성을 인식하고 새로운 논리체계의 개발을 통해 그것을 극복할 필요성에 대해 설명하고 싶은 겁니다. 몰트만도 상호내주와 상호침투가 논리적으로 어떻게 가능한가에 대해서는 굳이 설명하지 않았지요. 그가 '페리코레시스'라는 용어를 통해 하고자 한 말은—이것이 중요한데—성부·성자·성령이 가진 통일성은 동일한 것이 모여 있는 '단일성'이 아니라, 다양한 것들이 서로가 서로에게 침투해 들어가 있는 '공동체성'이라는 이야기입니다. 이 말을 그는 다음과 같이 표현했습니다.

> 신적 인격들은 서로에 대한 관계성 속에서만 있는 것이 아니라, 다마스쿠스의 요하네스가 진술했듯이 '서로가 서로 안에' 있다. 성자가 성부 안에, 성부가 성자 안에, 성령이 성부와 성자 안에, 그리고 성부와 성자가 성령 안에 존재한다. 서로 안에 있는 인격들의 이러한 친밀한 내주<sup>內住</sup>와 완전한 침투<sup>浸透</sup>는 삼위일체적 페리코레시스에 의해 표현

---

\* 이 밖에도, 예컨대 '뫼비우스 띠'는 앞면이 뒷면일 수 없고 뒷면이 앞면일 수 없다는 우리의 논리적 사고를 뛰어넘으며, 내부 공간과 외부 공간이 연결된 '클라인 병'(Klein bottle)은 안은 밖일 수 없고 밖은 안일 수 없다는 기존의 논리적 사고에서 벗어난다.

될 수 있다.[107]

몰트만은 이 같은 주장의 성서적 근거를 "내가 아버지 안에 거하고 아버지께서 내 안에 계심을 믿으라"(요한복음 14:11)라는 구절에서 찾았습니다. 예수님이 한 이 말은 "나와 아버지는 하나이니라"(요한복음 10:30)라는 그의 다른 말이 연상시키는 단순히 '동일한 하나'Einer를 뜻하는 것이 아니라, 상호내주 가운데 있는 '통일적 하나-됨'Einigkeit, Vereinigung을 가리킨다는 것이지요.[108] 당신의 생각은 어떤가요? 그럴듯하지요?

그렇다면 이제 우리는 도대체 무엇이 성부·성자·성령의 상호내주적·상호침투적 통일성을 형성하게 하느냐를 물어야 하는데, 이에 대해 몰트만은 이렇게 대답했습니다. "그들의 영원한 사랑 덕분에, 신적 위격들은 서로 함께, 서로를 위해 그리고 서로 안에서 참으로 친밀하게 존재함으로써, 그들은 고유하고 비교할 수 없는 완전한 통일성 안에서 자신들을 형성한다."[109] 바로 사랑이 그런 일을 한다는 것이지요.

몰트만에 의하면, 삼위가 "서로 함께, 서로를 위해 그리고 서로 안에서" 완전한 통일성을 이룬다는 의미에서 "하나님은 사랑"(요한1서 4:16)입니다. 그리고 삼위를 하나로 묶는 이 사랑은 단순히 자신과 동일한 것만 받아들이는 '동종사랑'homologous love이 아니고, 그것을 넘어서서 이질적이고 다양한 것까지 받아들이고 포괄하는 '이종사랑'heterologous love이라는 겁니다. 몰트만의 이러한 주장은 기독교에서 말하는 사랑, 곧 아우구스티누스가 말하는 '복음적 사랑'caritas이 플라톤이 규정한 에로스$^{eros}$가 아니라 아가페$^{agape}$라는 전통적 주장과도 궤를 같이합니다.*

이후 우리가 사랑을 다룰 때 자세히 살펴보겠지만, 에로스란 대상이 가진 무엇(예컨대 참됨, 선함, 아름다움, 부귀, 권력 등) 때문에 그 대상과 합일하여 '동일한 하나'가 되고자 하는 욕구지요. 따라서 보통 '…때문에 하는 사랑' 또는 '인간적 사랑'이라고 부릅니다. 여기에는 '동일한 하나'가 되기 위한 강제가 크든 적든 들어 있게 마련인데, 몰트만이 말하는 '동종사랑'이 바로 이런 사랑입니다. 하지만 아가페는 서로 이질적임에도 불구하고 '통일적 하나-됨'을 이루려는 욕구입니다. 따라서 흔히 '…에도 불구하고 하는 사랑' 또는 '신적 사랑'이라고 하지요. 여기에는 서로 다른 것이 어울려 통일을 이루는 조화만 있을 뿐 합일을 위한 강제는 그 어떤 것도 없는데요, 몰트만이 말하는 '이종사랑'이 바로 이런 사랑입니다.

물론 이런 생각을 몰트만이 처음 한 것은 아닙니다. 예컨대 프랑스의 실존철학자 가브리엘 마르셀$^{Gabriel\ Marcel,\ 1889-1973}$도 바로 이 같은 의미에서 에로스와 아가페의 차이를 다음과 같이 설명하지요.

> 에로스를 낭만적 의미에서 본다면 그것은 타인 속으로 자신을 용해한다든가 더 높은 통일 속으로 타인과 함께 용해되려는 욕망 속에서

---

* 아가페와 에로스에 관한 상세한 논의는 참고. 안더스 니그렌, 고구경 역, 『아가페와 에로스』(*Agape and Eros*), CH북스, 1998.

성립한다. 이와 달리 아가페는 용해를 넘어서서 [각각의 다양성을 인정하는] 존재들의 세계 속에서만 자리 잡을 수 있다.¹¹⁰

요컨대, 아가페는—마치 여러 가지 악기들이 서로 다른 각각의 역할을 오히려 굳게 지킴으로써 다성성polyphony을 가진 하나의 음악을 이루어 내는 교향악symphony처럼—서로 다른 개체들이 모여 서로의 이질성을 인정하고 다양성을 존중함으로써 '하나이면서 여럿이고, 여럿이면서 하나'인 공동체를 마침내 이루어 내는 사랑입니다.

어때요? 아가페, 즉 몰트만이 말하는 삼위일체 하나님의 본질인 '이종사랑'을 교향악에 비유해서 설명하니까 그 본질이 비교적 쉽게 이해되지 않나요? 아마 그럴 겁니다. 그런데 혹시 당신은 알고 있나요? 이게 단순한 우연이 아니라는 것을요. 사실 기독교에서 말하는 사랑과 서양음악 사이에는 예사롭지 않은 구조적 유사성이 존재합니다. 이건 또 무슨 말인지, 설명하자면 이렇습니다.

우리는 앞에서 단테의 시와 루블료프의 〈삼위일체〉 성화상을 예로 들어 '구분되지만 분리되지 않고, 연합되지만 혼합되지 않는' 삼위일체의 본질을 언어나 회화로 형상화하기가 얼마나 어려운지를 잠시 살펴보았습니다. 그런데 놀랍게도 음악에는 그러한 삼위일체의 특성을 어려움 없이 표현할 수 있는 특별한 요소가 존재합니다. 우리가 여기서 말하는 음악은 17세기 말 유럽에서 완성되어 오늘날 서양문명에 널리 퍼져 있는 '조성음악'tonal music인데, 이 음악의 두드러진 특성은 서로 다른 여러 가지 음이 동시에 울려 화성harmony을 이룬다는 겁니다.

예를 들어 내가 피아노로 '도'를 치면 당신은 그 음을 정확히 들을 수 있겠지요. 그런데 내가 '도'와 함께 '미'와 '솔'을 친다고 해도 당신은 그 음들을 혼합해서 예컨대 '파' 정도로 듣는 게 아닙니다. 이 세 음은 이른바 '으뜸화음'을 이룬 채—구분되지만 분리되지 않고, 연합되지만 혼합되지 않는 형태로—당신의 귀에 들어오지요. 이 현상은 우리의 청각이 가진 특성에서 기인합니다. 하얀 종이에 빨강색과 파랑색을 덧칠했을 때 두 색을 혼합해 보라색으로 보게 되는 우리의 시각에서는 도저히 일어날 수 없는 일이지요.

서양 조성음악에서 화성을 이루는 각 음들은 상호배타적으로 분리되지도 않지만, 상호융합적으로 혼합되지도 않습니다. 그래서 화음이 만들어지는 것입니다. 교향악에서 악기들이 각자 자기 소리를 냄으로써 또는 4부 합창에서 각 성부가 각각의 역할을 유지함으로써, 단성음악보다 훨씬 더 풍성하고 아름다운 다성음악을 만들어 낼 수 있습니다. 바로 이런 이유로, 예컨대 헨델의 〈메시아〉 같은 합창곡이 삼위일체의 본질이자 기독교의 핵심인 이종사랑을 표현하는 데 적합하다고 당당하게 이야기할 수 있습니다. 케임브리지에 있는 리들리 홀 신학대학의 제러미 벡비Jeremy Begbie 교수는 이 말을 다음과 같이 표현했습니다.

예수님은 자신과 아버지가 하나이신 것같이 제자들도 하나가 될 것을 위해 기도하셨다(요한복음 17:11). 그들을 하나가 되게 하는 사랑은 아버지와 아들을 하나가 되도록 결합시키는, '서로가 스며드는' 사랑이어야 한다. 지금까지 말했듯이 소리가 결합될 때 하나가 되면서도 각자 특성을 갖는다는 점에 비추어 볼 때, 화음을 이루어 합창을 부르는 것이 기독교 전통에서 두드러졌다는 사실이 별로 놀랍지 않다.[111]

몰트만은 이러한 이종사랑을 통해서만 하나님의 사랑이 삼위뿐 아니라, 그 피조물에까지 무한히 확대될 수 있다고 주장합니다.[112] 하나님과 피조물은 매우 이질적인 존재이기 때문이지요. 만일 하나님의 사랑이 자기와 같은 존재에게만 향하는 동종사랑이라면 "그들도…우리 안에 있게"(요한복음 17:21)라고 한 예수님의 기도가 아예 불가능하다는 것입니다. "사랑 안에 거하는 자는 하나님 안에 거하고 하나님도 그의 안에 거하시느니라"(요한1서 4:16)라는 사도 요한의 말이 바로 그 증거라고도 했습니다. 이렇듯 다분히 존재론적인 사도 요한의 가르침을 몰트만은 다음과 같이 신학적으로 해석했습니다.

> 그들의 흘러넘치는 [이종]사랑 덕분에 성부·성자·성령은 자신을 넘어서서 창조와 화해와 구속 안에서 유한하고 모순된 도덕적 피조물인 타자를 위해 자신을 개방하신다. 그 결과 자신의 영원한 삶 안에서 그들을 위해 자신의 공간을 제한해서 그들이 자신의 기쁨에 참여하도록 하기 위함이다.[113]

몰트만은 이러한 이론적 근거를 내세워, 인간은 신적 페리코레시스, 곧 상호내주·상호침투적 사랑 안에서 드러나는 완전 평등한 사귐과 교제를 실현하도록 부름받았고, 인간 공동체는 '삼위일체의 형상'으로 지음받았다고 선언했습니다. "아버지와 아들이 공유한 그것[성령]을 통해 그분들은 우리가 우리들 서로 간의 친교를 세우고, 그분들과의 친교도 세우기를 원하셨다"라는 아우구스티누스의 말을 연상케 하는 주장이지요.* 몰트만은 같은 내용을 이렇게 말하기도 했습니다.

> 하나님의 세 인격이 상호내주를 통해 하나의 공동 공간을 형성하는 것처럼, 피조물 차원의 공동체 역시 상호 자기발전을 위한 사회적 공간을 형성해야 한다. 피조물들은 나란히 그리고 더불어 실존하지 않으면 안 된다.[114]

요컨대 몰트만은 삼위일체론이 자유와 평등 그리고 사랑을 추구하는 비위계적·비지배적 사회를 위한 모델이 될 수 있다고 생각했고, 그러므로 기독교적 사회윤리는 삼위일체적 사고에 근거해야 한다고 주장했지요.[115]

---

* 아우구스티누스가 성령을 성부와 성자를 묶는 사랑으로 파악하고, "이러한 사귐 자체는 본질공동체적이며 영원동등적이다"라고 규정한 것이나 "우리는 은총을 받아 하나님과 우리 자신을 향해서 이 일을 본받으라는 계명을 받았다"라고 한 교훈에서 몰트만의 주장과 동일한 내용을 찾아볼 수 있다(참고. 『삼위일체론』, 6, 5, 7).

그런데, 당신은 어떻게 생각하나요? 모두가 "나란히 그리고 더불어" 상호내주적이고 상호침투적으로 실존하는 인간 공동체가 쉬이 상상이 가나요? 그곳에는 당연히 그 어떤 배타적 요소나 위계적 지배 그리고 특권에 의한 종속이 없으며, 오직 사랑에서 나온 평등한 사귐과 자유로운 교제만 존재하지요. 그래서 구성원 모두가 기쁨뿐 아니라 슬픔도, 희망뿐 아니라 절망도, 삶뿐 아니라 죽음도 함께 느끼고 함께 나누겠지요. 하지만 우리가 한 번이라도 이런 공동체를 실제로 봤거나 경험한 적이 있던가요?

그래요, 있기는 있습니다. 우선 가정家庭이 생각나지요. 일찍이 가브리엘 마르셀은 이 세상에서 가장 순수한 의미에서 '우리'le nous라고 부를 수 있는 '공동체'라는 뜻으로 가정을 '공동존재'共同存在, le co-esse라고 부른 적이 있습니다. 그리고 가족은 '시원적 우리'un nous primitif 또는 '원형적 우리'un nous archétype라고 규정했지요.[116] 바로 이런 의미에서 가정은 "나란히 그리고 더불어" 실존하는 인간 공동체의 표본입니다.

물론 우리가 실제로 경험하는 현실의 가정에 위계적 지배와 특권적 강압이 전혀 존재하지 않는다고는 할 수 없지요. 그럼에도 서로의 기쁨과 슬픔을 상호침투적으로 공유한다는 점에서 어느 정도는 수긍할 수 있는 주장입니다. 하지만 서글프게도 이것 말고 상호내주적이고 상호침투적인 공동체를 상상하기는 쉽지가 않습니다.

그런데 17세기 영국의 형이상학파 시인이자 성직자이기도 했던 존 던은 "누구를 위하여 종은 울리나"에서 그렇지가 않다고 하네요. 우리는—단지 의식하지 못할 뿐—누구든지 이미 그런 공동체 안에 존재한다고 그는 읊었습니다. 노벨상을 받은 미국 작가 어니스트 헤밍웨이Ernest Hemingway, 1899-1961의 유명한 장편소설 제목이자 20세기 중반 할리우드 스타 게리 쿠퍼와 잉그리드 버그만이 주연한 영화의 제목으로도 널리 알려진 이 시는 상호내주적이고 상호침투적으로 실존하는 인간의 정황을 다음과 같이 묘사하지요.

> 누구든지 그 자체로 온전한 섬은 아닐지니
> 모든 인간이란 대륙의 한 조각이며
> 또한 대양의 한 부분이어라.
> 만일 흙덩어리가 바닷물에 씻겨 내려가게 된다면
> 대지는 또 그만큼 작아질 것이고
> 만일에 모래펄이 그렇게 되더라도 마찬가지며
> 그대의 친구들이나 그대의 땅이 그렇게 되어도 마찬가지여라.
> 어느 누구의 죽음일지라도 그 역시 나를 감소시키나니
> 나는 인류 속에 상호침투된 존재기 때문이어라.
> 누구를 위하여 종은 울리나
> —그를 위하여 조문할 사람들을 보내지 말라.
> 종은 바로 그대를 위하여 울리기에.[117]

이제 여기서 우리가 한 가지 분명히 해 둘 것이 있습니다. 삼위일체에 관한 아우구스티누스와 몰트만의 해석을 통해 기독교에서 말

하는 하나님의 유일성이 그리스 철학에서 말하는 일자의 유일성에서도 한 걸음 더 나아가 새로운 의미를 갖게 된다는 매우 중요한 사실이지요. 이러한 의미에서 나는 하나님의 유일성을 '삼위일체적 유일성'이라 이름 지어 일자의 유일성과 구분하는 것입니다.

앞에서 살펴보았듯이, 기독교에서 말하는 하나님의 유일성은 단일성이 아닙니다. 그것은 "삼위성이 단일성으로, 단일성이 삼위성으로 축소되는 일 없이 결합한"[118] 통일성입니다. 이 통일성 안에는 상호내주적·상호침투적 자유와 평등과 사랑으로 이룩되는 인간 공동체의 원형이 담겼지요. 그것은 성격상 무규정성과 무제한성에서 오는 일자一者의 '획일적' 포괄성과 통일성을 훌쩍 뛰어넘는 것으로, 삼위일체 하나님의 이종사랑에서 나오는 '공동체적' 포괄성과 통일성이지요. 전자가 수동적·소극적 성격을 가졌다면 후자는 능동적·적극적 성격을 지녔습니다.

한마디로, 기독교에서 말하는 유일신은 '동일한 하나'가 아니라 '통일적인 하나'라는 말인데요. 이 같은 내용이 우리가 나누는 이 이야기에서 특별한 의미를 갖는 것은, 우리가 이 책의 서두에서 '하나님의 유일성이 곧 배타성을 의미하는가?'라는 질문을 던져 놓았기 때문입니다. 그 질문 이후 지금 우리가 도달한 결론은 무엇인가요? 바로 이것입니다. 기독교에서 말하는 삼위일체 하나님이 갖는 유일성은 포괄성이지 배타성이 아니라는 것, 또한 그것은 통일성이지 단일성이 아니라는 것이지요.

여기에서 당신이 들어가는 글에서 잠시 언급한 샐러드 볼 Salad Bowl

이라는 은유를 떠올린다면 매우 유익합니다. 샐러드 볼이란 말뜻대로 풀이한다면 각종 야채들을 버무려 담아 놓은 그릇을 뜻하지요. 그래서 보통 다양하고 이질적인 문화를 가진 사회 구성원들이 각자의 문화 정체성을 유지하면서도 조화로운 통합을 이루어 나가게 하는 장소를 의미합니다. 하나님의 유일성이 바로 이러한 포용성과 통일성을 가졌다는 거지요.

단일성이 배타성의 전제이자 결과이듯, 다양성은 통일성의 전제이자 결과입니다. 따라서 누구든 "하나님은 유일하다"라고 외치려면, 그는 그 말이 '하나님의 이름으로' 타인에 대한 차별과 폭력을 행사하겠다는 망언이 아니라는 것을 먼저 알아야 합니다. 그 말은 오히려 '하나님의 이름으로' 상호내주적이고 상호침투적인 포용과 사랑을 베풀어 "나란히 그리고 더불어" 실존하는 공동체를 만들겠다는 엄중한 선언이라는 것을 가슴에 새겨야만 하지요. 한마디로 하나님이 유일하다는 말에는 그분이 세상의 모든 배타와 차별을 녹여 본질공동체적이고 영원동등적인 연대와 협력을 이루는 광대무변한 용광로鎔鑛爐이자 거대한 샐러드 볼이라는 뜻이 들어 있음을 잠시도 잊지 말아야 합니다.

# 유일신은 배타적인가

### '구약의 하나님'이냐, '신약의 하나님'이냐

그렇다면 이제 다시 생각해 볼까요? '오늘날 우리가 알고 있는 기독교의 유별난 배타성은 도대체 어디서 나왔는가? 그것이 우리가 살펴본 것같이 '유일하신 하나님', 곧 하나님이 유일자라는 속성에 근거하고 있지 않다면 그 시원은 도대체 어디인가?' 이에 대한 고전적 대답을 신학자들은 일반적으로 구약성서 신명기에 나오는 다음 구절에서 찾습니다.

지극히 높으신 자가 민족들에게 기업을 주실 때에, 인종을 나누실 때에 이스라엘 자손의 수효대로 백성들의 경계를 정하셨도다. 여호와의 분깃은 자기 백성이라. 야곱은 그가 택하신 기업이로다. (신명기 32:8-9)

하나님이 자기 몫으로 이스라엘 자손을 택했다는 이 선포는 기독교 신학이 시작된 초기부터 "이스라엘의 하나님"이라는 특수주의와 "유일하신 하나님"이라는 보편주의 사이에 심각한 신학적 긴장을 가져왔지요. 구약성서에 나타난 '이스라엘의 하나님'은 우리가 지금까지 알아본 포괄적 통일자이자 삼위일체적 사랑의 공동체인 '유일하신 하나님'과는 너무 다르기 때문입니다.

구약성서를 보면 이스라엘의 하나님은 매우 배타적이고 폭력적인 하나님, 즉 '전쟁에 능하신 야훼', '보복과 질투의 하나님 야훼', '이스라엘을 편애하는 야훼'입니다. 신약성서에서 "너희 원수를 사랑하며 너희를 박해하는 자를 위하여 기도하라"고 교훈한 사랑의 하나님과는 도무지 어울리지 않지요. 나도 그렇고, 아마 당신도 충분히 가질 만한 이런 생각을 일찍이 가슴에 품고 거세게 반발한 사람이 있었습니다. 바로 2세기에 살았던 마르키온이지요. 야훼의 배타성과 폭력성을 폭로하며 그것을 비난하던 그의 주장은 당시 사람들에게도 상당한 설득력이 있었습니다. 그래서 초기 기독교 교회가 싸워야 했던 각종 이단 가운데 마르키온처럼 위험한 사람은 없을 정도였지요.

### 마르키온이 정죄된 이유

마르키온은 2세기 초 폰토스 지역 시노페Sinope에서 감독의 아들로 태어났습니다. 그는 어려서부터 그리스도에 대해서는 열렬한 믿음과 사랑을, 야훼에 대해서는 꼭 그만큼의 불신과 증오를 가졌습니다. 그것이 그를 집에서 쫓겨나게 했고 결국 이단으로 정죄받게 만들었지요. 마르키온은 사변적 신학자가 아니었습니다. 일종의 종교개혁자였지요. 그는 자신이 새로운 계시를 받았다고 하지 않고, 혼탁한 기독교 메시지를 올바르게 해석하는 참된 정경해석자라고 주장했습니다. 그랬기에 대중에게 더 열광적 지지를 받을 수 있었던 것입니다.

마르키온은 144년 로마에서 자기 교단을 세웠는데 그 세력이 실로 막강했습니다. 3세기 이후에야 점차 쇠퇴하다가 로마 제국에서 서서히 자취를 감추었지만, 그 이전까지는 정통 교단과의 대결에서 누가 승리자가 될지 그 결과가 의심스러울 정도였지요. 당연히 마르키온에 대한 당시 교회 지도자들과 신학자들의 미움도 그만큼 컸습니다. 에우세비우스의 『교회사』에는 교부 이레나이우스가 전해 준 다음과 같은 흥미로운 일화가 실려 있습니다.

사도 교부인 서머나의 감독 폴리카르푸스$^{Polycarpus, 70-156}$가 로마에서 마르키온을 만났을 때의 일입니다. 폴리카르푸스는 사도 요한의 제자였으며 서머나에서 감독으로 일하다가 156년에 순교한 위대한 교부지요. 순교 전에 그는 이후 수천 년을 두고 헤아릴 수 없이 많은 사람이 되뇔 유명한 말도 남겼습니다. "나는 그리스도인이다."$^{Christianus\ sum}$가 그것입니다.

마르키온이 이 고결한 감독에게 인정받고 싶어서 물었습니다.

"나를 인정하시지요?"

폴리카르푸스가 대답했지요.

"인정하지요. 사탄의 맏아들이라고."[1]

영광스런 노년의 사도 교부가 입에 담기에는 분명 과한 말이었을 겁니다. 하지만 바로 이 말이, 당시 교회가 마르키온을 얼마나 위험한 존재로 여겼는지에 대한 증거지요.

앞서 2권 『하나님은 창조주인가』의 3장 가운데 '창조의 목적은 구원'에서 소개한 것처럼 마르키온은 『반론』이라는 저술을 남겼습니다. 여기서 그는 구약의 하나님과 신약의 하나님을 명백히 구분 지어 대립시켰습니다. 애초 마르키온은 구약의 하나님을 '악의 신'이라 부르고, 신약의 하나님을 '선의 신'이라 불렀습니다. 그러다가 이후 영지주의자 케르도$^{Cerdo}$의 영향을 받아 각각 '공의의 하나님'과 '사랑의 하나님'으로 약간 순화하여 불렀지만, 여전히 구약의 하나님을 '율법의 신'이라며 거부한 채, 신약의 하나님만을 '복음의 하나님'으로 받아들였지요.

교회사적으로 보자면, 사실 마르키온이 하고자 했던 일은 당시 새로운 종교였던 기독교를 받아들인 거의 모든 교인과 성직자 그리고 신학자들의 공통된 고민거리를 해소하는 것이었습니다. 즉 그들 역시 마르키온처럼 구약과 신약의 불일치점들을 극복하고자 머리를 싸매고 애써야 했기 때문이지요.* 그런데 문제는 마르키온이 잘못된

---

* 마르키온의 사상은 율법과 복음의 대조, 하나님 은총의 교리, 극단적인 그리스도 중심주의 등 '과격한' 바울주의의 형태를 띠었다. 이것은 기독교를 새로운 도덕적 가르침으로 전환시키던 신율법주의적 경향에 대한 반발이었다고 볼 수 있다. 그러나 그는 바울의 메시지를 지나치게 강조한 나머지, 결국 그 주장이 지닌 긍정적 가치마저 빛이 바래게 하고 말았다. 마르키온에 대한 고전적 연구로는 A. v Harnack, *Marcion: Das Evangelium vom fremden Gott*, Darmstadt, Wissenschaftliche Bookgeselschaft, 1960이 있다.

길을 갔다는 데 있었습니다. 그는 영지주의적 이원론을 기독교 신학에 끌어들여 구약과 신약, '악의 신'과 '선의 신'이라는 두 영역으로 철저히 분리함으로써 해결하는 방법을 택했지요. "적게 생각하는 자는 쉽게 말한다"Qui pauca considerat, facile pronunciat라는 중세 격언이 의미하는 것처럼, 그것은 매우 간단하고 효과적인 방법이긴 했지만 옳은 길은 아니었습니다.

우리의 이야기와 연관해서 주목할 것은, 초기 기독교 교리를 세운 교부들\*은 마르키온과 똑같은 고민을 안고 있었는데도 그를 이단으로 정죄하고\*\* 구약의 하나님 야훼를 기독교 안에 받아들였다는 사실입니다. 그러므로 우리는 마르키온의 정죄를 계기로 그가 그토록 제거하려 했던 '이스라엘의 하나님'이 가진 배타성과 폭력성이 기독교 안으로 흘러들지 않았는지를 면밀히 주목해 봐야만 합니다. 다시 말해 구약의 폭력적이고 배타적인 신을 기독교로부터 분리해 내려던 마르키온을 정죄했기 때문에, 오늘날 기독교가 배타적 종교로 남게 되지 않았느냐 하는 것을 따져 보아야 한다는 말이지요.

결론부터 말할까요? 기독교가 구약에서 전해 내려오는 유일신 사상을 계승한 건 사실입니다. 하지만 기독교는 구약의 '이스라엘의 하나님' 안에 있는 민족주의적이고 배타적이며 폭력적인 요소는 모두

---

* 마르키온을 반박한 교부들로는 당시 최고의 신학자들인 테르툴리아누스, 유스티누스, 이레나이우스, 알렉산드리아의 클레멘스 등이 있다.
** 마르키온이 정죄된 결정적 이유는 그가 영지주의자들처럼 예수님이 진정한 사람은 아니라는 '가현설'을 주장했기 때문이다. 그는 그리스도가 실재하는 인간으로 태어난 것이 아니라 티베리우스 15년에 성인의 모습으로 왔다고 주장했다.

걸어 냈습니다. 이 점에서 기독교는 유대교와 분연히 구분됩니다. 이 일을 누가 했을까요? 나중에 천천히 긴 세월을 두고 기독교 신학자들이 해낸 일일까요? 아닙니다! 그건 예수님과 사도들이 직접 나서서 기독교의 기틀을 처음 세울 당시에 이미 한 일입니다. 정말 그런지 찬찬히 살펴볼까요?

우선 예수님은 "내가 율법이나 선지자를 폐하러 온 줄로 생각하지 말라. 폐하러 온 것이 아니요 완전하게 하려 함이라. 진실로 너희에게 이르노니 천지가 없어지기 전에는 율법의 일점일획도 결코 없어지지 아니하고 다 이루리라"(마태복음 5:17)라는 가르침으로 자신이 구약의 유일신 전통을 계승하고 있음을 확인했습니다. 사도 바울도 마찬가지요. 그는 "하나님은 복되시고 유일하신 주권자이시며 만왕의 왕이시며 만주의 주시요"(디모데전서 6:15)나 "주도 한 분이시요 믿음도 하나요 세례도 하나요 하나님도 한 분이시니 곧 만유의 아버지시라"(에베소서 4:5-6)라는 교훈으로 자기가 믿는 하나님이 유일자임을 분명히 했습니다.

그러나 그것이 다가 아니었습니다. 예수님과 사도 바울 모두 '이스라엘의 하나님'이라는 특수주의를 깨뜨리고 '유일하신 하나님'이라는 보편주의를 정립하는 데도 발 벗고 나섰지요. 예수님은 무엇보다 "속으로 아브라함이 우리 조상이라고 생각하지 말라. 내가 너희에게 이르노니 하나님이 능히 이 돌들로도 아브라함의 자손이 되게 하시리라"(마태복음 3:9; 누가복음 3:8)라는 말로 '이스라엘의 하나님'이라는 특수주의를 못 박았습니다. 같은 맥락에서 바울도 "하나님은 다만 유대인의 하나님이시냐? 또한 이방인의 하나님은 아니시냐? 진실로 이방인의 하나님도 되시느니라. 할례자도 믿음으로 말미암아, 또한 무할례자도 믿음으로 말미암아 의롭다 하실 하나님은 한 분이시니라"(로마서 3:29-30)라고 특수주의에 반기를 들었지요.

그뿐 아닙니다. 더 중요한 것은 예수님과 바울의 가르침 안에서는 구약에 등장하는 '이스라엘의 하나님'이 가졌던 배타적·폭력적 요소를 전혀 찾아볼 수 없다는 사실이지요. 그 안에는 오히려 일찍이 마르키온이 감탄한 바 있는, 구약의 하나님과는 전혀 생소한 복음의 하나님, 사랑의 하나님의 무제한적·무제약적 사랑과 은혜가 잘 나타나지요. 당신도 잘 아는 예들을 한번 찾아볼까요? 무엇보다도 산상수훈에서 하나를 골라 볼까 합니다.

> 또 네 이웃을 사랑하고 네 원수를 미워하라 하였다는 것을 너희가 들었으나 나는 너희에게 이르노니 너희 원수를 사랑하며 너희를 박해하는 자를 위하여 기도하라. 이같이 한즉 하늘에 계신 너희 아버지의 아들이 되리니 이는 하나님이 그 해를 악인과 선인에게 비추시며 비를 의로운 자와 불의한 자에게 내려 주심이라. 너희가 너희를 사랑하는 자를 사랑하면 무슨 상이 있으리요. 세리도 이같이 아니하느냐. 또 너희가 너희 형제에게만 문안하면 남보다 더하는 것이 무엇이냐. 이방인들도 이같이 아니하느냐. 그러므로 하늘에 계신 너희 아버지의 온전하심과 같이 너희도 온전하라. (마태복음 5:43-48)

자, 찾아볼까요? 이 가르침 안에 과연 무슨 배타성이 있고 무슨 폭력성이 있는지…. 그런 다음, 생각해 봅시다. 신플라톤주의의 막강한 영향력 아래서 기독교 교리를 정립하던 초기 기독교 사상가들이 성서에서 "하늘에 계신 너희 아버지의 온전하심"이라는 예수님의 교훈을 보았을 때 그 '온전하심'에 해당하는 것으로 무엇을 떠올렸을까요? 플라톤의 '선 자체' 또는 플로티노스의 '일자'가 가진 선성과 포괄성 그리고 일치와 조화가 아니었을까요? 또 "하나님도 한 분이시니 곧 만유의 아버지시라. 만유 위에 계시고 만유를 통일하시고 만유 가운데 계시도다"(에베소서 4:6)라는 바울의 말에서도 당연히 '일자'가 가진 존엄성과 통일성을 떠올리지 않았을까요?

정리하겠습니다. 기독교에서 말하는 하나님이 가진 유일성은 결코 배타성이나 폭력성이 아닙니다. 그것은 오히려 포괄성이며, 일치와 조화를 원하는 사랑입니다. 그것이 예수님과 사도들의 가르침이었지요. 그렇다면, 또는 그럼에도 기독교 안에 현저하게 존재해 온 배타성과 폭력성은 도대체 어디서 왔을까요? 간략히 답하자면, 그것은 단지 기나긴 박해를 견디며 교단이 정립되는 과정에서 외부의 이교도, 내부의 이단과 싸우면서 처음 발생하여, 이후 세월이 흐르면서 교세를 구축하고 확장하려는 의도에서 더욱 굳어진 것으로, 기독교에서 한시라도 서둘러 버려야 할 '반反기독교적 유산'입니다.

지워 버리고 싶은 기억이지만, 몇 가지 예를 들어 볼까요? 12-13세기에는 십자군이 성전聖戰이라는 이름으로 콘스탄티노플과 안디옥 그리고 예루살렘에서 끔찍한 살육과 약탈을 저질렀지요. 16세기에는 유럽의 가톨릭교도가 한 손에는 성서를, 다른 한 손에는 총칼을 들고 중남미 각국에서 숱한 학살을 자행했습니다. 17세기 이후에는 청교도가 북아메리카 대륙에서 정복과 선교를 위해 온갖 만행을 드러냈지요. 그들은 하나같이 하나님의 유일성을 내세우며, 하나님의 이름으로 남자를 학살하고, 여인을 강간하고, 재물을 약탈하고, 거처를 방화한 다음, 제단을 쌓고 예배하며 감격의 눈물을 흘렸습니다. 바로 이런 인면수심人面獸心의 만행들이 기독교에서 말하는 하나님의 유일성에서 나온 배타성과 폭력성으로 비판받는 사례지요.˙

하지만 그것은 결코 예수님과 사도들의 가르침을 따른 것이 아니었습니다. 오늘날에도 하나님의 유일성을 왜곡해서 이교도에 대한 배척과 분쟁을 정당화하는 사람들이 그리하듯이, 그때 역시 신앙을 자신들의 세속적 탐욕에 이용하는 불순한 세력(성직자, 정치가, 상인)이 선동해서 반그리스도적이고 반신앙적인 만행을 저지른 것이었습니다. 우리는 여기서 "최선의 것의 부패는 최악이다"corruptio optimi pessima 라는 오랜 격언을 떠올릴 수 있습니다. 십자군을 일으키며 "하나님의 뜻이다"Deus Le Volt라는 구호로 민중들을 선동했던 중세의 성직자들이 그랬듯이, 하나님을 왜곡하여 빌미로 삼는 일은 예나 지금이나 가장 쉬운 선동 방법이지만 동시에 가장 나쁜 방법이기도 하지요.

---

• 자세한 내용은 W. B. 바틀릿, 서미석 역, 『십자군전쟁』(*God wills it!*), 한길사, 2007; 조찬선, 『기독교 죄악사』, 상하권, 평단문화사, 2000에서 찾아볼 수 있다.

물론 이와 같은 나의 변증에 대해 누군가는 날카롭게 반박할 수 있습니다. 예부터 지금까지 이에 대한 반론은 항상 다양했고 논쟁도 치열했지요. 게다가 성서의 일부 구절들도 그러한 반박과 논쟁의 빌미를 제공했습니다. 그 때문에 지금 당신의 머리에는 대강 다음과 같은 의문들이 꼬리를 물고 일어날 수 있습니다.

- 만일 야훼가 유일신이라면 구약성서는 왜 야훼에 대해 다신론적 표현을 사용했는가?
- 유일신이 다른 신들을 질투할 이유가 어디 있는가? 사실 야훼는 이스라엘의 부족신으로서 그 이웃 부족의 신들과 싸우는 부족신이 아니었던가? 그래서 그토록 배타적이고 폭력적이었던 게 아닌가?
- 아니, 다른 사설은 전부 집어치우자! 무엇보다 예수가 직접 "나로 말미암지 않고는 아버지께로 올 자가 없느니라"(요한복음 14:6)라고 배타적으로 가르치지 않았던가?
- 그러니 기독교는 자기들 신의 배타성과 폭력성을 인정하는 게 솔직해지는 길이 아닐까? 이에 대해 더 할 말이 있는가?

그렇지요. 모두 옳은 말입니다. 하지만 이런 반론들에 대한 기독교의 답은 오래전부터 이미 준비되어 있습니다. 차례로 살펴볼까요?

## 유일신이 왜 질투하나

원시사회에서 흔히 볼 수 있는 유신론의 형태는 그리스 신화가 그렇듯 다신론이 보편적입니다. 반면 매우 특이하게도 구약성서에 나타난 하나님은 단 하나뿐인 데다 지존하여 그 피조물인 인간들에게 절대 복종을 요구하는 유일신이지요. 당신도 알다시피, 기독교가 형성되기 약 1,300년 전에 이미 모세가 "이스라엘아, 들으라. 우리 하나님 여호와는 오직 유일한 여호와이시니, 너는 마음을 다하고 뜻을 다하고 힘을 다하여 네 하나님 여호와를 사랑하라"(신명기 6:4-5)라고 외쳤습니다.

물론 모세의 이 선포가 후일 기독교 사상가들이 생각한 어떤 형이상학적 원리—예컨대 플로티노스의 일자가 가진 유일성—를 설정하고 있지는 않았습니다. 모세는 다만 계시를 통해 하나님의 유일성을 받아들였고, 자기 백성이 무엇을 믿고 무엇을 예배 대상으로 삼아야 할 것인가를 선포했을 뿐이지요. 그럼에도 이는 후일 그리스 철학을 통해 유일신 사상을 기독교 교리로 정립하려 한 기독교 사상가들의 작업에 초석이 되었습니다. 그래서 질송은 모세의 선포에 대해 "본질적으로는 종교적이었으나 중대한 철학적 변혁의 씨를 내포한 것"[2]이라고 적절히 평가했지요.

특이한 것은 모세의 선포에도 불구하고 히브리인들은 그 후에도 오랫동안 자신들의 하나님 야훼를 다신론적으로 파악했다는 점입니다. 심지어는 모세가 직접 선포한 십계명에도 야훼는 다신론적 언어로 표현되어 있어요. 예컨대 '질투하는 하나님'El Qunna(출애굽기 20:5; 신명기 5:9) 같은 묘사가 그렇습니다. 이러한 표현 자체가 이미 다른 신의 존재를 전제로 한 것이니까요. 다른 신이 아예 없다면 질투할 대상도 없을 것이기 때문입니다. 따라서 일반인들은 물론이고 신학자들 사이에도 이에 대한 논란이 많았습니다.

독일 베텔 신학교의 구약학 교수 프랑크 크뤼제만Frank Crüsemann은 『자유의 보존』에서 이렇게 설명합니다. 즉 하나님이 유일자인 교설에서 하나님을 다신론적으로 이야기할 때는 하나님 그 자체에 대한 이야기가 아니라, 단지 '인간에 의해 경험되는 하나님'이라는 하나의 특정 맥락에서 이야기된 것으로 봐야 한다고요.[3] 다시 말해 유일신에 대한 다신론적 표현은 하나님이 실제로 여럿이어서가 아니라 고대 히브리인들이 하나님을 여럿으로 이해하고 있었기 때문이라는 말입니다.

크뤼제만은 이런 정황이, 태양계에서는 맨 처음부터 태양을 중심으로 여덟 개의 행성이 돌고 있었는데도 고대인들은 지구를 중심으로 태양과 달이, 그리고 수성, 금성, 화성, 목성, 토성 등 다섯 개의 행성이 돌고 있다고 알았던 것과 마찬가지라고도 설명했습니다. 어때요? 당신 생각에도 그럴듯한가요? 그런데 왜 고대인들은 다신론을 받아들이게 되었을까요? 크뤼제만은 그 이유를 다음과 같이 밝혔습니다.

세속적 현실 속에서 이루어지는 하나님에 대한 인식은 각각 하나의 구체적이고 개별적인 세계, 내적인 경험의 맥락 속에서 얻어진다. 고대인들에게 이것은 무엇보다 우주와의 조우였다. 한 인간 혹은 한 집단이 이러한 하나의 맥락 속에서 초월적 경험을 얻게 될 때, 이러한 개개의 현실 배후에 끝없는 심연과 내세적 은총이 존재한다는 것이 명료해지고, 이러한 종교적 경험이 하나의 신적 형상에 대한 구체적 원인으로 성장했던 것이다. 의도된 것은 경험된 내세였다. 이것에 이름 붙이고 이것을 숭배하기 위하여 이것을 신적인 형상 안에 압축시켰다. 이러한 경험들이 수없이 존재하기 때문에 수없이 많은 형상들 또한 존재했다.[4]

알고 보면 이건 일반적으로 인정되는 다신론의 발생 원인이자 과정이지요. 고대 히브리인들도 이런 이유로 하나님이 유일자라는 모세의 가르침을 귀담아듣지 않는 과정을 거쳤던 것입니다.* 그렇다면 히브리인들은 언제부터 야훼를 유일신으로 인식하고 받아들였을까요?

---

* 크뤼제만의 설명은 기독교 신학적이라기보다 인류학적 내지 종교학적 설명이다. 기독교 신학은—고대인뿐 아니라 현대인들까지도, 예컨대 존 힉이 "우리가 여러 가지 신, 즉 금전의 신, 사업의 신, 성공의 신, 권력의 신, 현상 유지의 신 그리고 한 주일에 한 번씩은 유대교나 기독교의 신을 섬기고 있다"고 비판한 것처럼—인간이 다신론적 성향을 가질 수밖에 없는 이유를 하나님에게서 돌아선 죄(罪)에서 찾는다. 하나님으로부터 돌아섰기 때문에 불안과 공포, 그리고 현세욕(concupiscentia)이 생기고, 그 불안과 공포에서 벗어나기 위해 또는 그 현세욕을 충족시키려고 숱한 우상을 하나님으로 섬기게 된다는 것이다. 이에 대해서는 이후 죄와 연관해서 살펴볼 것이다.

### 하나님의 역사

성서역사학자들에 의하면, 모세 이후에도 야훼는 600-700년 동안 줄곧 이스라엘의 부족신으로 그 이웃 팔레스타인 부족신인 다곤이나 모하브족의 체모스 같은 신들과 싸우는 신이었습니다. 기원전 8-6세기에야 아모스, 호세아, 이사야, 예레미야 같은 선지자들이 입을 모아 여호와는 히브리인의 하나님일 뿐 아니라 천지의 창조주이며 모든 역사와 인류를 주관하는 절대적 유일자임을 강력히 주장하기 시작했지요(열왕기상 8:60; 열왕기하 19:15; 예레미야 2:11; 10:7; 16:20; 이사야 40:18-26; 41:29; 43:10; 44:5, 6, 14; 46:9; 아모스 1:3; 2:16; 9:5, 8 등). 예컨대 이사야 선지자는 "이스라엘의 왕인 여호와, 이스라엘의 구원자인 만군의 여호와가 이같이 말하노라. 나는 처음이요 나는 마지막이라. 나 외에 다른 신이 없느니라"(이사야 44:6)라고 선포했습니다.

그런데 모세의 선포를 무시했던 히브리인들이 이번에는 과연 선지자들의 선포를 받아들였을까요? 그랬습니다! 생각해보면 사실 놀라운 일인데, 왜 그랬을까요? 모세보다 이사야가 더 권능이 있고 위대했기 때문이었을까요? 아니지요! 그럼 왜? 이 의문을 풀기 위해서는 인류의 역사에서 '매우 특별했던' 어느 한 시기를 주목해 볼 필요가 있습니다.

대강 기원전 8세기에서 기원전 3세기까지의 약 600년은 인류의 정신사精神史에서 가장 독특한 시기였습니다. 중국에서는 공자, 노자, 장자, 열자를 비롯한 제자백가가 나왔고, 인도에서는 『우파니샤드』가 완성되었고 부처가 생존해 있었으며, 이란에서는 차라투스트라가 등장했지요. 또한 그리스에서는 호메로스, 파르메니데스, 헤라클레이토스, 소크라테스, 플라톤, 아리스토텔레스가 등장했으며, 투키디데스와 아르키메데스도 이 시기에 활동했습니다. 바로 이때 팔레스타인에서는 엘리야와 이사야, 예레미야를 거쳐 제2이사야 같은 선지자들이 나왔던 것입니다.

철학자 칼 야스퍼스Karl Jaspers, 1883-1969는 『역사의 기원과 목표』에서 이 특별한 시기를 '차축시대'die Aschenzeit라고 이름 지었습니다. 인류 정신사에서 거대한 수레바퀴가 움직인 시대라는 뜻입니다. 이때 인류는 사유 속에서 처음으로 무제약성과 초월성을 경험하게 되었고, 개별적 사물들로부터 보편적 개념을 확립하기 시작했습니다.[5] 인류의 정신사 최초로 이성이 모습을 드러냄으로써 철학을 비롯한 각종 보편 학문과 유교, 불교와 같은 보편 종교들이 생겨났지요.

히브리인들도 예외가 아니었습니다. 그들 역시 이 시기에 와서 비로소 하나님을 인류의 보편적 신으로 파악하기 시작했습니다. 그러니 히브리인들이 이 시기에 하나님을 유일자로 파악한 것은 결코 모세보다 이사야가 더 권능이 있고 위대해서가 아니었습니다. 영국의 성서학자 찰스 해럴드 다드Charles Harold Dodd, 1889-1973의 말대로 "정의가 보편적이어야 하듯이 정의로운 신이라는 개념 속에서 일신교가 탄생"[6]한 겁니다. 다시 말해 고대 히브리인들은 야훼를 여러 부족신 중 하나로 파악하고 있었는데, 차축시대에 와서야 그들에게 '보편적 정의'라는 개념이 생기면서 '보편적 신' 개념도 함께 생겨나 야훼를 유일신으로 인식하게 되었다는 것이지요.

그렇다면 하나님에 대한 이해와 표현의 변천은 단지 '인간에 의해 경험된 하나님의 역사'일 뿐입니다. 시간 밖에서 영원불변하게 존재하는 하나님이 역사 안에서 인간 정신과 문화의 진보에 따라 다른 모습으로 이해되고 표현되었다는 뜻이지요. 성서에 계시된 하나님에 대한 이 같은 해석은 매우 많은 것을 말해 주기 때문에 아주 중요합니다.

이 같은 관점에서 본다면, 예컨대 마르키온과 당시 교부들이 고민했던 구약의 하나님과 신약의 하나님의 불일치 문제도 뜻밖에 쉬이 풀립니다. 곧 이스라엘의 역사 흐름에 따라 야훼가 감정이 격한 절대적 폭군에서, 스스로 세운 계약에 충실한 입헌군주를 거쳐, 사랑이 넘치는 민주적 지도자의 모습으로 변모해 갔던 것은 하나님이 그렇게 변해서가 아니라, 히브리인들이 하나님을 그런 식으로 경험했다는 말일 뿐이지요.

라이너 마리아 릴케가 쓴 시 "순례자의 서"에도 신에 대한 이런 관점이 잘 드러나 있습니다. 물론 릴케가 노래한 신이 기독교의 신만을 지칭하는 것은 아니라지만 말입니다.

---

• 릴케는 1899년과 1900년에 루 안드레아스 살로메와 함께 러시아를 두 차례 여행했다. 이때 우주가 곧 신이라는 범신론을 처음 접하고 감명을 받아, 신의 성숙과 생명 성장이라는 사변에 심취했다고 한다. 『기도시집』이 바로 이 같은 사상적 배경에서 나왔다는 주장이 있다. 하지만 이 시집은 성서, 신비주의 저작들, 러시아 여행 경험, 덴마크 시인 야콥센과 보들레르의 문학적·문명비판적 경향 등이 어우러져 탄생한 것이다. 『기도시집』은 1부 "수도사 생활의 서"(1899), 2부 "순례자의 서"(1901), 3부 "가난과 죽음의 서"(1903)로 이루어져 있다. 릴케는 1899년 9월 20일과 10월 14일 사이에, 그리고 1901년 9월 18일부터 9월 25일까지 당시 화가촌으로 유명하던 보르프스베테에 일주일 동안 머물

당신을 찾는 이들은 모두 당신을 시험해 봅니다.
그리고 당신을 찾은 이들은
당신을 형상과 모습에다 결박합니다.

하지만 나는 당신을 이해하고 싶습니다.
마치 대지가 당신을 이해하고 있듯이.
내가 성숙함에 따라
당신의 나라도
성숙합니다.

나는 당신의 존재에 대해 증명할 수 있는
허영 따위는 바라지도 않습니다.
나는 알고 있습니다.
시간은
당신과 특별한 관계라는 사실을.

나를 위해 기적을 베풀지 마소서.
세대에서 세대를 거쳐 점점 선명해지는
당신의 법칙을 바르게 따를 수 있도록.[7]

---

면서 2부 "순례자의 서"를 썼다.

인간이 성숙해 감에 따라 신의 나라도 성숙하고, 그래서 "세대에서 세대를 거쳐 점점 선명해지는" 것이 신의 법칙이라는 것이지요. 우리 이야기와 연관해서 해석한다면, 릴케가 말하는 신의 나라와 법칙의 성숙이 역사 안에서 인간에 의해 이해되는 신의 성숙일 뿐입니다.

영국의 종교학자 카렌 암스트롱Karen Armstrong은 『신의 역사』 서문에서 자신의 책이 "시대와 변화를 초월하여 있는, 표현 불가능한 신의 실재 그 자체에 대한 역사가 아니라, 인류가 아브라함 시대에서 현대에 이르기까지 신을 어떻게 인식해 왔는가에 대한 역사"임을 분명히 밝힌 후 다음과 같이 주장했습니다.

신에 대한 인간의 관념은 역사를 갖고 있다. 왜냐하면 다양한 시점에서 그 관념을 사용했던 각 집단에게 조금씩 다른 의미를 갖고 있기 때문이다. 어느 한 시대에 한 집단에 의해 형성된 신 관념은 다른 시대 다른 사람들에게 무의미할 수 있다. '나는 신을 믿습니다'라는 명제는 그 자체로는 아무런 객관적인 의미가 없고, 다른 일반 명제들마냥 오직 특정한 문맥 속에서 특정한 집단에 의해 선포될 때라야만 그 의미를 갖게 된다. 결과적으로 '신'이라는 단어에는 변하지 않는 관념이 내포되어 있다기보다 서로 모순되고 심지어는 상호배타적이기까지 한 의미들이 총체적으로 포함되어 있다고 할 수 있다. 만약 이러한 융통성이 없었더라면 신 관념은 결코 인간의 위대한 개념의 하나로 살아남을 수 없었을 것이다. 신에 대한 어떤 하나의 생각이 의미나 적절

성을 상실했을 때 그것은 조용히 폐기처분되고 곧바로 새로운 신학으로 대체되었다.[8]

이처럼 인간 정신과 문화의 진보에 따라 신 관념이 함께 진보하는 과정에서 하나님이 모세에게 '질투하는 하나님'으로 나타났다는 게 기독교의 입장입니다. 그러니까 엄밀하게 말하자면, '다른 신'을 질투하는 것으로 계시된 야훼는 야훼 그 자신이 아니고 단지 당시 히브리인들에게 이해된 야훼이며, 마찬가지로 야훼의 질투 대상 역시 야훼의 입장에서 본 '다른 신'이 아니고 단지 히브리인들에 의해 경험된 '다른 신'일 뿐이라는 이야기지요.

사실 야훼는 '다른 신'을 지칭할 때면 그것을 곧바로 '우상'이라고 불렀습니다. '질투하는 하나님'이라는 말이 나오는 제2계명을 볼까요? "나, 네 하나님 여호와는 질투하는 하나님인즉"(출애굽기 20:5)이라는 말 바로 앞에 "너를 위하여 새긴 우상을 만들지 말고 또 위로 하늘에 있는 것이나 아래로 땅에 있는 것이나 땅 아래 물속에 있는 것의 어떤 형상도 만들지 말며 그것들에게 절하지 말며 그것들을 섬기지 말라"(출애굽기 20:4-5)라고 못을 박았습니다. 이처럼 야훼는 자신이 질투하는 대상은 신이 아니라 우상임을 분명히 했습니다.

우상이란 인간이 신이 아닌 어떤 것을 주술적인 목적에서 마치 '신처럼' 맹목적으로 숭배하는 모든 것을 말합니다. 이런 관점에서 볼 때, 이스라엘 주변과 이스라엘 내부에서도 부분적으로 통용되던 다신론적 종교세계에서 야훼의 질투는 오히려 당연했습니다. 야훼가 자기 백성이 '수없이 많은 형상', 곧 우상들을 신으로 믿어 그 노예가 되는 것을 허용하지 않겠다는 거룩하고 단호한 표현이었으니까요. 당시의 불가피한 정황을 독일의 구약학자 발터 아이히로트는 다음과 같이 설명했습니다.

> 이스라엘 역사 초기에 하나님의 불타는 거룩함과 모든 것을 압도하는 그의 위엄은 유일신론적 신앙의 결여를 보충하였다. 이것만이 아직 설명되지 않은 야훼와 다른 신들의 관계로 인해 이스라엘에서 야훼의 절대적 가치가 위태롭게 되는 것을 막아 줄 수 있는 유일한 방도였다.[9]

따라서 아이히로트에 의하면, 성서에 나타난 야훼의 질투는 자기 백성이 다른 신을 섬기려는 성향이 강하면 강할수록 더욱 강렬하게 나타날 수밖에 없었습니다. 십계명 가운데 제2계명에서 계명을 어긴 자에게는 3, 4대까지 죄를 묻겠다고 한 것이나, 나훔 선지자가 기록한 "여호와는 질투하시며 보복하시는 하나님이시니라"(나훔 1:2)라는 표현들이 그런 예지요. 아이히로트는 계속 부연했습니다. "모세 종교의 전체 성향을 결정짓는 것은 바로 이런 질투하는 하나님이라는 사상 그리고 야훼의 단독 지배에 대한 열렬한 열망, 야훼의 뜻에 대한 전적인 복종이었다."[10]

물론 이렇듯 과격하게 표현되고 실행된 질투는 당연히 야훼 자신을 위한 것이 아니라 오직 그의 백성을 위한 것이라고 보아야 한다는 것이 기독교의 가르침입니다. 누군가가 만일 하나님의 질투가 하나님 자신을 위한 것이라고 생각한다면, 그에게 야훼는—일찍이 마르키온이 주장한 대로—'피의 제사'를 요구하고, 자기 백성을 전쟁터로 내보내 주민을 학살하게 하며, 아버지의 잘못을 3, 4대까지 돌리는 배타적이고 포악한 신으로만 보이겠지요.

우리가 이미 살펴본 것처럼 야훼는 만물의 궁극적 근거이자 초월적 포괄자로서 만물을 창조했고 그 피조물들을 오직 궁극적 선으로 이끌려는 섭리로 존재합니다. 따라서 때로 지나칠 정도로 과격하게 나타나는 그의 질투는 그 누구도 피하거나 대적할 수 없는 압도적이고 막강한 그 섭리의 다른 표현일 뿐이라는 것이 기독교의 교설입니다. 한마디로 야훼의 질투는 자기 백성이 우상을 믿고 따라 "그 잎사귀가 마르는 것"을 막고, 오직 하나님을 믿고 따라 "철을 따라 열매를 맺게" 하려는 하나님의 사랑과 의지에 대한 선지자들의 표현이라고 봐야 한다는 이야기입니다. 이 말을 아이히로트는 다음과 같이 했습니다.

> 선지자들은 사랑으로 자기 백성에게 간청하며 자기를 거부하는 것에 대하여 무관심하거나 냉정할 수 없는 인격적인 하나님을 묘사하는 데 관심을 쏟았다. 그런 까닭에 선지자들은 하나님의 진노와 질투, 사랑과 슬픔을 자주 그리고 강조해서 말하고 있는 것이다.[11]

정리할까요? 결론은 이렇습니다. 존재이자 창조주인 하나님은 태초부터 영원까지 불변하고 유일하지만, 인간에게 계시되는 하나님은 역사 안에서 진보하는 인간 정신과 문화에 따라 그때마다 다른 모습으로 이해되고 표현된다는 것이지요. 따라서 야훼의 배타성, 폭력성, 질투는 바로 이런 관점에서 이해해야 합니다. 종교개혁자 칼빈도 하나님의 '후회'를 논하는 자리에서 같은 의미로 다음과 같이 말했습니다.

> 이는 분명히 인간적인 언어로 우리에게 하나님을 묘사해 주는 다른 모든 수사修辭 방식과 같은 의미일 것이다. 우리의 연약함은 그분의 숭고한 상태에 이르지 못하므로 우리에게 주어진 방식대로 그를 묘사한 것은 우리의 능력 수준에 맞추어 우리가 더 잘 이해할 수 있게 하려 하신 것으로 파악해야 한다. 이런 적응 방식은 우리에게, 그분이 계신 그대로가 아니라 우리에게 어떻게 보이는지에 대해 묘사해 주는 것이다.[12]

이런 조건 아래서, 오직 이런 이해 속에서 마르키온의 정죄는 마땅했으며, 우리는 구약의 하나님을 포기하지 않고도 신약의 하나님을 받아들일 수 있다는 것이 기독교의 가르침입니다. 어때요? 수긍이 가나요?

그렇다고 해도—만일 당신의 기억력이 좋다면—해결해야 할 심각한 문제가 하나 더 남아 있지요. 상기해 볼까요? 비록 예수님이 산상수훈에서 "그러므로 하늘에 계신 너희 아버지의 온전하심과 같이 너희도 온전하라"(마태복음 5:48)라는 말로 포괄성을 교훈했지만, 바로 그가 다른 자리에서 "내가 곧 길이요 진리요 생명이니 나로 말미암지 않고는 아버지께로 올 자가 없느니라"(요한복음 14:6)라고 구원을 배타적으로 가르치지 않았는가 하는 반박이 그것입니다.

우리가 이 문제를 간과하고 넘어갈 수 없는 것은, 사실 상당수의 그리스도인들이 바로 이 말을 내세워 타 종교에 대해 우월성을 주장하기도 하며 배타적으로 행동하기도 하기 때문입니다. 물론 사도 베드로의 "다른 이로써는 구원을 받을 수 없나니 천하 사람 중에 구원을 받을 만한 다른 이름을 우리에게 주신 일이 없음이라"(사도행전 4:12)라는 말을 내세워 타 종교인들에게 배타적인 언행을 하는 사람도 드물지 않습니다. 그런데 과연 그럴까요?

오늘날 신학자들에게 뜨거운 감자로 부상한 종교적 다원주의 Religious Pluralism 와도 연관되는 이 심각한 문제에 답하기 위해, 이에 대해 2세기에 매우 흥미로운 대답을 내놓은 변증가 하나를 소개할까 합니다. 누구냐고요? 흔히 '순교자 유스틴' 또는 '저스틴'으로 불리는 플라비우스 유스티누스 Flavius Justinus, ?100-?165 입니다.*

### 아브라함은 구원받았는가

성스러운 그리심산 밑에 자리한 세겜 Shechem 은 원래 복된 땅이었습

---

• 라틴어 인명 가운데 어미 '-us'로 끝나는 것은 '-us'를 생략하는 경우가 많다. 그 때문에 유스티누스(Justinus)의 이름에서 '-us'를 생략한 'Justin'을 독일어권에서는 유스틴, 영미권에서는 저스틴 등으로 부른다.

니다. 예루살렘으로부터 북으로 58킬로미터가량 떨어진 그곳은 일찍이 아브라함이 상수리나무 아래에 제단을 쌓았던 장소*이고(창세기 12:6), 모세의 후계자 여호수아가 가나안을 정복한 다음 이스라엘 모든 지파를 모아 하나님 앞에서 계약을 맺은 거룩한 땅이었지요(여호수아 24:1).

당시 계약은 이랬습니다. 야훼가 큰 이적을 행하여 이 땅에서 아모리 족속을 몰아내고 이스라엘 족속에게 자신들이 건설하지 않은 성읍을 주고 심지 않은 포도원과 감람원을 주었으니, 그들도 여호와를 섬길 것이며 만일 이방의 신을 섬길 때는 멸망을 받을 것이라는 내용이었지요(여호수아 24:20). 그래서였을까요? 사마리아 지방의 중요한 도시인 세겜은 이후 67년에 로마 장군 티투스 플라비우스 베스파시아누스Titus Flavius Vespasianus, 9-79에게 정복되었고 72년부터는 로마 식민지가 되었지요. 그리고 그때부터 지명도 '플라비아 네아폴리스'Flavia Neapolis로 바뀌었습니다. 플라비우스가 건설한 '신도시'라는 뜻이지요.

유스티누스는 이곳에서 태어났습니다.[13] 그는 종종 자신을 사마리아인이라고 불렀지만, 그것은 고향이 사마리아라는 뜻이지 혈통이

---

* 세겜은 팔레스타인의 에발산과 그리심산 사이에 있는 한 성읍이다. 아브라함이 그의 일족을 데리고 하란을 출발한 후 약 480킬로미터 정도를 이주하여 하나님이 약속한 가나안 땅에 처음으로 발을 들여놓은 곳이다. 그곳에는 이미 가나안족이 살고 있어, 아브라함은 성 밖 모레(Moreh)라는 곳에 머무르다가 하나님을 만나고 상수리나무 아래에 제단을 쌓았다. 이것이 그가 하나님에게 올린 첫 번째 예배이다.

그렇다는 의미는 아니었지요. 그의 조상은 제1차 유대전쟁* 이후 플라비아 네아폴리스에 들어와 정착한 그리스인이었습니다.[14] 유스티누스가 히브리인들의 성스러운 땅 세겜에서 그리스인으로 태어났다는 것은 그의 생애에 매우 중요한 상징적 의미를 갖습니다. 왜냐하면 그가 그리스 철학으로 기독교 교리를 세운 초기 기독교 사상가들의 선구였으니까요.

유스티누스는 집안이 부유해서 평생 경제적 걱정 없이 공부할 수 있었습니다. 그는 소년 시절 철학을 공부하러 에베소로 갔고 그곳에서 스토아학파, 소요학파, 피타고라스학파를 섭렵했지요. 그러나 모두 불만족스러워 플라톤 학파를 찾아갔다가 매료되어 결국 열렬한 플라톤주의자가 되었습니다.

그러던 어느 날이었습니다. 유스티누스는 홀로 사색하며 바닷가를 거닐다가, 그곳에서 표정이 밝고 무척 기품 있어 보이는 어떤 노인을 만났습니다. 노인은 플라톤 철학을 자랑하는 그에게 히브리 선지자들의 책들을 읽어 보라고 권했습니다. 그 책들은 플라톤의 책들보다

---

* 66년부터 70년까지 유대인과 로마 제국 사이에 벌어진 전쟁이다. 팔레스타인을 지배하던 여러 로마 총독들이 부패하여 나쁜 통치를 하자 로마 점령군에 대한 유대인들의 증오가 커져 싸움이 돌발한 것이 직접적 원인이었다. 유대인들이 로마로부터 독립하려는 운동으로 규정할 수는 없지만, 그들의 사회적·경제적 불만들이 표출된 것임에는 틀림없다. 로마 황제 네로가 팔레스타인의 질서를 회복하도록 지시하자, 사령관 베스파시아누스가 갈릴리로 진군했다. 이에 맞선 갈릴리군은 나중에 역사가가 되어 『유대 전쟁사』를 쓴 플라비우스 요세푸스가 지휘를 맡아 싸웠는데, 전쟁에 패하여 그는 포로가 되었고 주민들은 죽임을 당하거나 노예로 잡혀갔으며, 도시와 방어시설들이 완전히 파괴되었다.

더 오래된 것이고, 사색가가 아닌 증인의 관점에서 진리를 보고 말해 놓은 것인데, 그 진리가 예수님의 생애와 사역으로 성취되었다는 설명도 덧붙였지요. 유스티누스는 이 이름 모를 노인의 권고를 받아들였고, 후일 기독교로 귀의한 플라톤주의자들이 대부분 그랬듯이 심오한 플라톤주의자이자 열정적 그리스도인이 되었습니다.

서른다섯 살이 되었을 때 유스티누스는 유대인 랍비 트뤼폰 Tryphon을 만나 이틀에 걸친 대논쟁을 벌였습니다. 트뤼폰은 바르 코크바 항쟁132-135*에서의 패배로 예루살렘에서 추방되어 에베소로 피신해 온 사람인데, 『탈무드』에 나오는 타르포 Tarpho와 같은 인물이라는 설도 따라다닙니다. 에우세비우스의 『교회사』에는 그가 당시 가장 유명한 유대인이었다고 적혀 있습니다.[15] 후에 유스티누스는 예순 쯤 되어 그때의 논쟁을 회상한 기록 『유대인 트뤼폰과의 대화』**라는 책을 남겼지요.

---

* 로마가 팔레스타인 일대를 지배하고 있던 132년에 로마 황제 하드리아누스가 예루살렘의 성전터에 유피테르(Jupiter) 신전을 건축하도록 하고, 할례를 금지하는 명령을 내렸다. 유대인들은 이에 반발해서 폭동을 일으켜 독립을 선포하고 독립을 기념하는 동전까지 만들었다. 희생 예배를 드리기 시작하고, 봉기를 일으킨 해를 기원으로 연대를 계산했다. 랍비 아키바는 봉기의 주도자인 바르 코크바(별의 아들)를 메시아로 인정하고, 이를 거부하는 사람들, 특히 유대 그리스도인들을 체포해서 처형했다. 그러나 로마군의 진압으로 135년에 바르 코크바는 체포되어서 처형되었고, 아키바도 처형되었다. 로마는 예루살렘을 함락하고 그 폐허 위에 로마 식민지를 건설했으며, 유대인들의 거주를 금지했다. 이때 유대인들은 모두 예루살렘으로부터 추방되었고, 제2차 세계대전 이후 이스라엘이 재건국되기까지 약 1,800년간 나라 없는 서러움 속에 뿔뿔이 흩어져 각처를 떠돌며 살아야 했다.
** 『유대인 트뤼폰과의 대화』에는 기독교에 입문하기까지 유스티누스가 걸어온 길에 대한 이야기와 구약성서의 정확한 해석을 두고 트뤼폰과 벌였던 대화가 담겼다.

이 책에서 유스티누스는 트뤼폰에게 당시 유대인들이 기독교를 훼손하기 위해 얼마나 교활한 음모를 꾸몄는지 먼저 밝혔습니다. 그런 다음 성서의 계시를 플라톤 철학으로 해석하여 기독교를 변증했지요. 또한 자신이 철학 연구에 얼마나 열정을 갖고 진리 탐구에 매진했는가도 이 책에서 언급했는데, 유스티누스는 철학을 "하나님께서 귀히 여기는 학문"이라고 높이 평가했고, 철학자를 "거룩한 사람"이라고 불렀습니다.

실제로 유스티누스는 당시 철학자들이 하던 대로 어깨에 망토pallium를 걸치고 다녔다고 합니다. 이른 아침에 그가 망토를 걸치고 산책을 나서면 사람들이 "안녕하세요. 철학자님!" 하고 인사를 건넸는데, 유스티누스는 그것을 즐겼다지요. 당시는 아직 기독교 신학이 정립되지 않은 때였고, 기독교 성직자들이 입는 성의聖衣도 따로 없었던 탓이기도 했지만, 사실상 그에게는 플라톤 철학이 곧 신학이었습니다. 150년경 그가 에베소와 로마에 세운 신학교가 '철학자 학교'philosophorum schola라고 불린 것도 이 사실을 증명합니다.[16]

유스티누스는 스토아 철학의 대가이자 '철인 황제'哲人皇帝로 알려진 마르쿠스 아우렐리우스가 다스리던 로마에서 165년에 순교했습니다. 아우렐리우스 황제는 철학자이기는 했어도 그리스도인은 아니었기 때문이지요. 당시 재판관이던 유니우스 루스티쿠스는 그에게 로마가 섬기는 신들에게 경배하면 석방하겠다며 배교를 권했지요. 하지만 유스티누스는 "우리는 우리 주 예수 그리스도를 위하여 고난을 받음으로써 복 있는 자가 되는 것 외에 더 바라는 게 없습니다"라

면서 기꺼이 순교를 택했습니다.[17]

### 진리를 알면 모두 그리스도인

우리의 이야기와 연관해 주목하려는 것은 유스티누스의 그리스도론입니다. 우선 유스티누스는 스토아 철학자들이나 알렉산드리아 출신 유대인 철학자 필론의 영향을 받아 로고스$^{logos}$를 우주를 창조하고 이끌어 가는 이성적 원리로 파악했습니다.* 그가 그리스도를 "산출적產出的 로고스"[18]라고 부른 것이 그 증거 가운데 하나입니다. 그러나 유스티누스는 그리스 철학의 로고스 이론과 요한복음의 가르침을 결합해 '선재적先在的 그리스도론'이라는 아주 새로운 '기독교적 로고스 이론'을 개발했습니다.

요한복음 가운데 "태초에 말씀이 계시니라. 이 말씀이 하나님과 함께 계셨으니 이 말씀은 곧 하나님이시니라. 그가 태초에 하나님과 함께 계셨고 만물이 그로 말미암아 지은 바 되었으니 지은 것이 하나도 그가 없이는 된 것이 없느니라"(요한복음 1:1-3)라는 말까지는 스토아 철학자들이나 알렉산드리아의 필론도 별문제 없이 받아들일 수 있는 내용이었지요. 그러나 그다음은 그렇지 않았습니다. "말씀이 육신이 되어 우리 가운데 거하시매 우리가 그의 영광을 보니 아버지의 독생자의 영광이요, 은혜와 진리가 충만하더라"(요한복음 1:14)라는 성

---

* 로고스에 대한 그리스 철학적 해석은 3권 『하나님은 인격적인가』의 1장 가운데 '세네카의 운명'을 참고하라.

육신에 대한 말은 스토아 철학자들이나 필론과 같은 유대교도는 상상도 할 수 없는 사유였습니다.

하지만 유스티누스는 바로 이 말을 근거로 로고스가 만물을 창조한 '산출적 그리스도'일 뿐 아니라, 이 세상에 예수님으로 성육신하기 이전에 말씀으로 하나님과 함께 있던 '선재적 그리스도'라고 주장했지요. 그는 '먼저 있음', 곧 선재preexistence라는 개념을, 요한복음 외에도* "그는 보이지 아니하는 하나님의 형상이요 모든 피조물보다 먼저 나신 이시니"(골로새서 1:15) 같은 바울의 가르침에서 가져왔습니다.** 그래서 유스티누스는 예수 그리스도를 "하나님이 처음 낳은 자" 또는 "하나님의 첫 소생"이라고 불렀는데,[19] 이것은 일찍이 그가 공부한 플라톤 학파에서는 일자to hen에서 유출된 정신nous에 해당하는 개념입니다.

그러나 유스티누스는 이 같은 내용을 플라톤 학파 철학이 아니라 성서를 근거로 주장했기 때문에, 이 점은 오늘날의 그리스도인들에게도 논란이 될 것이 전혀 없습니다. 그런데 그는 여기서 멈추지 않고 한 걸음 더 나아갔습니다. 유스티누스는 우주의 이성인 "로고스의 씨앗"이 모든 사람에게 나뉘어 있어 인간 이성이 되었다는 스토아 철학의 주장을 자신의 선재적 그리스도론에 그대로 적용했습니

---

* 요한복음에서는 1:1 외에도 1:30; 6:33-62; 8:23, 38 등에 선재적 그리스도에 대한 언급이 나온다.
** 바울은 선재적 그리스도에 대해, 이외에도 로마서 1:4; 빌립보서 2:6이하; 고린도전서 8:6 등에서 언급했다. 그중 한 예로 "또한 한 주 예수 그리스도께서 계시니 만물이 그로 말미암고 우리도 그로 말미암아 있느니라"(고린도전서 8:6)가 있다.

다. 즉 "온전한 로고스"인 그리스도가 모든 사람에게 "로고스의 씨앗"을 나누어 주었기 때문에, 누구든 그 씨앗을 잘 기르면 그리스도인이라고 주장했지요.[20] 바로 이 말이 오늘날 보수적 그리스도인들로서는 용납하기 어려운 심각한 문제를 안고 있습니다. 왜냐고요? 우선 그의 말을 직접 들어 볼까요?

로고스를 따라 살았던 사람들은 비록 그들이 스스로를 무신론자라고 생각하며 살았다고 하더라도 다 그리스도인이다. 마치 그리스인들 가운데 소크라테스와 헤라클레이토스, 그 외에 몇몇 사람이, 그리고 야만인(유대인)들 사이에서는 아브라함, 아나니아, 이사야, 미사엘, 엘리야와 많은 사람이 그러한데, 여기서 그 이름을 일일이 열거하면 너무 지루할 것 같아서 이만 멈춘다.[21]

그렇습니다. 유스티누스가 하고자 하는 말은 바로 이겁니다. 즉 아브라함이나 소크라테스처럼 예수님 이전에 살아서 역사적 그리스도와 그의 복음을 몰랐던 사람이라 하더라도 '선재적 그리스도'인 로고스를 알았다면 그리스도인이라는 것이지요. 실제로 그는 예컨대 소크라테스를 "그리스도 이전의 그리스도인"[22]이라고 불렀습니다. 이 말은 곧 소크라테스처럼 예수님과 기독교라는 종교를 몰랐던 이방인들에게도 구원이 허락된다는 뜻이지요.

어때요? 흥미로운 이야기지요? 하지만 보수적인 기독교 신학자들이나 신자들이 들으면 펄쩍 뛸 말이기도 합니다. 그들에게는 유스티누스의 이런 주장이 요한복음 14장 6절의 가르침, 즉 예수 그리스도를 통하지 않고는 구원받을 수 없다는 말을 정면으로 부인한다고 여겨지기 때문이지요. 하지만 만일 그들이 유스티누스를 그렇게 반박한다면, 짐작건대 그는 특유의 잔잔한 미소를 띤 채 다음과 같이 점잖게 되물을 겁니다.

"그렇다면 믿음의 아버지 아브라함도 구원받을 수 없지 않겠는가? 하나님이 직접 하늘로 끌어 올리신 엘리야가 구원받지 못했단 말인가?"

아브라함과 엘리야는 예수님을 보지 못했지요. 예수님이 전한 복음도 들어 보지 못했습니다. 그렇다고 해서 그들이 구원받지 못했겠느냐는 말입니다. 당신 생각은 어떤가요? 알고 보면 예수님도 살아생전에 바로 이 문제와 연관해서 곤욕을 치른 적이 있습니다. 요한복음 8장 51-59절에 나오는 이야기인데, 요약해서 살펴보겠습니다.

예수님이 성스러운 예루살렘 성전에서 바리새인들과 논쟁할 때의 일이지요. 예수님이 말했습니다. "진실로 진실로 너희에게 이르노니 사람이 내 말을 지키면 영원히 죽음을 보지 아니하리라."

그러자 이 말을 들은 사람들이 크게 당황했지요. 불경한 말이 귀로 들어왔기 때문입니다. 그래서 화급히 외쳤어요. "지금 네가 귀신 들린 줄을 아노라. 아브라함과 선지자들도 죽었거늘, 네 말은 사람이 내 말을 지키면 영원히 죽음을 맛보지 아니하리라 하니, 너는 이미 죽은 우리 조상 아브라함보다 크냐? 또 선지자들도 죽었거늘 너는 너를 누구라 하느냐?"

그러자 예수님은 자기가 바로 그들이 말하는 하나님의 아들임을 밝히고는 그들의 입장에선 더 기가 막힐 말을 늘어놓습니다. "너희 조상 아브라함은 나의 때 볼 것을 즐거워하다가 보고 기뻐하였느니라."

이에 사람들은 경악했지요. "네가 아직 50세도 못 되었는데 아브라함을 보았느냐?"

그러자 예수님이 뜻밖의 대답을 합니다. "진실로 진실로 너희에게 이르노니 아브라함이 나기 전부터 내가 있느니라."

이 말을 들은 사람들은 격분하여 예수님을 돌로 치려고 했지요. 예수님은 재빨리 숨었다가 황급히 성전을 빠져나갔습니다.

자, 그럼 따져 볼까요? 예수님이 "너희 조상 아브라함은 나의 때 볼 것을 즐거워하다가 보고 기뻐하였느니라"(요한복음 8:56)나, 또 "진실로 진실로 너희에게 이르노니 아브라함이 나기 전부터 내가 있느니라"(요한복음 8:58)라고 말했을 때, 그가 말한 "내"가 누구일까요?

바리새인들은 당연히 예수님이 자기 스스로를 말한다고 생각했기 때문에 미친 사람으로 간주하여 "네가 아직 50세도 못 되었는데 아브라함을 보았느냐?"라며 돌로 치려고 했지요. 그런데 예수님이 정말 자기보다 적어도 1,900여 년 전에 태어난 아브라함이 자기를 보았다는 뜻으로 그런 말을 한 걸까요? 당신은 어떻게 생각하나요? 만일 당신이 "그렇다!"라고 대답한다면 당신도 바리새인과 같이 생각한 것이고, 예수님은 정상이 아니지요.

유스티누스라면 "아니다. 결코 그럴 리 없다"라고 대답했을 것입니다. 예수님이 말한 '나', 즉 아브라함이 보고 즐거워한 '나'는 태초 이전부터 하나님의 곁에서 천지를 창조한 '로고스'이자, 예수님으로 성육신한 '로고스'인 '선재적 그리스도'라는 이야기입니다. 예수님 또한 바로 그런 의미로 "진실로 진실로 너희에게 이르노니 아브라함이 나기 전부터 내가 있느니라"라고 대답한 것이지요. 어때요? 그런 것 같지 않나요? 그래야 예수님이 바리새인들이 생각한 것처럼 미친 사람이 아닌 정상인이 되지 않겠어요?

따라서 "나로 말미암지 않고는 아버지께로 올 자가 없느니라"(요한복음 14:6)라는 예수님의 가르침에서 등장하는 '나'는 당연히 '선재적 그리스도'로 이해해야 한다는 것이 바로 유스티누스의 생각이었습니다. 즉 그는 아브라함이나 엘리야, 그리고 소크라테스처럼 설사 '성육신한 로고스'인 예수님과 그의 복음을 모르는 사람일지라도 '선재적 그리스도'인 진리를 알았다면 영생을 얻을 수 있다고 주장한 것이지요.

내 생각에 유스티누스의 주장은 여러 가지 장점을 갖고 있습니다. 우선, 유스티누스 같은 관점에서 보아야만 아브라함을 비롯한 구약시대의 많은 선지자와 신앙의 영웅들이 구원을 받았다고 생각할 수 있지요. 또한 그래야, 원수를 사랑하고 박해하는 자를 위해 기도하며 하나님의 온전하심같이 온전하라고 명령하는 포괄적 사랑을 가르친 마태복음 5장 48절의 교훈과, 예수님 자신을 말미암지 않고는 구원을 받을 수 없다고 한 요한복음 14장 6절의 가르침이 아무런 갈등 없이 자연스레 연결됩니다. 그렇다면 요한복음 14장 6절의 가르침을 근거로 타 종교에 대해 배타적인 태도를 보이는 그리스도인이나 교단은 성서적으로 보아도 큰 잘못을 저지르고 있는 거지요. 아닌가요?

### 예수님이 부활 전 사흘 동안 한 일

단테는 『신곡』에서 유스티누스가 다룬 바로 이 문제를 매우 흥미로운 방법으로 해결합니다. 한번 확인해 볼까요?

『신곡』 "지옥편"에는 모두 아홉 개의 지옥이 나오지요.˙ 이 가운데 지금 우리가 주목하려는 곳은 제1옥인 '림보'limbo인데요. 우리말로는 '지옥의 변방'이라는 뜻에서 '변옥'邊獄이라고도 불립니다. 림보는 물론 지옥이니만큼 절망의 장소지만, 다른 지옥들에 비하면 그다지 나쁜 곳은 아닙니다. 그래서 여기에는 영원한 바람을 일으키는 한숨소리만 있을 뿐 통곡소리는 들리지 않습니다.[23] 이곳에는 세상에서 도덕적으로나 학문적으로 또는 예술적으로 훌륭한 업적을 남겼지만, 살아서 역사적 그리스도인 예수님을 몰랐던 사람들의 영혼이 갇혀 있습니다.

그들이 누구인지 볼까요? 시인으로는 호메로스, 호라티우스, 오비디우스, 루카누스가 있고요. 영웅으로는 헥토르, 아이네이아스, 카이사르, 브루투스 등이 있습니다. 철학자로는 소크라테스, 플라톤, 아리스토텔레스, 데모크리토스, 디오게네스, 탈레스, 오르페우스, 키케로,

---

• 지옥문을 지나자마자 도달하는 제1옥에는 훌륭하지만 '그리스도를 몰랐던 자', 제2옥에는 '색욕에 빠진 자', 제3옥에는 '폭식한 자', 제4옥에는 '걸신들린 듯 돈을 모은 자', '무분별하게 낭비한 자', 제5옥에는 '쉽게 격노한 자', 제6옥에는 '이교도들'이 갇혀 있다. 그리고 제7, 제8, 제9옥에는 폭력, 기만, 배신처럼 악의에 찬 죄를 범한 자들이 각각에 해당하는 고통스런 형벌을 받고 있다.

세네카, 유클리드, 히포크라테스, 아비켄나, 아베로에스 등이 여기 있지요.

그런데 단테를 안내하던 고대 로마의 시인 베르길리우스의 영혼이 이곳에서 뜻밖의 이야기를 꺼냅니다. 예수님이 탄생하기 19년 전에 죽은 자기도 본래 림보에 떨어졌지만, 그리스도가 내려와서 자기와 다른 사람들을 구원해 주었다는 것입니다. 그런데 그중에는 아브라함도 끼어 있었습니다. 이 이야기를 『신곡』 "지옥편"은 다음과 같이 들려주지요.

내가 여기 온 지 얼마 되지 않아
승리의 면류관을 쓰신 분이
여기에 오시는 것을 보았느니라.

그분은 최초의 아버지 아담의 영혼을 끌어내고
이어 그의 아들 아벨과 노아의 영혼,
율법을 세워 하나님에게 순종한 모세의 영혼,

족장 아브라함과 다윗왕,
야곱과 그 아비 이삭과 아들들,
그리고 야곱에게 충실히 종사한 라헬(야곱의 아내)의 영혼과,

그 밖의 선택된 많은 영혼을 불러내 축복해 주셨지.[24]

귀스타브 도레(Gustave Doré), 단테의 『신곡』,
「지옥편」 중 림보에 갇힌 철학자들을 묘사한 동판화, 19세기.

고대 교회에 전해 오는 설화에 따르면, 예수님은 십자가에서 죽은 후 부활하기 전까지 사흘 동안 지옥에 내려가 구약성서에 나오는 성인과 의인을 지옥에서 인도해 냈다고 합니다. 분명 유스티누스의 '선재적 그리스도론'의 영향을 받았으리라 생각되는 이 흥미로운 설화를 단테가 자신의 작품에 끌어들인 것이지요. 이런 생각은 단테에게 "나로 말미암지 않고는 아버지께로 올 자가 없느니라"라는 예수님의 가르침에도 어긋나지 않고, 지상의 그리스도를 몰랐던 탓에 아브라함이나 모세마저 구원받지 못했을 것이라는 억측에서도 벗어나는 '황금의 중간 길'이었던 겁니다.

유스티누스는 한편으로는 그리스·로마 신화에 나오는 여러 신은 다 악마에 불과하다면서 누구보다 강력하게 유일신론을 주장하기도 했지요.[25] 그러면서 또 한편으로는 '선재적 그리스도론'을 통해 예수님과 복음을 몰랐던 유대교인들이나 그리스 철학자들에게도 구원이 허락된다는 포용성을 보였습니다. 나는 이것이 유일신의 종교인 기독교가 가진 배타성과 폭력성을 실천적으로 극복한 '고대의 모델'이라고 생각합니다. 오늘날 근본주의나 보수주의를 지지하는 일부 그리스도인이 주목하고 본받아야 할 점이기도 하고요.

그런데 현대신학에서는 유스티누스의 이런 포용성을 이어받은 신학이 없을까요? 그렇지 않습니다! 사실 가톨릭교회가 취하는 포용주의Inclusivism가 바로 그 대표적인 예지요. 특히, 20세기에 활동한 걸출한 가톨릭 신학자 칼 라너가 유스티누스의 정신을 그대로 물려받았습니다.

라너는 "하느님은 모든 사람이 구원을 받으며 진리를 아는 데에 이르기를 원하시느니라"(디모데전서 2:4)라는 가르침에 따라 하나님은 모든 사람이 구원받기를 원한다고 생각했습니다. 그러므로 다른 종교를 가진 사람들이 기독교에서 말하는 하나님이 어떤 존재인지, 그가 어떻게 활동하는지 모른다 하더라도 그들이 기독교에서 말하는 선한 삶의 열매를 맺는 생활을 해 나간다면 하나님이 그들의 삶에 관여하는 것으로 봐야 한다고 주장했지요. 한마디로 "그들의 열매로 그들을 알리라"(마태복음 7:20)라는 것이지요. 라너는 이런 사람들을 "익명의 그리스도인"Anonymous Christian이라고 불렀습니다.

이 같은 주장들을 바탕으로 가톨릭교회는 1965년에 개최된 제2차 바티칸 공의회에서 다음과 같이 선포했습니다.

> 그리스도의 복음과 교회를 알지 못할지라도 성실한 마음으로 하느님을 찾으며, 양심의 명령으로 알려진 하느님의 뜻을 은총의 힘으로 실천하려고 노력하는 사람은 영원한 구원을 얻을 수 있다.[26]

그럼 개신교에서는 어떨까요? 개신교 내에서는 다양한 입장이 공존하고 있습니다. 그중에는 매우 과격하고 강력한 주장도 있지요. 예컨대 파울 틸리히의 주장이 그런데요, 잠시 살펴볼까요?

## 유신론은 극복되어야 하나

칼 바르트와 함께 현대 개신교 신학의 쌍벽을 이룬 파울 틸리히는 『존재에의 용기』에서, '하나님 이상 가는 하나님'God above God이라는 개념을 내세워 "하나님에 관한 유신론적 관념을 초월"[27]하려는 시도를 감행했습니다. 이 안에, 기독교에서 말하는 하나님의 유일성으로 인한 배타성의 초월을 강력히 주장하는 내용이 들어 있습니다.

틸리히는 우선 세 가지 이유를 들어 우리가 왜 기독교에서 말하는 유신론적 신을 초월해야 하는지를 설명하는데,˙ 핵심은 다음과 같습니다.

틸리히에 의하면, 오늘날 기독교에서 말하는 유신론적 하나님은 "하나의 세계를 소유하고 있는 자아, 너thou와 관계 맺고 있는 나ego, 결과와 분리되어 있는 원인, 특정 공간과 끝없는 시간을 소유하고 있는 자"[28]입니다. 이런 하나님은 다른 존재자들과 나란히 있는 존재자이며, 실재세계 전체의 가장 중요한 부분이지만 여전히 한 부분에 지나지 않습니다. 즉 이런 하나님은 설령 그가 '가장 완전한' 또는 '가

---

• 틸리히는 유신론에 대해, 1) 무신론을 부정하고 하나님이라는 이름으로 고상한 도덕적 이상을 표현하는 이론, 2) 하나님의 인격성을 통한 하나님과 인간과의 만남을 강조하는 이론, 3) 하나님에 대한 교리적·신학적 이론이라고 규정한다. 그리고 이 모든 종류의 유신론에서 초월할 것을 주장한다. 첫 번째 의미의 유신론은 그것이 하나님에 대한 막연한 긍정을 의미할 뿐 아무런 내용과 타당성이 없다는 점에서, 유대교와 기독교 전통에 담긴 두 번째 의미의 유신론은 일방적이라는 점에서, 세 번째 의미의 유신론은 그릇된 것이기 때문에 초월해야 한다고 주장했다(참고. 파울 틸리히, 현영학 역, 『존재에의 용기』, 전망사, 1986, p. 198).

장 힘 있는' 존재라는 뜻에서 '가장 높은 자'로 불린다 해도, 실재세계의 일부분에 지나지 않는 하나의 존재자인 것이지요.

게다가 가장 완전한 존재자인 이 하나님은 "실재세계의 주체-객체 구조에 얽매여 있으며, 주체인 우리에게 항상 하나의 객체"에 불과하고, 그와 동시에 "하나의 주체인 그에게 우리 역시 언제나 객체"들이 됩니다."[29] 바로 여기서 틸리히가 말하는 심각한 문제가 발생하지요. 틸리히는 다음과 같이 주장했습니다.

> 그는 전능하고 전지해서 나의 주체성을 빼앗아 버리고 만다. 나는 여기에 반항하고 그를 객체로 만들어 버리려고 한다. 그러나 이 반항은 실패로 돌아가고 절망을 느끼게 된다. [그러고 나면] 하나님은 건드릴 수 없는 폭군, 그 앞에서는 다른 존재자들이 다 부자유하고 주체성도 잃은 존재로 보이게 된다.…이것이 바로 니체가 말하는 하나님, 절대적 지식과 절대적 지배의 단순한 대상이 되는 것을 [우리 중] 아무도 용납할 수 없다는 이유로 죽여야 한다고 한 하나님이다.[30]

틸리히는 객체로서의 이 하나님이 "무신론의 가장 깊은 뿌리"이자 신학적 유신론에 대한 반동으로 정당화할 수 있는 무신론의 근거이고, "실존주의적 절망과 널리 퍼져 있는 무의미성에 대한 불안의 가장 깊은 뿌리"라고 지적했지요.[31] 따라서 "유신론적 하나님을 초월해야만 존재에의 용기가 회의와 무의미성에 대한 불안을 포섭할 수 있다"[32]고 주장했습니다.

### 카잔차키스의 수도사 우화

틸리히의 주장이 과연 정당한가 아닌가에 대해 이야기를 나누기 전에, 당신에게 들려주고 싶은 이야기가 하나 있습니다. 그리스 출신 작가 니코스 카잔차키스의 『성자 프란체스코』에 삽입된 짧은 우화지요. 내 생각에 이 이야기는 하나님을 객체로 인식함으로써 하나님으로부터 역시 객체가 된 인간의 소외와 절망이 무엇인지, 나아가 구원이 무엇인지를 탁월하게 묘사하고 있습니다.

옛날에 평생을 바쳐 완전함에 도달하고자 애를 쓴 수도자가 있었습니다. 그는 자기가 가진 모든 것을 가난한 사람들에게 나누어 주고 사막으로 들어가 밤낮없이 하나님에게 기도했지요. 그러다 마침내 죽음의 날이 다가와 하늘로 올라가 천국의 문을 두드렸습니다. 그때 안에서 "거기 누구시오?"라고 묻는 목소리가 들렸지요. 수도자는 "접니다"라고 대답했습니다. 그러자 목소리가 대답했지요. "여기는 둘이 있을 자리가 없습니다. 돌아가세요!"

수도자는 다시 세상에 돌아와 가난, 단식, 끊임없는 기도, 울음 등 모든 고행을 다시 시작했습니다. 그러다 다시 운명의 시간이 와 하늘로 올라가 천국의 문을 두드렸지요. "거기 누구시오?" 똑같은 목소리가 들려왔습니다. "접니다." 수도자가 대답했지요. 그러자 목소리가 다시 대답했습니다. "여기는 둘이 있을 자리가 없습니다. 돌아가세요!"

수도자는 다시 세상에 떨어져 전보다 더 치열하게 고행을 시작했습니다. 결국 백 살 노인이 되어 죽은 그는 다시금 천국의 문을 두드렸지요. "거기 누구시오?" 또다시 같은 목소리가 들려왔습니다. 그때 수도자는 황급히 대답했지요. "당신입니다. 주님, 당신이에요!" 그러자 즉시 문이 열려 천국에 들어갔습니다.

어때요? 재미있지요? 이 이야기는 우리에게, 우리가 하나님과 주체-객체의 관계에 있는 한, 소외되고 절망하게 되며 구원받을 수도 없다는 것을 적나라하게 말해 줍니다. 바꿔 말해 우리가 하나님과 하나가 되어야만 구원받을 수 있다는 뜻이지요. 그리고 바로 이것이 우리가 유신론적 하나님을 초월해 '하나님 이상 가는 하나님'에 대한 '절대적 신앙'을 가져야 한다는 틸리히의 주장이 나온 이유지요. 그렇다면 틸리히가 말하는 '하나님 이상 가는 하나님'은 과연 무엇일까요? 또 그에 대한 절대적 신앙이란 어떤 것일까요? 먼저 '하나님 이상 가는 하나님'부터 살펴봅시다.

틸리히가 말하는 '하나님 이상 가는 하나님'은 한마디로 우리가 이미 언급한 '존재 자체'$^{being\text{-}itself}$를 말합니다. 잠시 돌이켜 볼까요? 존재 자체란 도대체 무엇이었던가요? 우리는 1권 『하나님은 존재하는가』의 2부 "하나님은 존재다"에서 이에 대해 충분히 살펴보았습니다. 팔레스타인에서 히브리인들이 '그는 존재다'라는 뜻으로 '야훼'$^{YHWH}$라고 불렀든, 아니면 그리스에서 파르메니데스가 '존재'라고 불렀든, 플라톤이 '선 자체'라고 했든, 플로티노스가 '일자'라고 이름 지었든, 중세에 토마스 아퀴나스가 '있는 자'$^{Qui\ est}$라고 했든, 우리가 '하나님'이라고 부르는 존재 자체는 모든 유한한 존재자를 무한히 초월하는 자이자, 그럼으로써 모든 유한한 존재자를 무한히 포괄하는 자이지요. 기억나지요?

바로 이러한 궁극적 초월자, 궁극적 포괄자를 틸리히는 '존재 자체' 또는 '하나님 이상 가는 하나님'이라고 부른 것입니다. 틸리히는 『조직신학』에서 이렇게 주장하지요. "[플라톤에 의해] 존재로서의 존재, 즉 존재 자체의 개념은 모든 것 속에 내재하는 힘, 다시 말하면 비존재에 저항하는 힘을 지시하는 것으로 알려져 있다.…하나님은 모든 것 속에 있으며, 또 모든 것을 초월하는 존재의 힘, 바꿔 말하면 존재의 무한한 힘이라는 것이 가능하다. 하나님론神論에 대한 첫걸음으로서 하나님과 존재의 힘을 굳이 동일시하지 않는 신학은 군주론적 유일신교다."[33]

물론 이 같은 의미에서 틸리히가 말하는 존재 자체는 굳이 세분하자면 파르메니데스의 '존재', 플라톤의 '선 자체', 그리고 무엇보다도 플로티노스의 '일자'에 가깝고, 토마스 아퀴나스가 『신학대전』에서 언급한 '있는 자'$^{Qui\ est}$ 또는 '존재 자체'$^{ipsum\ esse}$와는 조금 거리가 있습니다. 그 이유는 아리스토텔레스의 영향을 받은 토마스 아퀴나스의 존재 자체에는—마치 아리스토텔레스의 에이도스$^{eidos}$가 그렇듯이—현존과 본질이 같기 때문이지요. 하지만 틸리히의 존재 자체는—틸리히 자신의 표현을 빌리자면 "고전신학이 강조하는 것처럼"[34]—달리 말하면 플라톤의 '선 자체'나 플로티노스의 '일자'가 그런 것처럼, 현존과 본질을 모두 초월합니다. 이런 이유로 틸리히는 하나님의 현존을 부정하는 게 무신론인 것처럼 긍정하는 것도 무신론

이라고 주장했지요.[35]

　당연한 말입니다. 우리가 앞서 살펴보았듯이, 플로티노스의 교설에 따르면, 일자로서의 하나님은 모든 사고와 모든 존재를 넘어서기 때문에 그에게는 어떤 구별이나 차별도 없습니다. 1권 『하나님은 존재하는가』의 2부 1장 가운데 '그리스인들과 존재'에서 알아보았듯이, 주체(인식하는 자)와 객체(인식되는 자)의 분리는 일자에서 나온 정신nous으로부터 시작하지요. 플로티노스는 이 말을 "신은 정신의 저편에 있다"라고 표현했던 겁니다. 그래서 틸리히는 존재 자체, 곧 '하나님 이상 가는 하나님'은 객체도 아니고 주체도 아니라고 강조했지요.[36]

　이 말은 결국 '하나님 이상 가는 하나님'은 모든 것을 초월함으로써 모든 것을 포괄한다는 뜻입니다. 또한 '하나님 이상 가는 하나님'은 신과 인간의 만남이 있는 곳에서는―비록 감춰지기는 해도―어디에나 존재하지요.[37] 그는 "존재하고 있는 것은 무엇이나 다 초월하는 존재의 힘"이지만, 바로 그렇기 때문에 "존재하고 있는 것에는 무엇에나 다 참여하고 있는 존재의 힘"이기도 합니다. 그러므로 틸리히에 의하면, '하나님 이상 가는 하나님'은 "운명과 죽음에 대한 불안을 통해 경험되며, 허무성과 무의미성에 대한 불안 안에 존재하며, 죄책과 정죄에 대한 불안 안에서 작용하는" 비존재의 위협에도 불구하고, 삶의 무의미성과 죄책에 대한 불안을 짊어질 수 있는 용기, 곧 '존재에의 용기'를 우리에게 부여합니다.[38]

　그렇다면 절대적 신앙이란 무엇일까요? 틸리히는 바로 이 같은 절대적 초월자이자 절대적 포괄자인 존재 자체를 믿는 신앙을 '절대적 신앙'이라고 불렀습니다. 그리고 이것을 다른 말로 표현해 "존재 자체being-itself에 사로잡혀 있는 상태"[39]라고 규정했지요. 그것은 한마디로 주체-객체의 관계가 없는 상태이며, 일체의 구별과 차별이 없는 상태를 말합니다. 즉 "항상 죄인이며 항상 의인"이라는 루터의 역설을 받아들이는 상태이자 "용납될 수 없는 자가 용납되는" 상태지요.[40] 그래야만—다시 말해 절대적 무구별, 절대적 무차별, 절대적 초월, 절대적 포괄이라는 존재 자체에 대한 믿음을 통해서만—"의롭지 않은 자가 의롭게 된다"는 루터의 공식, "용납하는 누구somebody 혹은 무엇something이라고 하는 용납의 주체가 없는 용납"이 허락되기 때문입니다.[41]

이어서 틸리히는 "절대적 신앙, 혹은 하나님 이상 가는 하나님에게 사로잡혀 있는 상태는 다른 여러 종류의 마음 상태와 나란히 나타나는 따위의 상태가 아니다.…이것은 언제나 다른 종류의 마음 상태 안에, 그것과 함께, 또 그 아래에 놓여 있는 움직임인 것이다"[42]라면서 또한 다음과 같이 힘주어 말했습니다.

이것은 절망의 용기인 동시에, 모든 용기 안에 있는 용기, 모든 용기를 초월하는 용기인 것이다. 여기에서는 말이나 개념 같은 것으로 안전을 기할 수도 없고, 이름도 없고, 교회도 없고, 종교도 없고, 신학도 없다.[43]

정리할까요? 요컨대 틸리히가 말하는 '하나님 이상 가는 하나님'

은 플로티노스의 일자가 그렇듯 절대적 초월자이자 궁극적 포괄자인 겁니다. 이러한 하나님의 유일성에는—그리스적 의미에서든 히브리적 의미에서든, 철학적 의미에서든 종교적 의미에서든, 일자라는 의미에서든 성부라는 의미에서든—포괄성, 종합성, 전체성만 있을 뿐 고유성, 배타성, 폭력성이라고는 전혀 없습니다. 그러니 이런 하나님을 믿는 절대적 신앙에는 당연히 이름도 없고, 교회도 없고, 종교도 없고, 신학도 없을 수밖에요.

그럼, 여기서 잠시 따져 볼까요? 기독교의 '하나님'과 그에 대한 신앙에 관한 틸리히의 이러한 비판과 대안은 과연 정당할까요? 그래서 그리스도인들은 '하나님' 대신 '하나님 이상 가는 하나님'을, 그리고 하나님에 대한 신앙보다는 '하나님 이상 가는 하나님'에 대한 '절대적 신앙'을 진정 필요로 할까요? 당신 생각은 어떠세요? 내 생각에 이 질문에 대한 대답은 마땅히 아래와 같아야 합니다.

만일 그리스도인들이 하나님을 모든 존재물 가운데 '가장 완전한 자' 또는 '가장 힘 있는 자'로 인식하고, 그래서 그의 유일성을 단일성, 고유성, 배타성으로 파악한다면, 그들에게는 '하나님 이상 가는 하나님'과 그에 대한 '절대적 신앙'이 반드시 필요합니다. 왜냐하면 그처럼 배타적이고 이기적인 신앙을 통해서는 자기 자신의 무한한 욕망과 그것에서 나오는 불안과 절망을 초월할 수 없고, 자신의 존재 의미와 가치를 획득할 수 없을 뿐 아니라, 이웃을 사랑하기는커녕 그들과의 마찰과 분쟁을 한시도 피할 수 없을 것이기 때문입니다.

하지만 만일 그리스도인들이 하나님을 삼위일체의 상호내주적 또는 상호침투적 사랑으로 인식하고, 그의 유일성을 삼위일체 하나님의 본질인 본질공동체적·영원동등적 포괄성과 통일성으로 파악하고 있다면, 그래서 그에 대한 신앙이 자유롭고 평등한 사귐과 교제를 추구하는 비위계적·비지배적 '인간 공동체의 원형'으로 나타난다면, 틸리히의 '하나님 이상 가는 하나님'과 그에 대한 '절대적 신앙'은 전혀 필요치 않습니다. 왜냐하면 그들이 이미 '그러한' 하나님을 바로 '그렇게' 신앙하고 있기 때문입니다.

## 하나님의 유일성이 연대와 협력의 근거

21세기에 들어와 인류는 주기적으로 다가오는 경제 위기, 일상화된 테러와 전쟁, 부단히 공격하는 악성 인플루엔자, 상상을 초월하는 빈부격차의 심화, 통제할 수 없는 기후변화와 대량살상무기의 확산, 언제 터질지 모르는 원전 사고, 예측을 불허하는 생명공학과 인공지능의 발달 등 심각한 문제들에 직면하게 되었습니다. 독일의 사회학자 울리히 벡Ulrich Beck, 1944-2015이 통찰한 이른바 '위험사회'risk society가 도래한 것이지요.

벡은 "근대화 과정에서 발생하는 위험을 지금까지 유효했던 제도적 방안들, 곧 과학기술로 통제하거나 사회제도로 보상하는 방법으로 극복할 수 있다는 믿음이 깨진 사회"를 위험사회라고 규정했습니다. 달리 말해, 그는 근대적 이성이 만들어 낸 위험들을 근대적 이성으로 예측하거나 통제할 수 없는 사회를 위험사회라고 이름 지었던 것입니다.

그런데 지금은 벡이 1986년 출간한 저서에서 책제목이기도 한 '위험사회'라는 개념을 처음 제시했던 때와는 비교할 수 없을 만큼 광범위하고 밀도 있게 세계화가 진행되었습니다. 그만큼 위험도 세계화되었지요. 이제 우리는 예측할 수도 없고 통제할 수도 없는 자연적·사회적·경제적 재난이 삽시간에 전 지구적으로 확산되어 국민국가적 차원에서는 극복할 수 없는 이른바 '글로벌 위험사회'global risk society에서 살고 있습니다.

예컨대 2008년 미국의 비우량 담보대출subprime mortgage 사태에서 경험했듯이, 월스트리트에서 발발한 금융 위기가 곧바로 전 세계의 주식을 폭락시키고 실업자들을 거리로 내몹니다. 2009년 신종플루와 2015년 메르스MERS(중동 호흡기 증후군) 사태 그리고 무엇보다도 2020년에 발발한 코로나-19 팬데믹을 통해 깨달았듯이, 세계 어느 곳에서든 유행성 인플루엔자가 발생하면 그것이 서울까지 확산되는 것은 단지 시간 문제지요. 또 2011년 후쿠시마 원전 사고를 통해 알 수 있듯이, 파손된 원전에서 새어 나오는 방사능은 빛도 냄새도 형체도 없이 인접 지방과 해양 그리고 이웃 나라들까지 침범합니다.

그러나 이것은 빙산의 일각일 뿐입니다! 설령 당신이나 내가 아직은 직접 경험하지 못했을지라도, 가정을 무너뜨리고 직장을 없애고 생명마저 위협하는 경제 위기, 자연재해, 환경오염, 전쟁과 테러가 지금도 끊임없이 일어나고 있으며, 우리도 모르는 사이 서서히 또는 갑자기 다가오고 있지요. 폴란드 출신 사회학자 지그문트 바우만

Zygmunt Baumann, 1925-2017은 우리가 당면한 이 같은 정황을 "세계화가 낳은 인류의 단일화란 근본적으로 달아날 곳이 아무 데도 없다는 뜻"이라고 요약해 경고했습니다.

그래서 오늘날 우리는 사실상 불안, 공포와 함께 살아가고 있습니다. 갑작스런 경제 위기로 직장이 사라져 버리지 않을까, 주택과 주식 가격의 폭락으로 빈털터리가 되지 않을까, 먹고 마시는 것에 방사능이 묻어 있어 암을 일으키지 않을까, 비행기가 폭발하고 배가 전복되지 않을까, 통제할 수 없는 유행성 인플루엔자가 공격하지 않을까, 원자력발전소가 폭발하지 않을까, 핵무기나 탄저균 같은 생화학무기에 의한 테러 또는 전쟁이 일어나지는 않을까 하는 공포로부터 달아날 곳이 전혀 없습니다.

바우만은 이처럼 낮에도 밤에도, 가정에서도 직장에서도, 땅에서도 하늘에서도, 선진국에서도 후진국에서도 피할 수 없고, 예측할 수 없고, 통제할 수 없는 글로벌 위험으로부터 나오는 공포를 "유동하는 공포"Liquid Fear라고 불렀습니다.44 이제 우리는 불안과 공포마저 세계화된, 이른바 부정적 세계화negative globalization 시대를 살아가고 있는 것이지요.

그런데 이런 글로벌 위험global risk들은 특정 단체나 국가가 홀로 해결할 수 있는 것이 아닙니다. 국제적 대화와 연대 그리고 범세계적 협력이 필수불가결하지요. 당연히 종교의 영향력도 무시할 수 없습니다. 직접적이지 않고 근원적이며, 일시적이지 않고 항구적이라는 의미에서, 어쩌면 종교는 그 어떤 단체나 국가보다 더 많은 영향력을 발휘할 수 있는지도 모릅니다. 이 같은 시대적·사회적 문제가 기독교에도 종교 간의 대화와 연대 그리고 화합을 강력하게 요구하고 있습니다. 가톨릭 신학자 한스 큉$^{Hans\ Küng}$은 다음과 같이 주장했습니다.

> 종교들 사이의 평화 없이 세계 평화란 있을 수 없으며, 종교들 사이의 대화 없이는 종교들 사이의 평화가 있을 수 없으며, 서로에 대한 정확한 지식이 없이는 종교들 사이의 대화가 있을 수 없다.[45]

다시 말해, 서로에 대한 정확한 지식이 종교들 사이의 대화를 이끌고, 종교들 사이의 대화가 종교들 사이의 평화를 낳으며, 종교들 사이의 평화가 세계 평화를 이룬다는 말입니다.

이 같은 성찰은 '신은 언제나 그 시대 그 지역에 사는 사람들이 추구하는 가치들의 외연이며, 동시에 그것들의 정점이다'라는 이 책의 기본 강령$^{these}$과도 깊숙이 연관된 문제의식에서 나왔습니다. 또한 정치학자 새뮤얼 헌팅턴$^{Samuel\ P.\ Huntington,\ 1927\text{-}2008}$이 『문명의 충돌』에서 "많은 사람이 지적한 대로 세계 주요 종교—서구 크리스트교, 정교, 힌두교, 불교, 이슬람교, 유교, 도교, 유대교—들은 비록 인류를 분열시킨 측면도 있지만 핵심적 가치관을 공유하고 있다"면서 이어간 다음의 주장과도 맥을 같이하지요.

> 인간은 어떤 문명에 살고 있건 간에 다른 문명에서 살아가는 사람들과 공유하는 가치관, 제도, 관행을 확대하는 방법을 꾸준히 모색하고

그 방안을 실천에 옮겨야 한다. 그런 노력들이 쌓이게 되면 문명의 충돌 가능성이 줄어드는 것은 물론 단일 **문명**(복수로 존재하는 문명들과의 혼동을 피하기 위하여 굵은 글자로 표현한다)의 실현 가능성도 높아진다. 단일 문명은 수준 높은 윤리, 종교, 학문, 예술, 철학, 기술, 물질생활이 복합적으로 섞인 상태를 의미한다.⁴⁶

헌팅턴의 목표와 큉의 목표가 같을 수야 없겠지요. 하지만 분명한 것은 기독교도 이제 세계 평화와 인류 공존을 위해―무엇보다도 인류의 존속 자체를 위협하는 글로벌 위험들을 극복하기 위해서라도―다른 문명에서 살아가는 사람들과 공유하는 가치관, 제도, 관행을 확대하는 방법을 꾸준히 모색하고 그 방안을 실천하는 데 발 벗고 나서야 한다는 사실입니다. 바로 이것이 근래에 기독교 내에서 종교적 다원주의에 대한 담론이 뜨거운 이유이기도 합니다. 그런데 종교적 다원주의가 무엇을 의미하는 걸까요?

오늘날 대부분의 신학자들은 오랫동안 종교적 다원주의를 천착해 온 영국의 신학자이자 성직자인 앨런 레이스$^{Alan\ Race*}$의 제안을 따

---

* 앨런 레이스는 1951년에 영국 스톡턴온티스에서 태어난 성공회 성직자로 성 필립 대학원 연구센터 학장을 역임했고 종교에 관한 다수의 국제 저널 편집자로 활동했다. 세계 종교를 배타주의, 포괄주의, 다원주의로 분류한 유형학은 이 부분신학의 연구에서 표준으로 인정받아, 여전히 널리 사용되고 있다. 1983년에 쓴 『그리스도인과 종교 다원주의』(*Christians and Religious Pluralism*)는 현대 기독교 신학의 연구에서 고전 가운데 하나로 꼽힌다. 2015년 출간한 『종교 다원주의에 대하여 생각하다』(*Thinking about Religious Pluralism*)도 주목할 만하다.

라, 다른 종교와의 관계에 대한 기독교의 다양한 주장들을 크게 세 가지로 분류합니다. 보수주의자 내지 근본주의자들이 지지하는 배타주의Exclusivism, 제2차 바티칸 공의회 이후 가톨릭이 지지하는 포용주의Inclusivism, 포스트모던 신학자들이 주장하는 다원주의Pluralism가 그것이지요. 그 가운데 하나인 종교적 다원주의는 특별한 하나의 사상을 가리키는 말이 아닙니다. 그것은 포스트모더니즘이 그렇듯이 다양한 주장들의 총칭일 뿐이지요. 나는 여기서 그 다양한 담론을 일일이 살펴보고 싶은 생각은 없습니다. 그럼에도 분명히 하고 싶은 것은 있는데요, 대강 다음과 같습니다.

기독교 입장에서 종교적 다원주의는 기독교 신앙을 '가능한 한 덜' 포기하면서 타 종교의 신앙을 '되도록 더' 인정하는 것을 목표로 삼습니다. 자신의 가치관, 제도, 관행을 어느 정도 포기하지 않고는 다른 종교를 믿는 사람들과 평화롭게 공존하는 방안을 모색할 수 없다는 의식에서 나온 궁여지책이지요. 그러다 보니 근래 활발하게 진행되는 다원주의적 연구와 논의 가운데는 하나님의 유일성을 어떻게든 보존하면서 타 종교와의 공존을 모색하는 비교적 온건한 주장들과 그간 기독교 역사 속에서 행해진 숱한 폭력과 만행을 지적하면서 그것의 근원인 하나님의 유일성을 포기해야 한다는 과격한 주장들이 포함되어 있습니다.[47]

그러나 이 같은 주장들은—그것이 온건하든 과격하든—모두 하나님의 유일성에 대한 오해와 무지에서 비롯되었을 뿐입니다. 지금까지 우리가 자세히 알아본 바에 따르면, 기독교가 말하는 하나님의 유일성은 본디 차별적 배타성과 폭력성의 근거가 아니라, 오히려 무차별적 포용성과 다양성의 바탕이니까요. 따라서 단순히 논리적 관점에서만 보더라도 종교적 다원주의에 관한 건전한 연구와 논의는 '하나님의 유일성을 어떻게든 보존하면서'가 아니고, 오히려 어떻게 하면 '하나님의 유일성을 근거로 하여' 다른 종교와의 연대와 협력을 이루어 낼 것인가에 모아져야 합니다.

하나님의 유일성은 기독교가 포기할 수 없고 또 포기해서도 안 되는 하나님의 속성입니다. 따라서 우리는 오히려 그 안에 내재한 무차별적 포용성과 다양성을 바탕으로 인류 모두가 "나란히 그리고 더불어" 상호내주적·상호침투적으로 실존하는 인간 공동체를 이루어 나가는 데 있는 힘을 다해야 하지요. 그렇지만—또한 그렇기 때문에—그 안에 불가분 내재되었다고 그리스도인조차 오해하고 있는 배타성과 폭력성은 마땅히 제거해야 합니다. 그 같은 터무니없는 오해가 지난 2,000년 동안 온갖 분쟁과 폭력의 빌미로 이용되어 왔으며, 오늘날에는 인류 전체를 파멸로 몰아갈 수 있는 전쟁과 테러에 원인을 제공하고 있기 때문이지요.

## 천지창조에서 최후의 심판으로

1권 『하나님은 존재하는가』에서 살펴보았듯이, 바티칸 시국市國의 시스티나 성당 천장에는 르네상스 시대의 거장 미켈란젤로Michelangelo di Lodovico Buonarroti Simoni, 1475-1564의 〈천지창조〉가 그려져 있습니다. 기적이라고 할 수밖에 없는 그 장엄하고 아름다운 천장화에는 300명도 넘는 미켈란젤로의 놀라운 인물들이 지금도 여전히 살아 숨 쉬고 있지요. 미켈란젤로는 자신이 전혀 원치 않았던, 그래서 큰 고통이 되기도 했던 4년 1개월 동안의 작업을 끝내면서, 마지막으로 특별한 선지자 두 사람을 궁륭형 천장 하단—그러니까 교황이 앉는 의자의 바로 위—에 그려 넣습니다. 지금부터 우리는 그리 눈에 띄지 않는 이 두 사람을 주목해 보려고 합니다. 그들이 누구였을까요? 예레미야와 요나입니다. 그런데 왜 하필 그들이었을까요? 우연이었을까요? 아닙니다. 알고 보면 여기에는 미켈란젤로가 보내는 놀라운 메시지가 숨어 있습니다.

우선 예레미야를 볼까요? 그는 기원전 627-587년에 예언자 직분을 수행한 인물입니다. 예레미야 시대에 이스라엘 백성은 우상을 섬기느라 하나님에게서 돌아섰지요. 그래서 하나님은 예레미야에게 그들에게 내릴 가혹한 징벌을 경고했고, 예레미야는 그것을 전하며 당시의 부패한 지도자들과 성직자들을 통렬하게 비판했습니다. 그래도 이스라엘 백성이 회개하지 않자, 기원전 586년 하나님은 마침내 그들에게 벌을 내리지요. 바빌론의 느부갓네살왕이 예루살렘을 정복하고 이스라엘의 왕 시드기야를 비롯한 많은 관리와 장인들을 바빌론으로 강제 이주시킨 '바빌론의 유배'가 그것입니다(예레미야 39:1-14). 이 유배는 기원전 538년 페르시아의 왕 고레스가 바빌론을 무너뜨려 이스라엘인들이 고향으로 돌아오기까지 근 50년 동안이나 계속되었지요(예레미야 50-51장).

이때 이스라엘 백성들의 입에서 터져 나온 것이 이른바 '애가'哀歌입니다. "슬프다, 이 성이여. 전에는 사람들이 많더니 이제는 어찌 그리 적막하게 앉았는고"로 시작하는 예레미야애가가 그중 하나지요.˙ 애가의 정서적 슬픔과 종교적 교훈은 서양 사람들에게 깊은 인상을 남겼습니다. 그래서 하염없이 흘러나오는 탄식을 뜻하는 '예레미아드'jeremiad라는 말도 나온 것입니다. 이후 서구의 많은 시인이 이 같은 슬픈 노래를 따라 지었는데, 예레미야로부터 2,300년도 더 지난 시기에 영국 시인 조지 바이런 경Sir George G. Byron, 1788-1824은 다음과 같은 애가를 썼습니다.

울어라, 바빌론 강가에서 운 이들을 위하여
하나님의 성전은 무너지고, 하나님의 나라는 꿈이 되었다.
울어라, 부서진 유대의 리라를 위해.
애도하라…하나님의 땅에 이방인이 산다.

어디서 그들은 피 흐르는 발을 씻으랴.
또 어디서 시온의 노래를 다시 들으랴.
아아, 어느 날 천상의 소리에 가슴 떨린
유대 노랫가락이 기쁨을 실어 오랴.

---

• 구약성서에는 총 다섯 편의 애가가 예레미야애가에 포함되지만, 구약학자들은 대체로 이것이 예레미야의 이름을 빌린 것일 뿐 그의 작품이라고는 보지 않는다.

유랑의 발길과 슬픔의 마음을 지닌 백성.

언제나 유랑에서 쉼을 얻으려는가.

비둘기에게는 둥지가 있고, 여우에게는 굴이 있고

사람에게는 나라가 있으나,

그들에겐 무덤뿐이라.[48]

하나님의 뜻을 거역하고 선지자의 경고를 무시한 백성들이 받은 끔찍한 징벌과 애절한 하소연을 영국 낭만주의를 대표하는 시인의 감성으로 묘사한 것이지요.

미켈란젤로의 천장화 〈천지창조〉에는 예레미야가 청동과 황금으로 장식한 교황의 옥좌 바로 위에 해당하는 부분에 앉아 있습니다. 그는 우울한지 아니면 화가 났는지 모를 심각한 표정을 하고 턱을 괸 오른손으로 입을 가린 채 발아래 놓인 교황의 자리를 내려다보고 있지요. 그의 뒤편에는 다른 인물 그림에서 자주 보이는 천사나 귀여운 푸토가 아닌 한 평범한 남자와 여자가 좌우에 각각 서 있습니다. 남자는 무엇 때문인지 슬픔에 잠겨 고개를 떨어뜨린 채 자기 발밑을 쳐다보고 있고 여자는 어깨에 봇짐을 메고 어딘가로 떠나려는 듯 돌아서 있습니다.

도상학자들과 신학자들은 이 그림이 완전히 부패해서 독선적이고 탐욕적이며 그런 이유로 배타적이고 폭력적이기도 했던 당시의 가톨릭교회와 성직자들에 대한 미켈란젤로의 분노와 경고가 담긴 메시지라고 해석합니다. 왜냐고요?

미켈란젤로, <천지창조> 중 '선지자 예레미야', 1508-1512.

미켈란젤로는 종교개혁이 한창 불붙던 때에 살았습니다. 개혁의 불길이 거셌던 만큼 바티칸에서 개신교도들에게 쏟아붓는 배척과 탄압의 찬물도 당연히 억셌습니다. 여기에 미켈란젤로는 직접 나서서 대항할 수는 없었지만 환멸을 느꼈고 내심 반항했지요. 그래서 구약성서에 등장하는 예레미야, 즉 다른 누구보다 거친 말투로 당대의 성직자들을 통렬히 꾸짖던 예레미야 선지자를 교황의 옥좌 바로 위에 그렸다는 겁니다. 그는 부패하고 독선적인 가톨릭교회와 성직자들에게는 선지자도 화를 내며 걱정하고 사람들도 슬퍼하며 등을 돌려 떠난다는 엄중한 메시지를 그림 안에 담아 놓았다는 뜻이지요.[49] 미켈란젤로가 그려 넣은 예레미야 선지자의 모습 자체가 바이런 경의 애가에 못지않은 또 하나의 애가인 셈입니다.

미켈란젤로는 여기서 멈추지 않았습니다. 한 발 더 나아갔지요. 그는 자신의 웅대하고 아름다운 천장화에 마지막으로 요나$^{Jonah}$를 그려 넣었고, 그를 통해 우리에게 또 하나의 메시지를 전했습니다.

거룩한 제단 바로 위에 해당하는 부분에 반쯤 드러누워 하늘을 바라보고 있는 요나는 사악한 도시 니느웨(니네베)에 가서 이교도들을 회개시키라는 명령을 받은 선지자였습니다(요나 1:2). 하지만 그는 그 일이 마음에 내키지 않아 달아나다가 거대한 물고기에게 산 채로 먹혀 그 속에서 사흘을 지냅니다. 기도를 통해 마침내 구출된 그는 어쩔 수 없이 니느웨로 가서 설교를 하지요. 그러자 불과 하루 만에 왕으로부터 거지에 이르는 모든 주민이 베옷을 입고 몸에 재를 바르

미켈란젤로, <천지창조> 중 '선지자 요나', 1508-1512.

며 회개합니다. 이에 하나님은 니느웨에 내리려 했던 재앙을 거두지요(요나 1:3-3:10).

흥미로운 것은 이때 요나가 기뻐하기는커녕 오히려 하나님에게 화를 냈다는 사실입니다. 왜일까요? 이교도들을 그리 쉽게 용서할 생각이었다면 왜 애써 도망가는 자기를 억지로 붙잡아 물고기 뱃속에서 사흘이나 죽을 고생을 시키면서까지 굳이 그곳에 보냈느냐는 것이었지요. 그러자 하나님은 요나에게 "이 큰 성읍 니느웨에는 좌우를 분변하지 못하는 자가 십이만여 명이요, 가축도 많이 있나니 내가 어찌 아끼지 아니하겠느냐"(요나 4:11)라고 답합니다.

교황 율리우스 2세는 교인들이 성당 문을 들어서면 곧바로 보일 뿐 아니라 성스러운 제단 바로 위에 위치하는 그 부분에 이왕이면 거룩한 그리스도가 그려지기를 바랐다고 합니다. 하지만 미켈란젤로는 교황의 청을 무시하고 그 중요한 부분에 구약성서에서도 다른 선지자들에 비해 상대적으로 미미하게 다뤄진* 요나를 그려 넣었지요. 왜 그랬을까요? 언뜻 납득이 가질 않지요? 그래서 도상학자들은 여기에도 분명 미켈란젤로가 숨겨 둔 메시지가 있다고 생각하는 건데, 그게 뭘까요? 놀랍게도 그것은 하나님이 다른 종교를 가진 사람도 아낀다는 사실입니다.[50]

그렇다면 미켈란젤로가 4년 넘게 그린 시스티나 성당의 거대한 천장화를 마치면서 마지막으로 남겨 놓은 메시지는 당연히 다음과 같이 정리되어야 할 것입니다. "하나님의 뜻을 거역하는 독선적이고 탐욕적이며 배타적인 성직자와 교인들아! 너희는 예레미야 선지자 시대에 이스라엘 백성들이 그랬듯이 하나님의 가혹한 징벌을 피할 수 없을 것이다. 왜냐하면 요나에게 밝혔듯이 하나님은 다른 종교를 가진 사람들도 마찬가지로 아끼기 때문이다."

적어도 내 생각에는 바로 이것이 미켈란젤로가 남긴 메시지입니다. 그리고 이 같은 해석은 다음과 같은 예수님의 가르침에도 합당합니다. "이는 하나님이 그 해를 악인과 선인에게 비추시며 비를 의로운 자와 불의한 자에게 내려 주심이라. 너희가 너희를 사랑하는 자

---

* 구약성서에서, 예컨대 이사야서는 모두 66장이고 예레미야서는 52장이지만, 요나서는 단지 4장에 불과하다.

를 사랑하면 무슨 상이 있으리요. 세리도 이같이 아니하느냐. 또 너희가 너희 형제에게만 문안하면 남보다 더하는 것이 무엇이냐. 이방인들도 이같이 아니하느냐. 그러므로 하늘에 계신 너희 아버지의 온전하심과 같이 너희도 온전하라"(마태복음 5:45-48). 당신의 생각은 어떤가요? 그런 것 같지 않나요?

1517년 마르틴 루터가 처음으로 가톨릭교회에 저항한 이후 한 세대가 채 지나기도 전에 유럽인들 가운데 상당수가 개신교도로 바뀌었습니다. 당연히 가톨릭교회와 바티칸에 대한 저항세력들도 우후죽순으로 생겨났지요. 1530년대에 나폴리에서 후안 드 발데스Juan de Valdes, 1490-1541가 이끌던 비밀결사단체인 '계몽된 사람들'Alumbrados도 그중 하나였습니다. 바티칸에 환멸을 느낀 당시 권력자, 지식인, 예술가들이 이 단체로 모여들었지요. 발데스는 독선적이고 배타적인 바티칸에 저항하며, 자신의 추종자들에게 누구든 자기 수준에서 성서를 읽고 탐구한다면 모두가 영적 깨달음을 얻을 수 있고 모든 영혼이 자기 수준에 따라 하나님의 은총을 받는다고 가르쳤습니다.

미켈란젤로는 이 단체 사람들과 밀접한 교분을 갖고 있었고 그중 한 사람이자 미모와 재능을 겸비했던 여류시인 비토리아 콜론나와 깊게 교제했지요. 발데스가 죽은 후 비토리아는 또 다른 비밀결사조직인 '영적인 사람들'Spirituali을 이끌었는데, 미켈란젤로도 이 단체의 열렬한 구성원이었습니다. 이들의 목표는 바티칸을 개혁하고 궁극적으로는 가톨릭과 개신교를 화합시켜 하나의 교회로 만드는 것이었지요.⁵¹ 하지만 그건 이룰 수 없는 허망한 꿈이었고, 가톨릭교회와 바티칸 성직자들을 향한 미켈란젤로의 환멸과 절망과 분노는 점점 높아만 갔습니다.

그런 와중에 미켈란젤로는 자신이 약 30년 전에 심각한 메시지를 담아 그려 놓았던 요나의 발밑이자 성전의 정면 벽에 또 하나의 위대한 프레스코화를 그렸습니다. 앞서 1권 『하나님은 존재하는가』에서 소개했던 〈최후의 심판〉이지요. 이제 이 그림을 자세히 볼까요?

상단 중앙에 심판을 수행하는 예수님이 있습니다. 그의 왼쪽 옆에 성모 마리아가 가슴에 두 손을 다소곳이 모으고 앉아 있지요. 그들의 양옆으로는 성인들 무리가 늘어서 있어요. 한 단 아래 예수님의 발밑에서는 그의 재림심판을 알리는 열한 사람의 천사 무리가 나팔을 불고 있습니다. 그 왼쪽에는 살았을 때 행한 일에 따라 천국으로 인도되는 사람들이 있고, 그 오른쪽에는 지옥으로 끌려가는 사람들의 모습이 다양하게 묘사되어 있지요.

우리가 주목할 것은 그림의 오른쪽 하단에 그려진 지옥 장면입니다. 미켈란젤로는 이 부분을 가톨릭교회에서 가르치는 방식이 아니라 단테의 『신곡』에 맞춰 묘사했습니다. 우선 슬픈 아케론^Acheron강에서 뱃사공 카론^Charon*이 저주받은 영혼들을 저승으로 실어 가 노櫓로 후려치며 지옥으로 쫓아내는 모습이 보이네요. 단테의 『신곡』에도

---

* 그리스 신화에 나오는 인물로 암흑의 신 에레보스와 밤의 여신 닉스 사이에서 태어났으며, 아케론강에서 죽은 자들을 저승으로 실어 나른다.

미켈란젤로, <최후의 심판> 중 '뱃사공 카론', 1534-1541.

나오는 장면이지요.

> 그때 저편 강둑에서 흰머리 노인(카론)이
> 우리를 향해 배를 저어 오며 외쳤다.
> "사악한 영혼들이여! 화가 있으라!
>
> 하늘을 바라볼 희망일랑 버려라!
> 나는 너희를 저편 강둑, 영원한 어둠 속
> 불과 얼음의 지옥으로 실어 가려 왔노라."
> …
> 악마 카론의 눈은 벌겋게 이글거렸다.
> 손짓으로 그들을 불러 모으면서,
> 늑장을 부리는 자들을 노로 후려쳤다.⁵²

그런데 카론의 매를 피해 배에서 도망쳐 내리는 영혼들 앞에 매우 인상적인 인물 하나가 떡 버티고 섰습니다. 사탄들을 거느리고 지옥문 앞에서 저주받은 영혼들을 맞는 그는 그리스 신화에 나오는 미노스Minos왕*이지요. 그는 황금을 사랑하고 인간을 경멸해서 저주를

---

* 크레타 왕 미노스는 제우스와 에우로페 사이에서 태어나 태양신 헬리오스의 딸 파시파에와 결혼해 크레타를 법으로 다스리며 문명을 이루었다. 그런데 바다의 신 포세이돈에게 제물로 바칠 흰 소를 아내에게 줘 버려서 포세이돈의 분노를 샀다. 분노한 포세이돈은 파시파에가 흰 소를 사랑하도록 만들어 그들 사이에서 몸은 사람이고 머리는 황소인 미노타우로스가 태어나게 했다. 광폭한 미노타우로스가 사람들을 마구 잡아먹

받았지만 살아생전에 보여 준 재판관의 소질을 인정받아 서양 고전 문학에서 지옥의 심판관으로 자주 등장합니다. 단테는 미노스를 다음과 같이 묘사했습니다.

들어서는 입구에 미노스가 무서운 모습으로 서서
사람들의 죄를 조사하고 판단하여
제 꼬리가 감기는 횟수에 따라 보냈다.

그러니까 죄지은 영혼들이
자기 앞에 와서 지은 죄를 모조리 자백하면
바로 그 죄악의 심판관은

그들에게 적절한 지옥의 자리를 판단하여
내려 보내는 등급을 정해
꼬리로 그만큼 횟수를 감는 것이었다.[53]

미켈란젤로는 노구를 이끌고 7년이나 그린 〈최후의 심판〉을 끝내면서 미노스를 - 〈천지창조〉의 요나처럼 - 맨 마지막에 그려 넣었지요. 그런데 지옥의 판관 미노스가 당나귀 귀를 달고 거대한 뱀에 온

---

자, 미노스는 장인 다이달로스에게 미궁을 짓게 하고는 거기에 미노타우로스를 가두고 전쟁포로들을 먹이로 넣어 주었다.

몸을 휘감긴 채 생식기를 깨물리는 끔찍한 벌을 받는 것으로 묘사된 점이 매우 특이합니다. 당나귀 귀를 가진 미노스라? 뭔가 이상하지요? 그리스 신화에 의하면, 당나귀 귀를 가진 사람은 본디 크레타 왕 미노스가 아니라 프리지아 왕 미다스$^{Midas}$지요.* 따라서 미켈란젤로의 이 그림은 그리스 신화에도 어긋나는 데다, 『신곡』에도 전혀 나오지 않는 묘사입니다. 왜일까요? 미켈란젤로가 이 같은 사실들을 몰라서 그랬을까요? 만일 그랬다면 그는 우리가 아는 르네상스인 미켈란젤로가 아니지요. 그럼, 왜?

힌트는 그림 속 미노스의 얼굴에서 찾을 수 있습니다. 그의 얼굴이 당시 교황 바오로 3세 다음으로 지체가 높던 의전관 비아조 다 체세나$^{Biagio\ da\ Cesena}$ 추기경의 모습과 똑같았거든요. 체세나는 그 누구보다 독선적이고 탐욕적이며 또한 그만큼 배타적이고 폭력적인 성직자였지요. 그는 성직을 매매해 제 주머니를 채웠고 개신교도를 가혹하게 탄압하는 데 앞장섰습니다. 이뿐 아니라 교황마저 "당신의 그림을 갖기 위해 교황이 되기를 30년이나 기다렸다"고 칭송한 미켈란

---

* 미다스(또는 마이다스)는 술의 신 디오니소스의 스승인 살레노스가 길을 잃었을 때 도와준 공로로 만지는 것마다 황금으로 변하는 능력을 디오니소스에게서 받았다. 그러나 만지는 음식마저 금으로 변해 먹을 수 없게 되자 그는 신에게 다시 간청해 파크톨로스 강에서 목욕을 한 후 원래 상태로 돌아간다. 이 일이 있은 후 그 강에서는 사금(砂金)이 나오기 시작했다고 한다. 또 아폴론과 판(Pan) 또는 마르시아스가 음악 솜씨를 겨룰 때 심판을 보던 미다스는 아폴론의 패배를 선언했다. 이에 분노한 아폴론이 미다스의 귀를 당나귀 귀로 변하게 했다.

미켈란젤로, <최후의 심판> 중 '미노스와 미다스를 결합한 악마의 얼굴로 묘사된 체세나 추기경', 1534-1541

젤로의 프레스코화들에 대해—그 안에 담긴 그리스적 요소를 낱낱이 지적하며—거룩한 예배당을 "역겹고 이교적인 음란함"으로 가득 채웠다며 힐난한 인물이기도 합니다.

결국 미켈란젤로는 30년 전 〈천지창조〉에서 예레미야와 요나를 통해 전한 메시지를 여기에 다시 한번 반복한 것이지요. 하지만 이번에는 그때처럼 걱정과 슬픔을 은밀하게 전하는 방식이 아니었습니다. 미노스와 미다스를 결합한 악마의 얼굴에 체세나의 얼굴을 그려 넣음으로써 자신의 분노와 저주를 노골적으로 드러냈지요. 따라서 이 그림에 담긴 미켈란젤로의 메시지를 굳이 해석하자면 마땅히 이래야 합니다. "하나님의 뜻을 거역하는 독선적이고 탐욕적이며 배타적인 성직자들아! 미다스와도 같고 미노스와도 같은 너희는 지옥의 심판자와 같은 신세가 될 것이다!"

기록에 의하면, 이 그림을 본 사람들은 대부분 깔깔대고 웃었지만 체세나 추기경은 교황 앞에 꿇어 엎드려 자기 얼굴을 벽화에서 지워 달라고 울고불고 애원했다고 합니다. 그럼에도 바오로 3세는 "내 아들아, 주님은 나에게 하늘과 땅을 다스릴 열쇠만 주셨다. 지옥에서 나오고 싶다면 미켈란젤로에게 가서 말해라"라며 그의 청을 받아들이지 않았다지요. 체세나는 지금도 여전히 지옥의 뱀에 붙들려 있습니다.

단언컨대, 하나님의 유일성을 왜곡해서 해석하고 그것을 빌미로 이교도들에 대한 배척과 분쟁을 정당화하려는 사람들은—그가 유대교인이든 기독교도든 이슬람교도든—사실상 그들이 믿는 경전을 따르는 자들이 아닙니다. 자신들이 만든 이데올로기의 추종자일 뿐입니다. 그들이 배척과 분쟁을 일으키는 근본 동력이 사실은 정치적·경제적·사회적 조건이나 이기심임에도 불구하고, 그것들은 교묘히 감춘 채 종교적으로 이데올로기화된 이슈들을 내세워 추종자들을 그리고 나중에는 자기 자신마저 기만하는 것이지요.

예컨대 중세 십자군 원정의 동력은 성직자들의 종교적 타락, 황제와 왕들의 정치적 야심, 귀족과 상인들의 경제적 탐욕, 평민들의 개인적 모험심, 상품과 전리품들을 바라는 기대와 같은 지급하고 세속적인 욕망들이었습니다. 그럼에도 불구하고 성지 탈환이라는 종교적 이데올로기로 포장했기 때문에, 이 원정에 참여한 병사들은 자신들을 '순례자들'peregrini 또는 '십자가로 서명한 사람들'crucisignati, signatores 이라고 불렀고, 숱한 살인, 강간, 약탈, 방화를 자행하면서도 자신들의 원정이 신성한 과업이라는 것을 추호도 의심하지 않았지요.[54]

어디 그뿐입니까? 16세기에 유럽의 가톨릭교도가 중남미 각국에서 숱한 학살을 자행했을 때나 17세기 이후 청교도가 북아메리카 대륙에서 온갖 만행을 저질렀을 때에도 각각 탐욕스런 정치적·경제적 속셈이 숨어 있기는 마찬가지였지요. 그럼에도 그들은 하나같이 하나님의 유일성을 내세우며, 하나님의 이름으로 남자를 학살하고, 여인을 강간하고, 재물을 약탈하고, 거처를 방화한 다음, 제단을 쌓고 예배하며 감격의 눈물을 흘렸습니다. 이 같은 현상은 종교와 시대를 초월합니다. 1980년 이후 발생한 모든 자살폭탄테러를 면밀히 연구한 시카고 대학의 로버트 페이프Robert Pape 교수의 연구결과를 보면,

중동에서 벌어지고 있는 이슬람들의 자살폭탄테러 실상도 이와 조금도 다르지 않습니다.[55]

내 생각이 옳다면, 스스로 만든 악마적 이데올로기에 빠져 이 같은 기만을 일삼는 사람들은 한 번쯤 시스티나 성당에 가 보는 게 좋습니다. 위대하고 장엄한 〈천지창조〉와 〈최후의 심판〉을 바라보며, 미켈란젤로가 그곳에 남긴 메시지들을 곰곰이 생각하며 스스로를 반성해 보아야겠지요. 행여 내가 바티칸의 의전관 체세나는 아닐까, 그래서 혹시라도 최후의 심판 때 그처럼 되지는 않을까 하고 말입니다. 하지만 따지고 보면 어디 그들뿐이겠습니까? 이 같은 자기성찰은 문명의 자기파괴적 잠재력이 상존하는 '위험사회'에서, 피할 수도 없고 통제할 수도 없는 '유동하는 공포'와 함께 살고 있는 우리 모두에게도 반드시 필요한 일이지요. 우리가 이 같은 자기성찰을 얼마나 철저하게 또 얼마나 지속적으로 하느냐에 우리의 미래가 달렸을 겁니다. 아닌가요?

정리해 볼까요? 존재론적으로 보면 존재보다 더 큰 범주는 없습니다. 존재는 모든 것을 포괄하지만 자기 자신은 아무것에도 포괄되지 않는다는 뜻이지요. 그러니 하나님이 존재라면 그는 유일합니다. 또 논리적으로 봐도 마찬가지지요. 이미 수차례 밝혔듯 어떤 것이 만물의 '궁극적 포괄자'라면 그것은 '유일자'일 수밖에 없습니다. 만일 그것의 바깥에 다른 어떤 것이 있다면 그는 이미 '궁극적 포괄자'가 아니기 때문이지요. 하나님이 존재인 한 유일자라는 것은 존재론적 결론이자 논리적 귀결입니다.

이런 내용을 선지자 예레미야는 "여호와가 말하노라. 나는 천지에 충만하지 아니하냐"(예레미야 23:24)라고 전했고, 사도 바울은 "하나님도 한 분이시니 곧 만유의 아버지시라. 만유 위에 계시고 만유를 통일하시고 만유 가운데 계시도다"(에베소서 4:6)라고 교훈했지요. 같은 말을 토마스 아퀴나스는 "하나님은 어떤 유에도 속하지 않는다"[56]라고 표현했고, 캔터베리 대주교 안셀무스는 "당신은 시간이나 공간 속에 존재하지 않고, 반대로 모든 것이 당신 속에 존재합니다. 아무것도 당신을 포용할 수 없으며 당신만이 모든 것을 포용합니다"[57]라고 고백했습니다.

게다가 기독교에서 말하는 하나님은 일자성을 가졌을 뿐 아니라, 삼위일체성도 동시에 갖고 있지요. 일자성은 무규정성에서 오는 포괄성과 통일성이지만, 삼위일체성은 사랑에 의한 자유롭고 평등한 사귐과 교제에서 오는 포괄성과 통일성입니다. 따라서 기독교에서 말하는 하나님의 유일성은 아우구스티누스의 말을 빌리면 본질공동체적·영원동등적이고, 몰트만의 표현을 따르자면 상호내주적·상호침투적 사랑이 그 본질이지요. 여기에는 서로의 이질성과 다양성을 그대로 유지하면서도 '통일적인 하나-됨'을 이루는 '이종사랑'heterologous love만이 존재할 뿐 그 어떤 배타성이나 폭력성도 침투할 수 없습니다.

이를 예수님은 "또 네 이웃을 사랑하고 네 원수를 미워하라 하였다는 것을 너희가 들었으나, 나는 너희에게 이르노니 너희 원수를 사랑하며 너희를 박해하는 자를 위하여 기도하라"(마태복음 5:43-44)라는 말씀으로 가르쳤고, 사도 요한은 "하나님이 우리를 사랑하시는 사랑을 우리가 알고 믿었노니 하나님은 사랑이시라. 사랑 안에 거하는 자는 하나님 안에 거하고 하나님도 그의 안에 거하시느니라"(요한1서 4:16)라고 교훈했지요. 또한 아우구스티누스는 "아버지와 아들이 공유한 그것[성령]을 통해 우리가 우리들 서로 간의 친교를 세우고, 그분들과의 친교도 세우기를 원하셨다"라고 표현했고, 몰트만은 "피조물들은 나란히 그리고 더불어 실존하지 않으면 안 된다"라고 강조했습니다. 바로 이것이 기독교의 삼위일체 하나님이 가진 포괄성과 통일성으로서의 유일성이지요. 기독교에서 말하는 하나님은 바로 이런 의미에서만, 오직 이런 의미에서만 유일자입니다.

하나님의 본성이 이질성과 다양성을 그대로 유지하는 포괄성과 통일성이라는 것, 샐러드 볼이자 용광로라는 것, 따라서 모든 피조물은—여기에는 당연히 인간뿐 아니라 자연 일체가 포함됩니다—나란히 그리고 더불어 실존하지 않으면 안 된다는 각성은 2,000년 기독교 신학이 얻어 낸 귀한 성찰입니다. 특히 오늘날 우리들에게 더욱 그렇습니다. 내 생각에는 삼위일체 유일신이신 하나님의 은총이 지금 이 시대처럼 절실하게 요구된 적은 기독교 역사상 매우 드뭅니다. 왜냐고요? 그것은 2020년부터 세계를 휩쓸고 있는 코로나-19라는 팬데믹Pandemic(세계적 대유행)을 통해 우리가 여실히 경험하고 있듯이, 인간의 생태계 파괴로 인한 기후변화가 우리가 지금까지 경험해 보지 못한 재앙들을 불러오고 있기 때문입니다. 갑자기 무슨 생뚱한 이야기냐고 할지 모르지만, 알고 보면 전혀 그렇지 않습니다.

나는 이어지는 3장에서 오늘날 기후변화로 인해 일어나기 시작한 재앙들이 묵시록적이라는 것, 그리고 그것은 다른 누가 아닌 바로 우리 자신, 곧 인간과 자연 모두에게 배타적이고 폭력적으로 살아온 우리가 일으킨 것이라는 점을 먼저 설명할 것입니다. 하지만 그것은 계몽주의자 내지 과학주의자들이 신으로 숭배해 온 프로메테우스적 지혜와 노력으로는 극복할 수 없다는 것도 이야기하려고 합니다. 이어서 어쩌면 제2의 노아의 홍수 Noah's Flood가 될지도 모르는 이 재앙은 삼위일체 유일신이신 하나님의 은총, 다시 말해 무차별적 포용성과 다양성을 바탕으로 모든 피조물이 "나란히 그리고 더불어" 상호내주적·상호침투적으로 실존하게 하는 분의 은혜 없이는 극복할 수 없다는 것을 설명하고자 합니다. 그리고 그분을 믿는 우리가 무엇을 할 수 있으며, 또 무엇을 해야 하는지도 심중히 살펴보려고 합니다.

# 유일신만이 할 수 있는 일

### 안개 같은 위험, 유령 같은 공포

2019년 12월 30일, 중국 보건당국은 우한武漢에서 원인 불명의 집단 폐렴이 발생했다고 세계보건기구WHO에 보고했습니다. 퓰리처상을 수상한 미국의 저명한 언론인이자 베스트셀러 『세계는 평평하다』의 작가이기도 한 토머스 프리드먼Thomas Friedman은 "세계는 코로나 이전BC; Before Corona과 코로나 이후AC; After Corona로 나뉠 것이다"라고 선포했습니다. 이 말이 액면대로 맞아떨어진다면, 이날은 세계사에서 지워지지 않을 기록이 될 것입니다.

WHO는 2020년 2월 12일 원인 불명의 이 질병을 코로나바이러스감염증-2019COVID-19라고 이름 붙였고, 3월 11일에는 팬데믹을 선언했지요. 이때부터 일찍이 바우만이 『유동하는 공포』2006에서 예리하게 갈파한 안개같이 유동하는 위험Liquid Risk, 유령같이 유동하는 공포Liquid Fear가 세계를 떠돌고 있습니다.

> 공포는 어디에나 새어 든다. 우리의 가정에, 전 세계에, 구석구석마다, 틈마다, 홈마다 스며든다. 공포는 어두운 거리에도 있고, 반대로 밝게 빛나는 텔레비전 화면 안에도 있다. 침실에도 있고, 부엌에도 있다. 우리의 일터에는 공포가 기다리고, 그곳을 오가기 위한 지하철에도 공포가 도사린다. 우리가 만나는 사람들, 혹은 누군지 알지 못하는 사람들에게도, 우리가 소화하는 것들, 그리고 우리가 접촉하는 것들에도 공포가 숨어 있다.[1]

네, 그렇습니다. 2020년 한 해 동안 세계에서 대략 8,200만 명이 이 질병에 감염되고 그중 약 180만 명이 숨졌습니다. 같은 기간에 미국에서만 사망자 수가 30만 명을 훌쩍 넘겼는데, 이 숫자는 제2차 세계대전1939-1945에서 사망한 미군 병사의 수(29만 1,557명)보다도 많지요. 문제는 이 재난이 아직 끝나지 않고 여전히 진행 중이라는 데에 있습니다. 2021년 4월 말을 기준으로 코로나-19로 사망한 사람이 전 세계에서 300만 명을 넘어섰는데, 앞으로도 얼마나 많은 사람들이 목숨을 잃을지 모릅니다. 사스SARS로 인한 전 세계 사망자가 774명, 메르스MERS로 인한 전 세계 사망자가 858명, 에볼라Ebola로 인한 전 세계 사망자가 1만 1,325명인 것을 감안하면, 그 심각성이 확연히 드러나지요.

그나마 다행인 것은 세계 10여 개 제약사가 백신 개발에 돌입해, 2020년 11월 18일 미국의 제약회사 화이자가, 11월 30일에는 모더나가 백신 개발에 성공했고 임상시험 결과 각각 95퍼센트, 94퍼센트의 발병 예방 효과를 나타냈다는 소식입니다. 그리고 12월 8일에 영국의 84세 여성에게 첫 백신 접종을 실행함으로써, 마침내 인류가 이 바이러스에 대한 반격을 시작했지요. 이후 신속한 백신 접종과 함께 이스라엘과 영국, 미국을 비롯한 일부 나라에서 감염자 수가 현격하게 줄어드는 긍정적 효과도 나타나고 있습니다. 그러나 코로나-19도 가만히 당하고만 있지는 않았습니다. 마치 기다리기나 했다는 듯이 변이를 일으켜 더 강한 감염력으로 재공격에 나섰습니다. 영국과 남아프리카공화국, 브라질 그리고 인도 등에서 발견된 변종 코로나바이러스가 지금도 각 나라로 빠르게 퍼져 나가고 있습니다.

화이자를 선두로 각 제약사에서 개발한 백신들이 변종 코로나바이러스들에 얼마나 효과가 있을지에 대해서는 아직 의견이 분분합니다. 당신이 이 글을 읽을 때쯤에는 다행히도 효과가 충분하다는 것이 입증되길 바라고, 또 시간이 걸리더라도 인류가 이번 팬데믹을 결국 극복해 낼 것을 믿습니다. 크리스토퍼 놀란 Christopher Nolan 감독의 영화 〈인터스텔라〉 2014의 광고문구이자 금언처럼, 우리는 길을 찾을 것입니다. 언제나 그랬듯이. We will find a way. We always have. 하지만 정작 당연한 문제는 그것이 끝이 아니라는 데에 있습니다. 전염병 전문가들은 코로나-19를 물리친다고 해도 3-4년을 주기로 다른 바이러스들이 공격해 올 것으로 예상합니다.

2021년 3월 6일자 모 일간지의 보도에 의하면,[2] 팬데믹 연구의 세계적 권위자이며 미국 캘리포니아 대학 데이비스 캠퍼스의 감염병학 교수인 조나 마제트Jonna Mazet는 "사람과 동물이 모두 걸릴 수 있는 인수공통감염zoonotic 바이러스는 학자에 따라 다르게 추산하지만 나는 50만 종으로 본다"라며 "이 중 우리 연구팀이 밝혀 낸 것은 0.2퍼센트에 불과하다"고 진술했습니다. 이어서 "또 다른 바이러스 감염병은 그것이 오느냐 마느냐의 문제를 넘어 언제 어디서 터지느냐의 문제"라고 단언했지요. 게다가 최근에 발표된 세계경제포럼WEF, World Economic Forum의 자료에 의하면, 바이러스 감염증은 세계화, 도시화 및 지구온난화와 손잡고 지금 예상하는 3-4년보다 더 짧은 주기로 우리를 공격해 올 것으로 예측됩니다.

우리는 마주하고 있는 사태를 두 눈을 부릅뜨고 정확히 파악해야 합니다. 그래야만 이 사태를 극복할 수 있기 때문인데, 그것은 성공적인 백신과 치료제 개발과 같은 일시적인 처방만으로는 주기적으로 공격해 올 팬데믹을 막을 수 없다는 사실입니다. 바이러스성 감염병 팬데믹을 한낱 지나가는 소나기 정도로 생각해서는 안 된다는 거지요. 어쩌면 우리는 기나긴 장마의 시작을 마주하고 있는지도 모릅니다. 마제트 교수도 인터뷰에서 "사회적 거리 두기와 경제 봉쇄, 마스크 착용 일반화, 각종 백신 보급과 치료제 개발은 분명 의미 있는 성과다. 그러나 빈번하게 발생하는 바이러스성 감염병 속에서 그것은 상처에 밴드를 붙이는 수준에 불과하다"라며 근본적인 대응의 필요성을 강조했습니다.

그렇다면 그것이 무엇일까요? 2009년부터 미국 국립보건원NIH과 국제개발처USAID 지원으로 세계 35개국의 연구자 및 관료 6,000여 명과 협업해 전염병을 연구해 온 'PREDICT'(예방) 프로젝트의 총책임자인 마제트 교수가 내놓은 대응책은 뜻밖에도 '바이러스들과의 공존'입니다. 그 이유를 그는 다음과 같이 설명했습니다.

바이러스는 수천수만 년간 야생에 나름의 필요로 존재했고, 인류와는 영역이 다르기 때문에 대부분 인간에게 큰 영향을 끼치지 않았다. 그러나 인간이 초래한 급속한 산업화와 도시화, 기후변화로 야생 생태계를 침범하고 생물 종種 다양성을 파괴하면서, 야생에 갇혀 있던 바이러스들이 환경 변화에 적응하기 위해 새로운 숙주인 인간으로 옮겨 타고 있는 것이다. 바이러스는 통상 새로운 숙주를 만나면 더 가혹하게 진화하는 경향이 있다. 그래서 바이러스성 전염병이 점점 더 자주, 강도 높게 인류를 휩쓸 수 있다는 것이다.

그래서 마제트 교수는 바이러스의 박멸은 불가능하거니와 바람직하지도 않다고 보고, "바이러스 연구의 최종 목표는 인간과 바이러스가 각자 공존할 수 있도록, 인간의 사회·경제적 행동의 교정을 촉구하는 데 있다"라고 주장하는 것입니다.

이는 마제트 교수 개인의 생각이 아닙니다. 불행하게도 각계 전문가들 대부분의 진단과 예상이 한결같지요. 예컨대 와튼 스쿨The

Wharton School 최고경영자과정 교수이자 『엔트로피』, 『소유의 종말』, 『글로벌 그린 뉴딜』 등의 저자인 미래학자 제러미 리프킨(Jeremy Rifkin)도 2021년 3월 2일(현지 시간) 앞의 일간지와의 화상 인터뷰에서,[3] "우리는 정말로 삶의 방식을 다시 생각해야 한다"면서 "야생 공간의 소멸과 기후변화로 더 많은 전염병 대유행이 올 것이란 점을 알아야 한다"라고 경고하고 그 이유를 다음과 같이 설명했습니다.

20세기 초만 해도 지구의 88퍼센트는 과거 수십억 년 동안 그랬듯 황무지였다. 불과 100여 년 사이 자연이 사라졌다. 지금 지구의 23퍼센트만 야생으로 남아 있고 나머지는 인간의 개발하에 있다. 또 지난 200여 년간 인간이 화석연료에 기반한 문명을 세우면서 기후변화가 왔다. 지금은 식품조차도 석유화학 제품인 비료와 농약으로 생산하고 있다. 우리가 이산화탄소를 너무 많이 배출해서 온실효과가 나타나고 물순환 주기가 변했다. 지구 전역에서 홍수, 가뭄, 산불, 거대 허리케인, 폭설과 혹한이 발생하는 건 그 때문이다.

간략히 정리하자면 이렇습니다. 1) 2020년부터 우리가 경험하고 있는 코로나 사태가 언젠가 진정된다고 해도 전염병 팬데믹은 계속해서 반복적으로 인류를 공격해 올 것이다. 2) 그 근본 원인은 우리가 숲을 개발하고 지구온난화의 요인인 온실가스를 너무 많이 배출해 생긴 기후변화다. 3) 때문에 원시림 개발과 온실가스의 배출로 인한 지구온난화를 막지 못하는 한, 또 다른 팬데믹은 물론이거니와 기후변화로 인한 파국적 재앙들을 피할 수 없다. 이 말은 우리가 지금 경험하고 있는 코로나-19 팬데믹은 기후변화가 가져올 묵시록적 재앙들의 서막에 불과하다는 것을 의미합니다.

## 재난은 닥쳐왔고, 미래는 결정되었다

만일 누군가가 이 이야기를 듣고 하늘이 무너질까 봐 먹지도 자지도 못하고 걱정했다는 기杞나라 어떤 사람의 우화杞憂를 떠올린다면, 그 사람은 지금 세상이 어떻게 돌아가고 있는지를 전혀 모르고 있음이 분명합니다. 그래서 당신에게 소개하고 싶은 글이 있습니다. 노르웨이 오슬로 대학 지구진화 및 역학 센터 교수이자 베스트셀러 작가이기도 한 호프 자런Hope Jahren의 『나는 풍요로웠고, 지구는 달라졌다』에 들어 있는 "환경 교리 문답"입니다. 그는 이 글에서 지난 50년간 세계가 어떻게 변했는지를 일목요연하게 그려 놓았습니다. 정확한 숫자가 아니고 어림잡은 배율로 표기했지만, 그렇기 때문에 오히려 우리 같은 일반인에게는 더 선명하고 강한 메시지를 전할 수 있을 것 같아 비교적 긴 글임에도 불구하고 다음과 같이 옮깁니다.

> 1969년 이후 전 세계적으로/ 인구는 두 배가 되었고/ 아동 사망률은 절반으로 줄어들었으며/ 평균 기대 수명은 12년 늘어났고/ 47개 도시가 1,000만 명 넘는 인구를 자랑하게 되었고/ 곡물 생산량이 세 배로 증가했고/ 제곱미터당 곡물 수확량이 두 배 이상으로 늘어났으며/ 농

사를 지을 수 있도록 경작한 토지 면적이 10퍼센트 늘어났고/ 육류 생산량이 세 배 늘었고/ 연간 도살되는 가축의 수가 돼지는 세 배, 닭은 여섯 배, 소는 50퍼센트 이상 증가했으며/ 해산물 소비는 세 배가 늘었고/…인간이 매일 만들어 내는 폐기물은 두 배 이상 늘어났고/ 버려지는 음식물 쓰레기가 크게 늘어나 지구상 영양 부족 상태에 놓인 사람들에게 필요한 식량의 양에 맞먹는 상태이고/ 사람들이 매일 사용하는 에너지의 양은 세 배 늘었고/ 사람들이 매일 사용하는 전력의 양은 네 배 증가했으며/ 지구상 인구 20퍼센트가 전 세계에서 생산되는 전력의 절반 이상을 사용하게 되었고/ 전기의 도움을 받지 못하고 사는 전 세계 인구가 10억 명에 이르며/ 비행기 승객은 열 배가 늘어난 데에 비해 철도 여행자의 전체 이동거리는 줄어들었고/ 자동차로 여행하는 거리는 두 배 이상 늘어났고 지구상에는 10억 대가 넘는 차량이 존재하며/ 전 세계 화석연료 사용량은 세 배 정도 늘었고/ 석탄과 원유 사용량은 두 배, 천연가스 사용량은 세 배가 늘었으며/ 바이오 연료 발명으로 전 세계 곡류 생산량의 20퍼센트는 이를 생산하는 데 사용되고/ 플라스틱 생산량은 열 배 늘어났고/ 새로운 플라스틱이 만들어져 매년 화석연료의 10퍼센트를 잡아먹고 있으며/…화석연료 사용으로 인해 매년 1조 톤의 이산화탄소가 대기 중으로 방출되고/ 지구 표면의 평균 온도는 섭씨 1도가량 상승했으며/ 평균 해수면이 10센티미터가량 상승했는데, 그 절반 정도는 산맥과 극지방의 빙하가 녹아내리며 발생한 것이고/ 모든 양서류 및 새와 나비 종의 절반 이상에서, 모든 어류와 식물 종의 4분의 1에서 개체 수 감소가 일어나고 있다.[4]

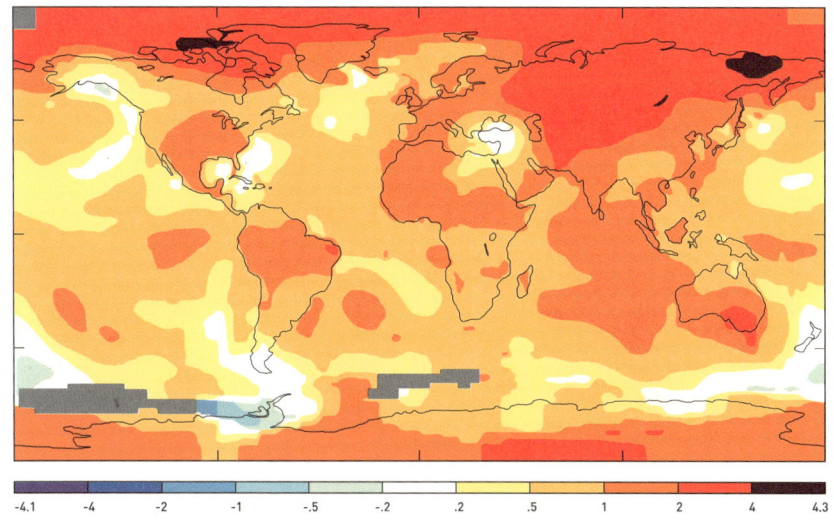

1951-2015년 사이의 지구 표면 평균 온도 변화(NASA GISS).

50년의 간격을 두고 비교한 이 같은 자료들이 무엇을 의미할까요? 사실은 그것이 자료 자체보다 더 중요한데, 학자들의 해석에 의하면, 그것은 마치 '노아의 홍수'와 같은 묵시록적 재앙이 지금 우리에게 이미 일어나고 있다는 것입니다.

"재난은 닥쳐왔고, 미래는 결정되었다", "절망할 겨를도 없다. 상황은 생각보다 훨씬 더 심각하다", "최상의 시나리오마저 참혹하고 고통스럽다." 이것은 또 무슨 소리일까요? 마치 할리우드 재난 블록버스터 영화의 광고 문구 같지 않나요? 그렇다면 얼마나 다행이겠습니까? 하지만 아닙니다! 이것들은 미국 싱크탱크 기관인 '뉴아메리카'의 연구원이자 「뉴욕 매거진」의 부편집장인 데이비드 월러스 웰즈

David Wallace-Wells가 『2050 거주불능 지구』에서 우리에게 이미 다가온 기후변화에 의한 재난을 알리려고 울리는 비상경보입니다. 그는 이어서 다음과 같이 경고했습니다.

> 그러나 실상은 훨씬 더 무시무시하다. 일상 자체가 종말을 맞이할 것이다. 일상이 더 이상 존재하지 않게 될 것이다. 우리는 인간이라는 동물이 어느 지점까지 견딜 수 있을지 확신도 계획도 없는 도박이라도 하듯 애초에 인간이 진화할 수 있었던 환경적인 조건을 벗어던져 버렸다.[5]

월러스 웰즈가 각종 연구 기관의 최신 보고서와 통계자료를 취재해 종합한 바에 의하면, 지구는 이미 이산화탄소 한계치인 400ppm을 넘어섰습니다. 때문에 재앙을 피하려면, 늦어도 2050년까지 온실가스 순배출량을 0으로 만들어야 합니다. 다시 말해 이산화탄소 배출량을 지구가 자연적으로 흡수할 수 있는 수준―이른바 '탄소 중립' 내지 '순배출 제로'라고 불리는 상태―로 떨어뜨려야 하지요. 그러기 위해서는 2030년까지 적어도 지금 배출되고 있는 이산화탄소량의 50퍼센트를 줄여야 합니다. 그래야만 최악의 파국을 그나마 피할 수 있다는 겁니다.

이것은 2015년 체결된 파리 기후변화 협약 Paris Climate Change Accord 의 목표치이기도 합니다. 하지만 상당수의―현실적인 또는 비판적인―전문가들에 의하면, 그것은 요구되는 최소한의 목표이지만, 실현 가능한 목표라고 낙관할 수는 없습니다. 이유는 크게 보아 두 가지이지요.

1) 하나는 '경제 시스템의 관성' 때문입니다. 기후변화가 가져올 재앙, 다른 무엇보다도 경제적 손실을 자각한 선진국이라 해도 발전, 철강, 석유, 시멘트, 자동차 등 기존의 산업 인프라를 바꾸려면 시간과 비용이 많이 드는 데다 강력한 저항에 부딪힐 수밖에 없습니다. "내 이름이 모집 라티프Mojib Latif가 아니라면 '지구온난화'Globale Erwärmung가 될 것입니다"라고 선언한 적이 있는 독일 킬Kiel 대학의 기상학자 모집 라티프 교수는 이러한 정황을 거대한 유조선의 항로 변경에 비유해 설명했습니다. 유조선은 자그마한 모터보트와는 달리 순간순간 방향을 바꿀 수 없다는 거지요. 타이타닉Titanic호가 빙산을 발견했을 때는 이미 충돌을 피할 수 없었다는 겁니다. 게다가 전 세계 인구의 3분의 2가량을 차지하는 50억가량의 인구를 보유한 개발도상국들의 값싼 화석연료를 통한 경제발전 욕구를 막을 길이 없다는 거지요.

2) 다른 하나는 '자연 시스템의 관성' 때문입니다. 설령 지금 당장 인류가 기적적으로 탄소 배출을 중단하더라도 지금까지 배출해 온 양 때문에 추가적인 기온 상승은 막을 수가 없다는 거지요. 기후변화를 연구하는 학자들은 이것을 '저질러진 온난화'committed warming 또는 '파이프라인 안에 남아 있는 온난화'warming in the pipeline라고 부릅니다. 한마디로 이미 엎질러진 물은 다시 담지 못한다는 것입니다.[6] 그래서 "오늘날 우리가 곳곳에서 목격하는 재난은 미래에 지구온난화가 초래할 재난에 비하면 최상의 시나리오"나 다름없다는 것이 월러스 웰즈의 주장입니다. 게다가 세계적으로 탄소 배출량이 여전히 증가하고 있기 때문에 상황은 더욱 악화될 수밖에 없다는 거지요.

월러스 웰즈가 『2050 거주불능 지구』에서 그린 지옥의 묵시록 Apocalypse은 심각하다 못해 섬뜩합니다. 눈에 띄는 것만 간추려도 대강 다음과 같습니다. 지구온난화로 인해 우선 살인적인 폭염과 그로 인한 빈곤과 굶주림이 점점 심화되어 갈 것입니다. 게다가 산림과 주택들을 삽시에 잿더미로 바꾸는 산불은 지금 일어나고 있는 화재들을 '불장난' 수준으로 보이게 만들 것이고, '500년에 한 번' 있을 법한 각종 재난들이 일상화될 것입니다. 기후변화로 인한 물 부족과 식량 고갈은 개인 차원에서는 해결할 수 없는 정치·경제·사회적 또는 국제적 문제이지요. 때문에 집을 잃은 채 새로운 거처를 찾아 황량한 땅을 떠도는 난민의 수가 기하급수적으로 늘어날 것이고, 헐벗은 지구 위에서 빽빽한 인구가 벌일 수자원 약탈과 식량 자원 전쟁이 불가피할 것이랍니다.

　그뿐 아닙니다. 지도를 바꿀 정도로 빨리 녹아내리는 빙하로 인해 수백만 년 동안 빙하에 갇혀 있어 그 존재가 알려지지 않았던 수많은 박테리아와 바이러스가 출현할 것입니다. 인류 역사 이전의 병원균들이 얼음 밖으로 나오면 우리의 면역 체계는 대응 방법조차 모를 것입니다.[7] 그러니 2020년 전 세계를 공포와 전율로 몰아넣은 코로나-19 사태와는 비교조차 할 수 없는 재앙들이 시작될 것이고, 인류는 여섯 번째 대멸종의 희생물이 될지도 모른다고 하지요. 또한 해수면이 높아져 바다가 도시들을 집어삼킬 것입니다. 미국에서는 우선 뉴욕, 필라델피아, 프로비던스, 휴스턴, 시애틀, 버지니아비치, 샌프란시스코, 새크라멘토가, 유럽에서는 런던, 더블린, 브뤼셀, 암스테르담,

코펜하겐, 스톡홀름, 리가, 헬싱키, 상트페테르부르크가, 그리고 아시아에서는 도하, 두바이, 카라치, 콜카타, 뭄바이 등의 연안 도시들이 먼저 바다 아래로 가라앉을 것이라고 합니다.[8]

그밖에도 숱한 종말적 재앙들이 나열되어 있지만, 이쯤에서 멈추겠습니다. 월러스 웰즈가 광범위하고 상세한 주석과 통계자료들을 곁들여 펼친 『2050 거주불능 지구』에는 우리가 알고 있는 것보다 훨씬 더 심각해 차마 견디기 어려운 수준의 이야기들이 담겨 있습니다. 그럼에도 월러스 웰즈는 "여기 새로운 내용은 등장하지 않는다. 이어지는 열두 장을 채우는 학술 자료는 모두 수십 명의 전문가와 인터뷰한 자료, 최근 10여 년 동안 명망 있는 학술지에 실렸던 수백 편의 논문 자료에서 발췌한 내용이다"[9]라고 강변합니다. 우리가 외면하든 부인하든, 드러난 사실이 그렇다는 뜻이지요.

그렇다면 왜 우리가 이런 묵시록적 상황을 마주하게 되었는가를 살펴보지 않을 수 없습니다. 원인을 모르면 올바른 해결 방안을 강구하기가 어렵기 때문인데, 결론부터 말하자면 지금 우리에게 다가오고 있는 재앙들은 근대 이후—특히 지난 50년간—자연에 대한 우리의 그릇된 인식과 태도 때문에 일어난 것입니다. 이제부터 그에 대해 잠시 살펴볼까요?

## 우리가 홍수이고, 우리가 방주다

고대와 중세, 다시 말해 전근대를 살았던 사람들은 동서양을 막론하고 우주를 일종의 생명체로 보는 유기체적 세계관有機體的 世界觀을 가지고 살았습니다. 그들은 세계 안에 수많은 신들과 요정들이 산, 바다, 숲, 강 그리고 나무에 그 변화와 움직임 그리고 생명의 근원으로서 살고 있다고 생각했지요. 따라서 우주 만물의 모든 변화와 움직임에는 불가해한 신적인 힘이 항상 함께하고 있다고 생각했습니다. 기독교적 세계관 역시 여기에서 크게 벗어나지 않지요. 그런데 근대가 시작되면서 16세기에 일어난 과학혁명Scientific Revolution*과 함께 세계관이 크게 변하기 시작했습니다.

과학혁명은 천체 운동에 관한 니콜라우스 코페르니쿠스Nicolaus Corpenicus, 1473-1543의 지동설에서부터 시작되었지요. 그것이 갈릴레오 갈릴레이Galileo Galilei, 1564-1642, 요하네스 케플러Johannes Kepler, 1571-1630, 아이작 뉴턴Isaac Newton, 1642-1727에 의해 몇 개의 수학적 공식으로 정리되어 합리적 우주관을 형성했습니다. 갈릴레이의 다음과 같은 말을 보면, 당시 사람들의 생각이 훤히 드러나지요.

우리의 시야에 계속해서 열리는 우주라는 이 거대한 책에는 철학이 쓰여 있다. 그러나 그 책은 사람들이 먼저 그 언어를 파악하고 그것

---

* '과학혁명'은 영국 케임브리지 대학 역사학 교수였던 허버트 버터필드가 『근대과학의 기원』(1949)에서 처음 사용하여 널리 사용되는 용어다. 과학혁명은 16세기에 니콜라우스 코페르니쿠스의 천문학 연구로부터 시작되었지만, 이후 안드레아스 베살리우스(Andreas Vesalius, 1514-1564)의 해부학 연구, 윌리엄 길버트(William Gilbert, 1540-1603)의 전기와 자기에 대한 연구, 윌리엄 하비(William Harvey, 1578-1657)의 혈액순환 연구로 이어지는 과학혁명을 낳았다.

을 구성하고 있는 문자를 읽는 법을 배우지 않는다면 이해될 수 없다. "그것은 수학의 언어로 저술되었고", 그 알파벳은 삼각형, 원 등등 여타의 기하학적 수식으로서, 그것들 없이는 우주의 단 하나의 단어도 인간에게 이해될 수 없다. 사람들은 이런 것들을 알지 못한 채 어두운 미로를 배회하고 있다.[10]

갈릴레이의 이 같은 선언과 함께, 우주가 신과 요정들 그리고 영웅들이 살아 숨 쉬던 신화적 세계에서, 수학적으로 운동하는 차갑고 기계적인 물체들의 세계로 변한 것입니다. 그러자 자연을 보는 일반인들의 눈도 점차 달라졌지요. 그들은 그동안 살아 숨 쉬는 생명체로 여기던 자연을—향후 적어도 300년 동안 서양인들의 상상력을 붙잡아 놓았던 상징인—'자동으로 움직이는 시계時計'로 보기 시작했습니다. 우리는 그것을 기계론적 세계관機械論的 世界觀이라 합니다.

'과학혁명'이라는 용어를 처음 사용한 영국의 역사가 허버트 버터필드Herbert Butterfield, 1900-1979는 이 같은 세계관의 변화가 르네상스나 종교개혁보다 더 또렷이 중세와 근대를 구분할 수 있게 하며, 그 영향력 역시 더 크다고 주장했지요. 보는 관점에 따라 다르겠지만, 근거가 전혀 없는 말은 아닙니다. 특히 인간이 자연을 대하는 태도의 변화를 보면 더욱 그렇습니다. 우리는 근대의 초창기를 대표하는 다음 두 인물의 주장에서 그 전모를 어렵지 않게 파악할 수 있습니다.

우선 근대철학의 문을 연 영국의 철학자 프랜시스 베이컨Francis Bacon, 1561-1626의 말을 들어 볼까요? 그는 『고대의 지혜』에 실은 '프로메테우스'Prometheus에서, 그리스 신화에서 인간을 창조하고 불과 지식을 가져다준 프로메테우스를 창조주로 여겼습니다.[11] 그리고 프로메테우스에게서 전해 받은 지식과 과학기술을 더욱 발전시켜 자연을 개발하고 통제하는 새로운 인간—우리는 그런 인간을 보통 '근대인' 내지 '프로메테우스적 인간'이라고 부릅니다—은 인류의 발전과 번영을 위해 자연을 "괴롭힘과 고문"의 대상으로 삼아야 한다고 주장했지요. 이유는 "자연은 그녀를 그대로 내버려 둘 때보다 기술의 괴롭힘과 고문하에서 더 명확하게 그녀 자신을 드러낸다"[12]는 것입니다. 우리는 "괴롭힘과 고문"이라는 표현에 주목해야 합니다.

베이컨이 세상을 뜬 다음 해에 태어난 영국의 과학자 로버트 보일Robert Boyle, 1627-1691의 다음과 같은 말도 매우 인상적이지요.

(우주는) 스트라스부르에 있는 것과 같은 진기한 시계와도 같다. 거기에서는 모든 것이 아주 교묘하게 설계되어 기계가 일단 작동하면 모든 것이 제작자의 계획에 따라 진행된다. 그리고 어떠한 시간에 이런저런 일들을 수행하는 작은 부분들의 움직임에는 꼭두각시의 움직임에 필요한 것처럼 제작자의 특별한 중재나 제작자가 고용한 어떤 지적인 대행자가 필요하지 않다. 그런 부품들은 단지 특별한 경우에 전체 기관의 일반적인 최초의 설계에 따라 스스로의 기능을 수행할 따름이다.[13]

여기서 우리는 근대 이후 나타난 프로메테우스적 인간들이 자연을 하나의 거대한 '시계'로 간주하고, 필요에 따라 괴롭히고 고문도

하며 탐구하고, 제작, 분해, 개발이 가능한 물적 대상으로 파악하기 시작했음을 봅니다. 그리고 그것의 변화와 움직임에는 신과 같은 그 어떤 다른 원인의 개입이 필요하지 않다는 거지요. 바로 여기에서부터 오늘날 우리가 당면하고 있는 생태계 위기와 기후변화라는 재앙이 시작된 것입니다.

100년 가까이 살면서, 근대 사회와 그것이 만들어 낸 유동하는 위험, 유동하는 공포를 면밀히 성찰한 바우만은 『모두스 비벤디』*에서, 인류가 자연을 대해 온 태도의 역사적 변천을 일목요연하게 정리했습니다.[14] 그는 우선 전근대, 근대, 탈근대라는 역사적 시대를 사는 사람들의 삶의 양식을 각각 '사냥터지기', '정원사', '사냥꾼'이라는 용어를 통해 규정했지요. 모두스 비벤디 modus vivendi는 '삶의 양식'을 뜻하는 라틴어입니다. 그러니 '사냥터지기', '정원사', '사냥꾼'은 자연에 대한 인간의 모두스 비벤디를 묘사한 바우만의 인상적인 은유라 할 수 있습니다.

고대와 중세, 곧 전근대 Pre-Modern Era는 자연이 사냥터이고, 인간이 사냥터지기로 활동했던 시기입니다. 사냥터지기의 임무는 '자연적 균형', 즉 신이 지혜로 조화롭게 질서 지워 놓은 자연을 보호하고 보존하는 것입니다. 그 일은 "만사는 어설프게 손댈 바에야 손대지 않는

---

* 영문판 제목은 *Liquid Times: Living in an Age of Uncertainty*(유동하는 시대: 불확실성의 시대에서 살아가기)다.

것이 가장 좋다는 신념에 기초하고" 있습니다. 즉 고대와 중세를 살았던 사람들은 "인간의 정신능력이 너무 제한되어 있어서 그것을 이해할 수 없지만, 자연에는 신의 설계에 담긴 지혜와 조화, 질서"―우리가 1권 『하나님은 존재하는가』의 2부 1장 '존재란 무엇인가'에서 살펴보았듯이, 그들은 이것을 '존재의 대연쇄'The Great Chain of Being라고 불렀습니다―가 담겨 있다고 생각했던 것입니다.

반면에 근대Modern Era는 인간이 정원사로 일했던 시기입니다. 정원사인 인간은 자연을 자기가 가꾸어야 하는 정원처럼 생각합니다. 그는 자기가 끊임없이 보살피고 노력하지 않으면 세상이 무질서해질 것이라고 가정하고, 우선 자기가 가꾸는 정원을 설계한 다음, 그에 적합한 식물들은 성장하게 하고, 적합하지 않은 잡초들은 제거하는 일을 하지요. 그럼으로써 자연에 자신이 미리 생각해 놓은 디자인을 강요합니다. 베이컨의 표현을 빌리자면, 그는 프로메테우스적 인간이고, 그의 임무는 필요에 따라 자연을 괴롭히고 고문도 하며 탐구하고, 제작, 분해, 개발하여 유토피아Utopia를 실현하는 것입니다.

그런데 그 시대가 끝나고 탈근대 시대Post-Modern Era가 도래했지요. 오늘날 '유토피아의 몰락'이나 '유토피아의 종말' 같은 말이 사람들 입에 자주 오르내리는 것이 그래서입니다. 지금은 사냥꾼의 시대입니다. 사냥꾼은 사냥터지기나 정원사와는 달리 자기가 사는 세계의 전체적인 균형에는 신경을 쓰지 않습니다. 그는 "오직 한 명의 사냥꾼에 지나지 않는 나, 또는 많은 무리 중 한 무리의 사냥꾼에 지나지 않는 우리"로서 사냥터나 다른 동료야 어찌 되든 자루에 사냥감만

제이콥 사베리(Jacob II Savery), <노아의 방주>, 1566-1603.

많이 채우면 그만입니다. 그의 임무는 단지 살아남는 것이지요. 그럼으로써 사냥터는 점점 황폐해졌고, 세계는 차츰 지옥으로 변하고 있다는 것입니다.

그렇지요. 너무나 당연한 이야기지만, 인간은 자연의 일부이며, 자연과 사회는 둘이 아니고 하나입니다. 때문에 우리가 자연에게 하는 모든 일이 곧바로 우리 자신에게 되돌아오기 마련이지요. 이것이 고대인들이 지녔던 유기체적 세계관의 핵심이고, 중세신학자들이 '존재의 대연쇄'라는 상징으로 설파한 지혜이기도 합니다. 그런데 신과 자연과의 유대를 단절하고 스스로의 삶과 자연을 통제하기로 한 정원사와 자기가 사는 세계의 전체적인 균형에는 신경을 쓰지 않고 자기 자루만 채우려는 사냥꾼들이 오늘날 우리가 마주하고 있는 기후변화로 인한 재앙을 불러온 것입니다.

슬로베니아의 정치철학자 슬라보예 지젝Slavoj Zizek이 『팬데믹 패닉』에서 자연과 인간 사이에서 벌어진 이 같은 악순환의 정황을 다음과 같이 풍자적으로 묘사했습니다.

자연이 바이러스로 우리를 공격하는 것은 어떤 면에서 우리에게 우리 자신의 메시지를 돌려주는 일이란 사실이다. 그 메시지는 이렇다. 네가 나에게 했던 짓을 내가 지금 너에게 하고 있다.[15]

그래서 터져 나온 자성적 슬로건이 "우리가 홍수이고 방주다"[16]입니다. 미국의 소설가 조너선 사프란 포어Jonathan Safran Foer가 『우리가 날씨다』에서 사용한 은유적 경구인데, 재앙을 일으킨 원인도 우리에게 있고, 대책을 마련할 책임도 우리에게 있다는 뜻이지요.

구약성서에도 하나님은 방주를 지을 재료와 방법, 폭과 길이와 높이 그리고 그 구조까지도 자세히 알려 주시지만, 그것을 짓는 사역은 노아에게 맡기셨지요(창세기 6:14-16). 나는 성서의 이 구절을 구원은 언제나 하나님에게서 오지만, 그것을 이 땅에서 구현하는 일은 우리 스스로가 해야 한다는 말씀으로 해석합니다. 그렇다면 이제 우리는 무엇을 어떻게 책임지고, 어떤 대책을 세워야 할까요?

## 아침 식사로 지구를 구한다고?

오늘날에는 기존의 환경운동가나 생태주의자들뿐 아니라 내로라하는 과학자와 언론인 그리고 유명 작가들까지 발 벗고 나서 기후변화가 가져올 재앙에 대해 나름의 방법으로 경고하며 대책을 제시하고 있습니다. 그런 가운데 포어가 『우리가 날씨다』에서 한 비유적 경고가 내게는 인상적입니다. 그가 소설가이다 보니 긴박하고 심중한 메시지들을 아름다운 문체와 애틋한 서사로 포장해 들려주어서일 텐데, 포어는 책에서 자신의 할머니 이야기를 자주 꺼냅니다.

포어의 할머니는 스물두 살에 나치를 피해 부모님과 형제, 친구들을 두고 폴란드의 고향 마을을 떠났답니다. 그 후 마을에 남은 가족들은 몰살당했고 할머니만 살아남았다지요. 모두가 나치가 오고 있다는 것을 알았지만 할머니를 제외한 가족들은 남기를 선택했기 때문입니다. 포어는 오늘날 우리가 처한 상황이 이와 마찬가지라고 합니다. 그는 우리가 지금 영위하는 생활 방식이 지구를 파괴하고 있다는 것을 잘 알면서도 무언가를 하지 않는다면, 결국 같은 결과를 가져올 것이라며 "어떻게 하면 삶을 사랑하는 만큼 무관심한 행동을 바꿀 수 있을까?"[17]라고 우리에게 물었습니다.

나도 여기서 하나 묻겠습니다. 당신은 어떤가요? 지금까지 소개한 기후변화가 가져올 재난들이 현실감 있게 느껴지는가요? 월러스 웰즈나 포어가 던지는 긴박하고도 절실한 경고가 진실로 심각하게 받아들여지는가요? 솔직히 말하자면, 글을 쓰고 있는 나 역시 그렇지 않습니다! 사실은 이것이 문제인데요. 포어는 설사 우리가 진실을 액면대로 받아들인다 해도, 그것만으로는 미덕이 되지 않으며 우리를 구하지도 못할 것이라고 잘라 말합니다.[18] 그렇다면 더 이상의 경고나 계몽은 필요치 않은지도 모릅니다. "더 잘 안다고 달라질 것은 없다"[19]는 거지요. 독일의 철학자 페터 슬로터다이크Peter Sloterdijk가 『냉소적 이성 비판』에서 갈파한 대로, 우리는 계몽되었지만 무감각해졌기 때문입니다.[20]

그 탓에 사실상 백약이 무효입니다! 세계기상기구WMO의 페테리 탈라스Petteri Taalas 사무총장은 "2020년 한 해의 지구 평균 기온은 산업화 이전보다 약 1.2도 높을 것으로 보고 있다"며 "올해는 불행하게도 기후 역사에서 최악으로 기록될 또 다른 특별한 해"라고 발표했습니다. 게다가 2050년이면 남은 시간이 겨우 30년뿐입니다. 그렇다면 이제는 차라리 모두가 입을 닫고 뭔가를 행동해야 할 때가 아닐까요? 전문가들은 빙하가 녹아내려 북극곰이 서식처를 잃었다느니, 죽은 바다거북과 고래의 위에서 플라스틱 더미가 나왔다느니 하며, 멸종 위기에 놓인 동물이나 위험에 빠진 생태계를 구해야 한다고 호소하는 말이나 TV 광고들은 이제 문제의 심각성을 오히려 왜곡 또는 경감하는 해로운 구호가 되었다 합니다. 정작 발등에 불이 떨어진 것은 북극곰이나 바다거북이 아니라 우리 자신인데, 마치 남의 일처럼 느끼게 한다는 것 때문이지요.

월러스 웰즈는 "지구의 징벌은 자연을 매개로 폭포수처럼 쏟아져 내리겠지만 대가를 치를 대상은 자연에 국한되지 않을 것이다. 우리 모두가 고통을 겪을 것이다. 대다수 사람들의 생각과 달리 나는 인류가 계속 이전처럼 살아갈 수만 있다면 '자연'이라고 부르는 존재를 상당 부분 잃는다 하더라도 별로 상관하지 않는다. 문제는 우리 인류가 결코 이전처럼 살아갈 수 없다는 점이다"[21]라는 강변까지 덧붙였습니다. 그러니 이제 우리가 우리 발등의 불부터 꺼야 할 때라는 겁니다.

코로나 사태를 비롯해 기후변화로 인해 다가오는 재앙들은 그저 주어진 것이 아닙니다. 지금까지 우리가 살펴보았듯이, 그것은 자연에 대한 우리의 잘못된 태도에서 나왔지요. 다시 말해 다가오고 있는 재앙들은 우리의 무분별한 개발에 의한 '생태계 파괴'와 과도한 자원과 에너지 소비에 의한 '환경오염'이 불러온 것입니다. 다시 말해 그것은 근대 이후 인류가 만들어 온 세상—특히 지난 50년 동안 진행된 세계화와 후기 자본주의 그리고 소비 물질주의가 주도해 온 탐욕적 생활 방식과 착취적 경제체제—에서 기인한 것입니다. 때문에 해결책도 바로 여기에서 찾아야 하지요.

그래서 나온 각계각층 전문가들의 의견은 다양하지만, 크게 구분하면 세 가지입니다. 1) 하나는 우리 각자가 자연에 대한 인식과 생활 방식을 바꾸는 것이고, 2) 다른 하나는 정치적 해결 방안을 모색하는 것이지요. 3) 그리고 초국가적인 글로벌 연대 Global Solidarity를 맺어 공동 대응하는 것입니다. 사안이 심중한 만큼, 왜 그래야 하는지 하나씩 살펴보고자 합니다.

우선 포어가 제시한 해결 방법은 첫 번째에 속합니다. 그는 『우리가 날씨다』에서 다음과 같이 주장합니다.

> 전 지구적 위기의 진짜 문제는 무수히 많은 고정된 '무관심 편향'과 맞닥뜨려야 한다는 것이다. 극단적인 기후, 홍수와 산불, 이주와 자원 부족 등 기후변화에 따르는 재난들 중 상당수는 생생하고 개인적이며 상황이 악화되어 가고 있음을 암시하지만, 이들을 다 합쳐 놓으면 영 다르게 느껴진다. 점점 강력해지는 서사라기보다는 추상적이고, 멀고, 고립된 현상으로 보인다. 이는 기후변화가 투표자들의 관심을 끌지 못하는 한 가지 이유다.[22]

포어는 그래서 국가 차원에서 실행하는 정치적 해결 방법보다는 개인 차원에서 실천하는 생활 방식의 변화에 큰 기대를 겁니다. 그렇지만 그는 "기후변화와 싸우기 위해 개인이 할 수 있는 일로 가장 많이 추천된 것들 중에 재활용과 나무 심기가 있지만 사실 효과는 크지 않다"면서 다른 대안을 제시하는데, 그것이 무엇일까요? 『우리가 날씨다』의 부제가 "아침 식사로 지구를 구하기"Saving the Planet Begins at Breakfast인 것이 말해 주듯이, 그가 내세운 해결책은 엉뚱합니다. '식습관의 전환'이지요. 포어는 다음과 같이 주장합니다.

> 개인이 기후변화를 막기 위해 할 수 있는 가장 효과적인 활동 네 가지는 다음과 같다. 채식 위주로 먹기, 비행기 여행 피하기, 차 없이 살기, 아이 적게 낳기. 위의 네 가지 행동 중에서 가장 강력한 온실가스인 메

탄과 이산화질소에 즉각 영향을 미치는 것은 채식 위주의 식사뿐이다.[23]

그런데 어떤가요? 사태의 심중함에 비해 너무 소소한 해결책 같지 않은가요? 그딴 일로 앞에서 열거한 묵시록적인 재앙에서 인류와 지구를 구할 수 있다니 믿기 어렵지요? 사실은 나도 그렇습니다. 하지만 포어의 입장은 단호하고, 이유는 분명합니다. 그는 우리는 동물성 식품을 먹는 식습관을 포기하거나 아니면 지구를 포기해야 한다고 단언하며 그 근거들을 일일이 나열하는데, 간추려 정리하면 대강 이렇습니다.

포어에 의하면, 우리는 지금 '인류세Anthropocene(인류의 자연환경 파괴로 인해 지구의 환경 체계가 급격하게 변하게 된 지질학적 시기) 멸종'이라 불리는 여섯째 대멸종을 경험하고 있습니다. 그런데 그 주요 원인이 흔히 알고 있는 것과는 달리 공업이 아니라 축산업입니다. 놀랍게도 지구상의 모든 포유동물의 60퍼센트가 식용으로 키워지고 2018년 미국에서는 식용 동물의 99퍼센트가 공장식 농장에서 키워집니다. 그런데 1960년 공장식 축산이 시작되고 1999년까지, 메탄가스의 농도는 지난 2,000년 중 어느 시기의 40년과 비교해도 여섯 배 더 빨리 증가했습니다. 게다가 지구의 허파라 불리며 산소를 생산하고 이산화탄소를 정화하는 아마존 지역 산림의 벌목은 91퍼센트가 축산업 때문이지요.[24] 결국 육식을 하는 우리의 식습관이 공장식 축산업을 부추겨 강력한 온실가스인 메탄과 이산화질소를 배출하게 할 뿐 아니라, 지구의 허파를 망가트려 대멸종이라는 재앙을 불러오고 있다는 것입니다.

그뿐 아닙니다. 엄청난 양의 곡물 소비를 야기하는 축산업은 세계 식량 부족의 주요 원인이기도 합니다. 이것은 호주 출신 실천윤리학자 피터 싱어Peter Singer가 이미 30년 전에 『이렇게 살아가도 괜찮은가』 1993에서 "식물성 단백질 790킬로그램 이상을 먹여 사육한 소의 단백질은 50킬로그램도 채 안 됩니다"[25]라는 과학적 근거를 제시하며 밝힌 사실입니다. 호프 자런의 『나는 풍요로웠고, 지구는 달라졌다』에 의하면, OECD 36개국이 함께 육류 소비량을 절반으로 줄인다면 세계의 식량용 곡물 생산량은 40퍼센트 가까이 늘어날 것이라 하지요. OECD 국가들이 매주 하루만 '고기 없는 날'을 정해 지킨다면, 전 세계의 배곯는 사람들을 모두 먹일 수 있는 1억 2,000만 톤의 식량용 곡물이 여분으로 생기게 된다고도 합니다. 요컨대 동물성 식품을 먹는 우리의 식습관이 기후변화와 기아 문제의 주요 원인이라는 것이지요.[26]

물론 모든 사안이 그렇듯이, 반론이 전혀 없는 것은 아닙니다. "전 세계인이 채식주의자가 될 경우 음식 분야만 놓고 보면 개인별 에너지 소비는 16퍼센트 줄어들고 온실가스 배출은 20퍼센트 낮아질 수 있다. 하지만 '전체' 분야 개인별 에너지 소비는 고작 2퍼센트 줄어들 뿐이며 '전체' 온실가스 배출 역시 4퍼센트 감소하는 데 그칠 뿐이다"라며, 오랫동안 해 오던 채식을 그만두고 다시 육식을 시작한 마이클 셸런버거Michael Shellenberger와 같은 환경운동가도 있습니다.* 그는

---

* 「타임」 선정 "환경 영웅"이자 "환경 휴머니즘 운동의 대제사장"으로 불리는 마이클 셸

『지구를 위한다는 착각』에서 공장 운용이나 플라스틱 사용이 오히려 환경에 이롭고, 경제성장이 자연보호에 도움이 된다는 주장도 하지요. 같은 사안을 놓고 자런, 포어, 웰즈를 비롯한 다른 환경운동가나 생태주의자들과는 전혀 다른 해법을 제시한 겁니다.

그러나 누구의 말이 옳은가는 사실 그리 중요하지 않습니다. 왜냐고요? 보기에 따라 오리로도 보이고, 토끼로도 보이는 '자스트로우 Jastrow 도형'이 말해 주듯이˙, 과학적 자료나 데이터란 본디 보는 관점에 따라 전혀 다른 해석과 판단에 이르게도 하기 때문이지요. 게다가 생태계는 복잡계 complex systems이고 기후변화는 대단히 복잡한 현상이라서, 아직까지는 그에 대한 최적의 대응 방법이 불확실하기 때문이기도 합니다. 누가 어떤 패러다임을 가지고 해석하고 판단하느냐에 따라 변한다는 거지요. 그럼에도 한 가지 변하지 않는 것은— 오리로도 보이고, 토끼로도 보이기도 하지만 그런 도형이 분명 존재

---

런버거는 『지구를 위한다는 착각』에서 "곧 세계 종말이 닥친다" "거주불능 지구가 될 것이다"와 같은 기후 종말론은 과장되었고, "얼음이 녹아 북극곰이 굶어 죽어 가고 있다" "아마존이 곧 불타 사라질 위기에 처해 있다" "채식을 하면 탄소 배출을 대폭 줄일 수 있다"와 같은 주장 역시 과학적 근거나 사실과 어긋난다고 한다. 그는 설령 기후변화의 위험을 인정한다 해도 그 대처 방안이 잘못되었다며, "공장이 떠나면 숲이 위험해진다" "플라스틱은 진보다" "경제 성장이 환경 보호다" "자연을 구하려면 인공을 받아들여야 한다"라고도 주장한다.

• 폴란드계 미국인 심리학자 요셉 자스트로우(Joseph Jastrow, 1863-1944)가 제시한 착시현상 중 하나인 자스트로우(Jastrow) 도형은 1권 『하나님은 존재하는가』의 2부 2장 가운데 '하나님의 존재를 경험적으로 검증할 수 있나'에서 미국의 과학사학자 토머스 쿤(Thomas Kuhn, 1922-1996)이 '패러다임'(paradigm)이 다르면 경험도 달라질 수밖에 없다는 것을 설명하는 곳에서 찾아볼 수 있다.

하듯이—기후변화가 재앙들을 불러온다는 엄연한 현실이고, 우리가 그것을 막아야 한다는 엄중한 사실입니다.

그래서 자런도 우리가 하는 육식이 기후변화의 유일한 원인이라고 주장하는 것은 아닙니다. 원제 "The Story of More"가 암시하듯, 자런은 육식이라는 우리의 식습관뿐 아니라 한 발 더 나아가 '더 많이 소비하고, 덜 나누는' 우리의 생활양식이 만들어 낸 소비와 분배의 문제들도 지적합니다. "인류의 10퍼센트에 의해 이루어지는 엄청난 식량과 연료 소비로 인해 나머지 90퍼센트의 삶에 필요한 기본적인 것들을 만들어 내는 지구의 능력이 위협받고 있다"는 것이지요. 그런데 이에 관한 "대부분의 정치적 논의는 이런 현실을 뒤집을 수 있을 것이라는 희망을 기반으로" 삼곤 하지만—진실을 말하자면—"정치적 해법으로는 현실을 뒤집기 어렵다"는 것이 자런의 생각입니다. 그래서 그는 다음과 같이 주장합니다.

이 세상의 모든 결핍과 고통, 그 모든 문제는 지구가 필요한 만큼을 생산하지 못하는 무능이 아니라 우리가 나누어 쓰지 못하는 무능에서 발생한다.⋯⋯우리 자신으로부터 스스로를 구하도록 해 주는 마법 같은 기술은 없다. 소비를 줄이는 것이 21세기의 궁극적인 실험이 될 것이다. 덜 소비하고 더 많이 나누는 것은 우리 세대에게 던져진 가장 커다란 과제다.[27]

요컨대 자런과 포어는 각자의 책에서 우리 개개인이 식량과 연료 소비를 줄이고 그것들을 더 많이 나누는 것만이, 이미 황혼처럼 다가와 창문을 붉게 물들이고 있는 끔찍한 재앙들로부터 지구와 인류를 구할 가장 효율적인 방안이라 주장합니다.

### 자본주의가 왜 거기서 나와?

여기에도 다른 의견이 있습니다. 그래서 나온 것이 두 번째 방안입니다. "정치는 도덕적 증폭기"와 같기 때문에 진정으로 염원하는 목표가 기후를 구제하는 일이라면 개인 차원의 해결책보다 정치적 차원의 행동이 더 중요하다는 주장이 그것이지요. 예컨대 월러스 웰즈는 『2050 거주불능 지구』에서 다음과 같이 주장합니다.

> 학계에서 내놓는 전망이 점차 암울해지자 서구권 국가의 진보주의자들은 책임을 모면할 구실이라도 마련하고 싶었는지 소고기 섭취를 줄이고 전기자동차 이용을 늘리고 대서양 횡단비행을 줄이는 등 자신이 도덕적으로나 환경적으로나 결백하다고 포장하는 방식으로 소비 패턴을 조정함으로써 스스로를 위안해 왔다. 하지만 그처럼 개인적인 차원의 생활양식 조정은 전체적인 수치에는 큰 영향을 주지 못하며 오직 정치적 차원의 움직임으로 확장될 때만 의미가 있다. 얼마 남지 않은 환경 정당 세력은 차치하더라도 이 문제에 걸린 이해관계를 깨닫기만 한다면 그런 움직임을 이끌어 내기가 불가능한 것도 아니다. 오히려 계산기를 정확히 두드려 보면 정치적 차원의 움직임이 반드시

필요하다는 결론이 나온다.[28]

비록 명시적으로 밝히지는 않았지만, "유기농 음식을 먹는 것도 좋은 일이지만 진정으로 염원하는 목표가 기후를 구제하는 일이라면 투표가 훨씬 더 중요하다"[29]는 월러스 웰즈의 말을 감안하면, 그가 말하는 정치적 차원의 행동이란 기후변화를 심각하게 받아들이고 해결책을 모색하는 정당에 투표하는 것으로 보입니다. 그러나 로마로 가는 길이 어디 하나인가요? 월러스 웰즈도 우리가 예컨대 "탄소세를 도입할 수 있고 더러운 에너지를 적극적으로 몰아내도록 정치적 기구를 활용할 수 있으며 새로운 방식의 농경 기술을 활용할 수 있고 세계인의 식단에서 소고기와 우유를 줄여 나갈 수 있으며 녹색에너지와 탄소 포집 기술에 공공투자 할 수 있다"[30]고 합니다.

그렇지요! 오늘날 우리가 당면한 기후문제 해결의 긴박성과 심각성을 감안한다면, 이것이냐 저것이냐를 따질 때가 아닙니다. 이것도 취하되 저것도 버리지 않는 것이 이치에 맞습니다. 개인 차원의 해결책이냐, 정치적 차원의 행동이냐를 고심할 필요가 없지요. 자런, 포어, 월러스 웰즈 등이 주장하는 종말론적 환경주의apocalyptic environmentalism가 옳으냐, 셸런버거가 내세우는 환경 휴머니즘environmental humanism이 옳으냐를 따질 것도 없습니다. 반드시 최고의 해법, 최적의 방법, 하나만 도움이 되는 것이 아니기 때문입니다. 파멸로 치닫고 있는 설국열차를 멈추고 인류와 지구를—아니, 그리 거창할 것 없습니다. 각자가 자기 자신과 가족을—구하려면, 우리가 할 수 있는 모든 일들을 서둘러 해야 할 때입니다. 개인적 차원에서는 육식과 에너지 소비를 과감히 줄여 나가고, 정치적 차원에서는 소비 물질주의를 강요하는 경제적·사회적 체제, 더 정확히 말하자면 후기 자본주의Late-stage capitalism 체제에 적극적으로 저항해야만 합니다.

혹시 당신은 "자본주의가 왜 거기서 나와?"라고 의아해할지도 모르겠습니다. 그런데 사실을 알고 보면 그렇지가 않습니다. 후기 자본주의에 저항하지 않고는 기후변화 문제를 해결하기 어렵습니다. 그 이유를 간략히 설명하자면 이렇습니다.

후기 자본주의는 독일에서 출생해 벨기에서 활동한 경제학자 에르네스트 만델E. Mandel, 1923-1995이 처음으로 고안해 사용한 용어입니다. 그것은 20세기 후반에 등장한 자본주의의 새로운 형태로서, 다양한 정의가 가능하겠지만 한마디로 요약하면 사회 구성원들을 '생산자'로서뿐 아니라 '소비자'로서 사용하는 경제체제를 가리킵니다. 무슨 말이냐고요?

산업 자본주의라고도 불리는 초기 자본주의 체제에서는 무엇보다도 먼저 자본의 축적과 기간 시설infrastructure(도로, 철도, 항만, 통신 시설 등)과 같은 생산 조건의 확립이 요구되었습니다. 때문에 정부는 사회 구성원들에게 '생산자'라는 위치를 부여하고, 금욕주의asceticism와 소명 의식calling consciousness이 대변하는 개신교 윤리protestant ethic에 근거한 근면, 검소, 절제, 시간 엄수와 같은 노동의 윤리를 가르쳤지요. 이것이 베버의 『프로테스탄트 윤리와 자본주의 정신』이 분석한 당시 자본주의 정신the spirit of capitalism이자, 초기 자본주의 이데올로기입니다.

그러나 기간 시설이 완비되고 생산 시스템이 완전히 가동되기 시작한 19세기 후반부터는 '생산성'이 부단히 향상되었지요. 게다가 20세기에는 과학기술이 놀랍게 발달하여 그것이 폭발적으로 증가했습니다. 그러자 20세기 후반부터는 '소비'가 뒷받침되지 않으면 생산 체계가 붕괴될 처지에 놓였습니다. 그래서 탄생한 것이 후기 자본주의입니다. 요컨대 후기 자본주의는 과잉 생산된 상품들을 과잉 소비를 통해 해소함으로써 생존하는 경제체제지요. 때문에 이때부터 정부는 구성원들에게 '생산자'로서뿐 아니라 '소비자'로서의 위치를 새로이 부여하고, 삶의 질을 높인다는 명분 아래 낭비, 무책임, 몰지각, 부정의로 구성된 비윤리적이고 탈주체적인 '소비주의 이데올로기'를 알게 모르게 주입하기 시작했습니다.

정부는 소비를 애국으로 포장하는가 하면, 노동시간을 줄이고 여가시간을 늘리는 정책을 시행하고, 신용카드를 발급하여 충동적이고 무책임한 소비가 가능한 새로운 지출 방식을 열어 놓았지요. 시대적 편차는 있지만 어느 나라에서든 후기 자본주의와 신용카드 제도는 거의 같은 시기에 시작되었습니다. 또한 언론과 기업들은 자극적인 광고와 변덕스런 유행을 통해 정상적인 수준에서는 불필요한 소비를 숨이 막히도록 부추기지요.

요컨대 정부의 개입, 확산된 대중문화, 발달한 미디어와 마케팅 전략 등을 통해 소비를 강요하는 사회가 바로 후기 자본주의 사회입니다. 프랑스의 사회학자 장 보드리야르Jean Baudrillard, 1929-2007가 이런 사회를 '소비사회'Consumption communities라고 이름 붙인 것이 그래서고, 영국 카디프 대학의 커뮤니케이션 담당 저스틴 루이스Justin Lewis 교수가 후기 자본주의를 아예 '소비 자본주의'Consumer capitalism라고 고쳐 부르는 것도 그래서입니다.

그 결과 오늘날 우리는 자신도 모르는 사이에 낮과 주중에는 금욕주의적 생산자로 '죽도록' 일하고, 밤과 주말에는 쾌락주의적 소비자로 '지치도록' 봉사해야 하는 '이중 노역'과 '이중 착취'가 이뤄지는 사회에서 살게 되었습니다. 마찬가지로 자연은 우리의 제한 없는 생산 자원 채굴로 약탈당하고, 우리의 한도 없는 소비행위에서 나온 부산물 및 폐기물로 '이중 피해'를 당해 마침내 회복 불능의 상태에 이른 것입니다. 우리는 앞에서 자런의 『나는 풍요로웠고, 지구는 달라졌다』에 들어 있는 "환경 교리 문답"을 살펴보며, 자체 생존을 위해 소비 물질주의를 실천 이데올로기로 차용한 후기 자본주의가 주도한 지난 50년 사이 자연에 어떤 일들이 일어났는가를 이미 확인했습니다.

사실이 그러하니, 그 책임도 해결책도 당연히 인간과 자연을 몰아세우고 닦달하는 자본주의에게 물어야 합니다. 이것이 내가 기후변화로 인해 다가오고 있는 재앙의 주범으로 후기 자본주의 체제를 지목하고, 그에 대한 개인 차원의 저항은 물론이거니와 정부 차원의 제도적 장치가 없이는 사실상 기후변화를 막을 방법이 없다고 주장하는 이유입니다. 한마디로 기후변화는 사회적·정치적 차원에서도 다뤄져야 한다는 뜻이지요. 구체적이고 실제적인 방안으로는 앞에서 월러스 웰즈가 언급한 내용 외에도, 공공선을 추구하는 정책 수립,

빈부 차이로 인한 계층 간 불평등 문제 해결, 재생 가능한 에너지 개발, 생태 교육의 확장 등을 강화해야 한다고 전문가들은 주장합니다. 하지만 그것만으로는 충분치 않습니다. 그래서 필요한 것이 세 번째 방안입니다.

## 벽을 쓰러트려 다리를 놓아야

세 번째 방안은 초국가적인 글로벌 연대Global Solidarity입니다. 기상전문가들은 지금이 역사를 통틀어 기후변화라는 대홍수를 대비할 방주를 짓기 위해 우리에게 주어진 '마지막 기회'라는 데에 의심의 여지가 없다고 입을 모읍니다. 2015년 체결된 파리 기후변화 협약이 2021년 1월 1일부터 실행되었기 때문입니다. 지금 마땅히 해야 할 모든 일들을 당장 서둘러, 범세계적으로 실행해야 할 때라는 뜻입니다.

당연한 말이지요. 코로나 사태를 통해 우리가 경험하고 있듯이, 기후변화가 가져올 극단적인 폭염과 한파, 홍수와 산불, 물 부족, 식량 고갈, 대량 이주 그리고 팬데믹 같은 재난들은 예측할 수도 없고 통제할 수도 없을 뿐 아니라 개인이나 단일 국가의 차원에서는 해결할 수 없는 정치·경제·사회적 문제입니다. 그것들은 앞에서 소개한 울리히 벡이 예고한 이른바 '글로벌 위험'이지요. 때문에 그것을 극복하기 위해서는 초국가적인 '글로벌 연대'를 이루어 대처해야 한다는 것입니다. 우리 모두가 거센 폭풍우 속에서 이미 같은 배에 올라탔으니, 살아남으려거든 당장 서로 협력해야 한다는 각성에서 나온 주장이지요.

그들 가운데 우선 눈길을 끄는 것은, 지젝이 우리가 구축해야 하는 방주를 '새로운 형태의 공산주의'라고 부른다는 것입니다. 『팬데믹 패닉』에서 지젝은 코로나바이러스가 전 세계적으로 퍼지고 있기 때문에, 시장 메커니즘이 혼란과 물자 부족을 막기에는 역부족이라는 것을 깨닫고, 국가가 적극적인 역할을 떠맡아야 한다고 역설합니다. 예컨대 마스크, 진단 키트, 산소호흡기같이 긴급하게 필요한 물품들의 생산을 조정하고, 실직한 모든 사람의 최소한의 생존을 보장하는 등, 모든 면에서 "우리 대다수에게 공산주의적으로 보이는 조치들"을 취해야 한다는 것입니다.[31]

하지만 지젝이 말하는 새로운 공산주의는 마르크스 이래 실행되어 온 기존의 공산주의 체제를 뜻하지 않습니다. 그가 말하는 공산주의는 공기, 물, 자연, 인터넷처럼 인간이 기본적인 생활을 유지하기 위해 필수적인 공공재를 공유하는 시스템을 의미하지요. 지젝은 지금 세계를 지배하고 있는 글로벌 자본주의 시스템으로는 우리가 처한 위기를 돌파하기가 불가능하다는 겁니다. 그래서 그는 "우리가 필요로 하는 새로운 질서를 뭐라고 부를지는 전혀 중요하지 않다"라며, 글로벌 연대를 기반으로 하는 초국가적 협력 시스템—이것을 지젝은 "전 지구적 나눔과 협력이 바탕이 되는 새로운 국제주의"[32]라고 일컫기도 합니다—을 구축하는 정치 혁명과 철학 혁명의 절박함을 강조합니다.

파리 기후변화 협약의 이행을 추진하기 위해 2017년 설립된 '글로벌 옵티미즘'Global Optimism의 공동 대표인 크리스티아나 피게레스

Christiana Figueres와 톰 리빗카넥Tom Rivett-Carnec의 생각도 크게 다르지 않습니다. 두 사람도 공저 『한배를 탄 지구인을 위한 가이드』에서 "이제 세계인은 한배에 탔다는 인식을 확실히 하고 있다. 한 나라에 재해가 일어나면 다른 나라에도 몇 년 안에 일어날 가능성이 크다"[33]는 것을 강조하지요. 이들에게도 글로벌 연대는 긴박할 뿐 아니라 절박하기도 합니다. 하지만 파리 협약 이행을 추진하는 현장에서 일하는 만큼, 이들이 제시하는 해결책은—지젝의 그것처럼 정치적이고 이념적인 것이 아니라—실용적이고 구체적인 실천 방안들의 글로벌 연대입니다.

두 저자는 앞으로 10년 동안 지구촌 시민으로서의 우리 각자가 직접 실행해야 할 열 가지 행동을 낱낱이 그리고 상세하게 제시했습니다. 그 안에는 '옛 세상과 결별하자' '화석연료에서 벗어나자' '지구의 숲을 되살리자' '청정 경제에 투자하자' '기술을 책임감 있게 활용하자' '정치 참여에 나서자'와 같은 강령들이 들어 있지요. 글로벌 연대를 통해 이런 일들을 함께하자는 겁니다. 책의 말미에는 우리가 '바로 지금' 해야 할 일, '오늘 또는 내일' 해야 할 일, '이번 주', '이번 달', '올해' 해야 할 일, 그리고 '2030년까지', '2050년까지' 해야 할 일들을 하나하나 정리해 열거하기도 했습니다. 그렇게만 한다면, 우리가 막막해 보이는 도전 앞에서 주저하지 않는다면, 낭떠러지 앞에서 과감히 방향을 튼다면, 각자의 책임을 무겁게 여기고 필요한 모든 일을 다 한다면—우리는 살아남을 것이고 다시 번영을 꽃피울 것이라는 희망적인 메시지도 첨부했습니다.

주목하고자 하는 것은 지젝이 제안하는 정치 혁명과 철학 혁명도, 피게레스와 리빗카넥이 제시하는 열 가지 행동 지침도 모두 다가오는 묵시록적 재앙을 막아 내려면 단 하나의 길밖에 없다는 성찰을 기반으로 하고 있다는 것입니다. 그것은 지구촌 시민으로서의 우리 각자가, 개인적으로는 안락과 사치 및 과시를 추구하는 인간의 원초적 욕망에 부단히 불복종하고, 사회적으로는 소비 물질주의를 강요하는 후기 자본주의 체제의 부당한 요구에 과감히 저항해야 한다는 것이지요. 나아가 개인적·사회적·국가적 탐욕과 이기심을 뛰어넘어, 벽을 쓰러트려 다리를 만드는 글로벌 연대를 범세계적으로 구축해야 한다는 것입니다. 그리고 이 세 가지 방안은 '개별적'으로나 '순차적'으로가 아니라, '지구촌 모두에서 동시에' 강구되어야 한다는 거지요. 2015년 12월 12일 파리에서 체결된 '파리 기후변화 협약'도 바로 이 같은 원칙 아래 만들어졌습니다.

이렇게 볼 때, 파리 기후변화 협약보다 6개월 앞선 2015년 6월 18일에 프란치스코 교황이 기후변화와 생태계 파괴를 미리 막자면서 총 6장 246항, 181쪽 분량의 회칙 『찬미받으소서』를 발표한 것은 여러모로 의미심장합니다. 부제가 "공동의 집을 돌보는 것에 관한 회칙"인데, 제목인 "찬미받으소서" Laudato Si는 아시시의 성인 프란체스코가 남긴 "피조물의 찬가" Cantico delle creature ('태양의 찬가'라고도 불림)의 후렴구라고 합니다. 교황은 이 회칙을 인류 공동의 집인 지구가 "우리와 함께 삶을 나누는 누이이며 두 팔 벌려 우리를 품어 주는 아름다운 어머니와 같다는 것을 상기시켜 준다"(1항)는 말로 시작합니다.

이어서 현재 지구에 나타나는 생태 위기에 주목하고(17-61항), 죄가 창조 질서 전체의 균형을 어떻게 깨뜨렸는지를 성찰한 다음(62-100항), 생태 위기의 근원을 철학과 사회과학 그리고 과학기술의 측면에서 조명하고(101-136항), 경제학을 포함한 다양한 분야를 아우르는 '통합 생태론'을 새로운 패러다임으로 제시하지요(137-162항). 이후 생태 교육과 영성을 강조하며 모든 이에게 '생태적 회개'(216-221항)를 제안하기도 합니다. 그 가운데 특히 눈에 띄는 것은 개별 국가만의 조치로는 해결할 수 없는 근본적 문제들을 다루려면 범세계적인 합의가 반드시 필요하다면서 국가 간의 대화와 연대의 중요성을 강조했다는 점입니다.

그렇습니다! 이렇게 보든 저렇게 말하든, 좋든 싫든, 원하든 원하지 않든, 해결 방안은 우리가 지금까지 살펴본 세 가지 방법밖에 없습니다. 개인적 성찰, 사회적 또는 정치적 대응 그리고 글로벌 연대 말입니다. 게다가 그것은, 앞에서 언급했듯이 이것이냐 저것이냐가 아니라, 이것도 취하되 저것도 버리지 말아야 하는 문제지요. 이 일에는 시간도 없고 선택지도 없습니다. 핑계도 없고 달아날 곳도 없습니다. 왜냐하면 우리가 홍수이고, 우리가 방주이기 때문입니다. 그래서 교황도 『찬미받으소서』의 말미에 "우리의 지구를 위한 기도"라는 제목의 기도문을 실어 우리의 각성과 용기를 북돋웠습니다.

전능하신 하느님,

하느님께서는 온 세계에 계시며

가장 작은 피조물 안에 계시나이다.

하나님께서 존재하는 모든 것을 온유로 감싸 안으시며

저희에게 사랑의 힘을 부어 주시며

저희가 생명과 아름다움을 보살피게 하소서.

또한 저희가 평화로 넘쳐 한 형제로 살아가게 하소서.

오 가난한 이들의 하느님,

저희를 도와주시어

저희가 하느님 보시기에 참으로 소중한 이들,

이 지구에 버림받고 잊힌 이들을 구원하게 하소서.

저희의 삶을 치유해 주시어

저희가 이 세상을 훼손하지 않고 보호하게 하시며

오염과 파괴가 아닌 아름다운 씨앗을 뿌리게 하소서.

가난한 이들과 지구를 희생시키면서

이득만을 취하는 이들의 마음을 움직여 주소서.

모든 것의 가치를 발견하고

경외로 가득 차 바라보며

모든 피조물과 깊은 일치를 이루고 있음을 깨닫도록

저희를 가르쳐 주소서.

하느님, 날마다 저희와 함께해 주시니 감사하나이다.

비오니, 정의와 사랑과 평화를 위한 투쟁에서

저희에게 힘을 주소서.³⁴

## 하나님의 일

자, 그럼 이제 대책은 준비되었고 문제는 해결되었나요? 2021년 1월 1일부터는 파리 기후변화 협약이 실행되었기 때문에 이제 우리는 안심해도 될까요? 아닙니다! 정작 심각한 문제는 지금부터 시작입니다! 협약을 체결하기보다, 그것을 실행에 옮기기가 더욱 어렵기 때문이지요. 그것은 우리가 파리 기후변화 협약에 대해―예컨대 도널드 트럼프 전 미국 대통령의 행정부가 그랬듯이―저항하려는 의도를 갖고 있기 때문이 아닙니다. 원인은 그와 달리, 보다 은밀하고 깊은 데에 있습니다. 그것은 일찍이 자본주의가 내건 저 위대한 약속, 곧 물질적 풍요, 절대적 자유, 무한한 행복이라는 달콤한 유혹에 저항할 힘을 우리가 이미 상실했기 때문입니다.

더 많은 소유와 소비 그리고 물질에 의한 자유와 행복에 대한 환상이 우리를 파멸로 몰고 가고 있다는 것이 이미 드러났음에도 불구하고, 그것들에 대한 집요한 탐욕을 우리들은 도저히 억제할 수 없기 때문이지요. 마치 미끄러운 경사로에 올라선 것처럼 우리는 이미 스스로를 통제할 힘을 잃었습니다. 그래서 우리 자신의 탐욕적 생활방식과 우리 사회의 착취적 경제체제에 저항하는 일이 불가능하고, 글로벌 연대를 기반으로 하는 정치 혁명과 철학 혁명이 어려운 것입니다. 바로 이것이 우리가 뼈아프게 받아들여야 할 우리 자신의 진면

목입니다.

지금도 그렇지만 앞으로도 우리는 개인이 기후변화를 막기 위해 할 수 있는 가장 효과적인 네 가지 활동인 '채식 위주로 먹기, 비행기 여행 피하기, 차 없이 살기, 아이 적게 낳기'를 실행하지 못할지도 모릅니다. 우리나라를 비롯한 선진 각국에서 경제적 이유를 내세워 여전히 소비와 출산을 장려하는 정책들을 시행하는 것이 그 징표라고 할 수 있지요. 그래서 우리는 전 세계의 굶주리는 사람들을 모두 먹일 수 있는 식량용 곡물이 여분으로 생기는 '매주 하루, 고기 없는 날'을 정해 지키지 못하고, 매일 사용하는 에너지양과 전력량을 줄이지 못하고, '더 많이 소비하고, 덜 나누는' 우리의 생활양식이 만들어 낸 소비와 분배의 문제들을 해결하지 못할지도 모릅니다.

지금도 그렇지만 앞으로도 우리는 재난에 더욱 취약한 사회적 약자들을 보호하기 위한 연대는커녕, 오히려 불평등을 더욱 심화시켜 갈지도 모릅니다. 코로나-19 사태 이후 경제활동 전반을 차단하는 '봉쇄' 속에 수많은 자영업자가 가게를 닫고 노동자는 자리를 잃었지만, 애플과 테슬라의 주가는 천정부지로 치솟았고 아마존은 수십만 명을 임시직으로 채용할 정도로 호황을 누렸지요. 국내에서도 영업에 제한을 받는 소상공인들은 줄줄이 폐업을 하는 와중에, 대기업들은 깜짝 놀랄 만한 흑자를 남겼습니다. 통제할 수 없는 재난을 빌미로 통제력이 더욱 커진 정부와 대체 불가한 수요 증가로 인해 시장 지배력이 더욱 강해진 독점기업의 밀착도 어느 때보다 더 단단해지고 있지요. 그래서 우리는 코로나-19 팬데믹 이후에도 점점 더 커지는 빈부격차를 막지 못하고, 가난한 이들과 지구를 희생 시키면서, 자기 이득만을 취하는 이들의 횡포를 저지하지 못할지도 모릅니다.

또한 지금도 그렇지만 앞으로도 우리는 글로벌 연대를 기반으로 하는 국제적 공동선보다는 자국우선주의를 내세워 각종 봉쇄와 보호무역을 더욱 강화해 갈지도 모릅니다. 팬데믹 와중에도 미국과 중국의 경제적·군사적 패권경쟁이 더욱 심해져 가는가 하면, 자타가 공인하는 글로벌 연대의 필요성에도 불구하고, 백신의 지식재산권의 보호, 수급 통제, 사재기 등이 일어나고 있는 것이 그 단적인 예이지요. 근래에는 심지어 백신이 패권경쟁의 도구로도 사용되고 있습니다. 말로는 글로벌 연대 내지 국제 공조를 외치지만, 자국의 경제적, 군사적, 외교적 이익에 합일할 경우에 한할 뿐이고, 그렇지 않으면 언제 그랬냐는 듯이 나 몰라라 각자도생하는 것이 예나 지금이나 한결같은 국제 현실입니다.

그래서 우리는 1985년 오스트리아에서 오존층 보호를 위해 체결된 최초의 국제 협약인 '비엔나 협약'Vienna Convention을 지키지 못했고, 1989년 1월에 보완해 발효된 '몬트리올 의정서'Montreal Protocol를 무시했으며, 1992년에 리우데자네이루에서 체결된 '리우 선언'Rio earth charter을 지키지 못했을 뿐 아니라, 2012년 다시 리우에서 열린 '국제연합UN 국제 지속가능발전 정상회의'가 체결한 '우리가 원하는 미래'The Future We Want라는 이름의 선언과 2015년에 같은 정상회의에서 발표한 '지속가능발전 목표'Sustainable Development Goals도 무력하게 만들었지요. 어쩌면 우리는 사실상 마지막 기회가 될지도 모르는 '파리 기후변화 협약'마저 물거품으로 만들지도 모릅니다.

이러한 사례들은 우리가 '설령' 그리고 '아무리' 계몽되었다고 하더라도, 프로메테우스적 지혜를 동원해 난국을 타개하려 한다 해도, 각자의 이익 앞에서는 여지없이 무력해진다는 사실, 그것이 오히려 계몽된 인류의 특성이자 아킬레스건이라는 진실을 거듭해 확인하게 하지요. 그래서 우리는 결국 기후변화가 가져올 사회적 혼란과 전쟁을 피하지 못하고, 빙하가 지도를 바꿀 정도로 빨리 녹아내리는 것을 막지 못하고, 나날이 가속화되고 있는 동식물들의 멸종을 막지 못하고, 해수면이 높아져 바다가 도시들을 집어삼키는 것을 피하지 못하고, 결국에는 인류 자신이 여섯 번째 대멸종의 희생물이 되는 것을 막지 못할지도 모릅니다.

지나치게 비관적인 전망이 아니냐고요? 그렇지요? 그래서 이번에는 같은 사안을 조금 달리 조명해 보려 합니다.

당신도 알다시피, 기독교 신학에서는 인간의 무한하고 통제할 수 없는 탐욕―아우구스티누스는 이것을 '콘쿠피스켄티아'concupiscentia라고 불렀습니다―을 하나님으로부터 돌아선 죄의 결과, 곧 '죄성'罪性 때문이라고 규정합니다. 일찍이 예레미야 선지자는 우리가 지닌 죄성을 거친 본능과 짐승의 발정에 비유하며(예레미야 2:23-25; 8:6), 그것은 에티오피아인의 검은 피부나 표범의 반점처럼 지우려야 지워지지 않는 것(예레미야 13:23)이라 규정했지요. 그리고 사도 바울은 "죄의 삯은 사망"(로마서 6:23)이라고 못 박아 교훈했습니다. 요컨대 하나님으로부터 돌아선 죄가 무한하고 통제할 수 없는 탐욕을 낳고, 그 탐욕이 사망을 불러온다는 것이 정통 기독교의 교리입니다. 어떠세요? 언제나 그랬지만, 지금 우리가 마주하고 있는 상황과도 딱 맞아떨어지지 않나요?

그런데 코로나 사태는 물론이거니와 기후변화로 다가오고 있는 묵시록적 재앙들이 인간의 탐욕 – 곧 우리의 탐욕적 생활 방식과 착취적 경제체제 – 에서 기인했다는 것이 우리가 지금까지 살펴본 각계 기후변화 전문가들의 진단입니다. 그렇다면, 인류를 파멸로 몰고 가고 있는 극단적인 폭염과 한파, 홍수와 산불, 물 부족, 식량 고갈, 대량 이주와 그에 따른 테러와 전쟁 그리고 무엇보다도 지금 우리가 겪고 있는 팬데믹 같은 재앙들은 하나님으로부터 돌아선 우리의 죄성 때문이라는 논리적 귀결에 도달하지요.

그러니 우리가 하나님으로부터 돌아선 죄를 뉘우치고 – 신약성서 용어로는 '메타노이아'metanoia (회심, 회개)라 합니다 – 지우려야 지울 수 없는 죄성과 탐욕에서 벗어나지 못하는 한, 우리 자신과 세계를 묵시록적 재앙에서 구하는 일은 불가능한 과제가 아니겠습니까?

그래서 프란치스코 교황도 『찬미받으소서』에서 "생태적 회개"라는 말까지 만들어 심중히 권고했지만, 회심이란 결코 쉬운 일이 아닙니다. 17세기 프랑스 사상가인 블레즈 파스칼Blaise Pascal, 1623-1662은 『팡세』에서 다음과 같이 교훈했지요.

진정한 회심은 인간으로 인해 수없이 진노한 존재, 인간을 어느 때나 정당하게 멸할 수 있는 보편적 존재 앞에 인간이 스스로를 무無로 만드는 데 있으며, 그 존재 없이는 인간이 아무것도 할 수 없고, 또한 그에게서 버림받음 외에는 아무것도 받을 수 없음을 인정하는 데 있다."[35]

그러니 하나님의 은총이 없이는 할 수 있는 일이 아니지요. 이리 보나 저리 보나, 다시 말해 인문학적 성찰로 보나 신학적 분석으로 보나, 우리는 이제 막다른 골목에 다다랐습니다. 천 길 벼랑 앞에 섰지요. 출구가 없고 추락만 남았습니다. 소망이 끊어지고, 희망이 사라졌습니다.

그런데 혹시 아세요? 덴마크의 철학자이자 신학자인 쇠렌 키르케고르 Søren Kierkegaard, 1813-1855 가 모든 소망이 끊어지고 온갖 희망이 사라진 인간의 궁지窮地를 오히려 높이 평가했다는 것을? 그래서 그는 "절망하라. 그러면 그대 속에 깃들인 경솔한 마음이 그대로 하여금, 요동치는 정신처럼 그리고 망령처럼 그대를 이미 상실된 세계의 폐허 속에서 헤매게 하는 일이 다시는 없게 할 것이다"[36]라고 권했다는 것을? 이어서 이성적·도덕적 요청을 따르지 못하는 나약한 우리가 도달하게 되는 죄의식과 자기 부정을 "무한한 자기체념"이라고 불렀다는 것을? 그리고 그것이, 오직 그것만이 인간이 종교적 단계 religious stadium에 이르러 구원을 받게 되는 마지막 단계[37]라고 규정한 사실을? 아브라함이 바로 이 무한한 자기체념 운동을 통해 절체절명의 순간에 이삭의 생명과 자기의 믿음을 함께 구했다고 진지하게 교훈한 사실을?*

그리고 또 혹시 아세요? 스위스의 탁월한 신학자이자 목회자인 에두아르트 투르나이젠Eduard Thurneysen, 1888-1974이 "지옥으로 추락하는 이들을 위한 신학"이라는 부제가 붙은 그의 저서 『도스토옙스키』에서 우리 모두가 죄인이라는 "죄의 연대" 속에서만 인간은 서로를 재발견하고 재인식한다고 설파한 사실을? 하나님을 믿는 사람은 "모든 인간적인 확실함의 대지를 박차고 허공으로 몸을 던져야" 한다고 주장한 사실을? "이 세상의 현실과 거기 속한 모든 가능성의 종말, 급진적인 한계"가 드러나는 그곳에서 비로소 하나님의 현실이 시작된다고 갈파한 사실을?[38] "모든 인간적인 것에 대한 절대적인 비판 속에서 프로메테우스적 욕망이 완전히 제압된 곳, 바로 그곳, 오직 그곳에서 풍요롭고 사려 깊은 문화를 만들어 가는 일이 다시 시작된다"[39]라고 설파한 사실을? 그것이, 오직 그것만이 우리가 기대할 수 있는 하나님의 은혜, 곧 불가능성의 가능성이라는 것을?

그렇다면—다시 말해 만일 당신이 이 같은 기독교 신학의 역설적 신비를 안다면—우리는 여기에서 다음과 같은 성찰에 자연스레 도달하게 됩니다. 하나님은 출구가 없는 막다른 골목에서야 길을 터 주신다는 것, 천 길 벼랑으로 추락하는 어깨에만 날개를 달아 주신다는 것, 소망이 끊어진 곳에만 소망을 이어 주시고, 희망이 사라진

---

* 이에 대한 보다 자세한 내용은 3권 『하나님은 인격적인가』의 2장 가운데 '두려움과 떨림'을 참고하라.

곳에서야 희망을 열어 주신다는 것, 무한한 자기체념이 있는 곳에만 구원이 있다는 것 말입니다. 이삭을 바치려고 칼을 뽑은 다음에야 아브라함에게 수풀에 뿔이 걸려 있는 한 마리 숫양을 보여 주셨다는 것(창세기 22:13), 하나님의 백성들에게는 언제나 예상치 못한 반전이 일어난다는 것, 그것이 "내가 반드시 너와 함께 있으리라"(출애굽기 3:12)라는 하나님의 언약 수행 방식이라는 것 말이지요.

그렇다면, 우리는 또한 다음과 같은 각성에도 무난히 이르게 됩니다. 하나님의 구원은 우리가 예상하거나 기대할 수 있는 일이 아니라는 것, 그런데도 그것이 일어난다는 것, 그것이 하나님이 일하시는 방식이라는 것, 그래서 아브라함은 그날 그 일이 일어난 그곳을 "여호와 이레"Jehovah-Jireh(창세기 22:14, 여호와께서 [모든 것을] 준비하신다)라고 이름 붙였다는 것 말입니다. 때문에 하나님의 백성의 소망과 희망은 언제나 인간과 세계의 밖에서 온다는 것, 우리의 프로메테우스적인 지혜와 노력에서 나오는 소망과 희망은 오히려 하나님에게서 오는 것이 아니라는 것, 때문에 온갖 인문학적 성찰과 신학적 분석이 불가능한 그곳에 새로운 가능성이 있다는 것, 바로 그것이, 오직 그것이 그리스도인들이 가질 수 있는 진정한 소망과 희망의 출처라는 것 말이지요.

## 그리스도인의 일

그리스도인이란 누구인가요? 다양한 답이 가능하겠지만, 내 생각에는 이에 대한 올바른 답은 '하나님이 누구인가'에서 찾아야 합니다.

왜냐하면 그리스도인이란 그리스도를 통해 하나님과 연결되어 있는 존재이기 때문입니다. 그렇다면 하나님은 누구이신가요? 역시 다양한 답이 가능하겠지만, 그분은 세계내재자$^{\text{Immanent being}}$인 동시에 세계초월자$^{\text{Transcendent being}}$입니다. 하나님이 세계내재자라는 말은 (3권 『하나님은 인격적인가』에서 이미 밝혔듯이) 그분이 인간과 세계에 부단히 관계하신다는 뜻이고, 하나님이 세계초월자라는 말은 (1권 『하나님은 존재하는가』에서 이미 살펴보았듯이) 그분이 인간과 세계의 한계를 부단히 넘어서신다는 의미입니다. 이것이 기독교가 말하는 하나님의 본성이자, 그리스도인이 가질 수 있는 소망과 희망의 본질이지요.

그리스도인은 하나님이 인간과 세계에 부단히 관계하시기 때문에 소망을 가질 수 있고, 또 하나님이 인간과 세계의 한계를 부단히 초월하시기 때문에 희망을 가질 수 있습니다. 하나님이 인간과 세계의 연약함과 죄성을 아시기 때문에 소망을 가질 수 있고, 또 하나님이 인간과 세계를 죄에서 구원하시고 의롭게 만드시기 때문에 희망을 가질 수 있습니다. 달리 말하자면, 그리스도인은 예수님이 인간으로 세상에 오셨기$^{\text{incarnatio}}$ 때문에 소망을 가질 수 있고, 또 예수님이 죽음을 이기고 부활하셨기$^{\text{anastasis}}$ 때문에 희망을 가질 수 있습니다.

이 말은 그리스도인의 소망과 희망과 삶은 이성 또는 합리성의 한계에 갇히지 않는다는 것을 뜻합니다. 그리스도인의 소망과 희망과 삶은 프로메테우스적 지혜의 한계를 초월한다는 것을 의미하지요. 계몽주의의 세례를 받은 우리에게는 불가능한 일도 그리스도의 세례를 받은 우리에게는 가능하다는 것을 뜻합니다. 예수님의 권능은 불가능한 것을 가능한 것으로 변화시키는 힘입니다. 성육신과 부활이 그 상징이 아니면 무엇이겠습니까. 그리스도인은 예수님을 통한 하나님과의 연결로 인해 세계내재자이자 세계초월자가 될 수 있고, 되며, 되어야 합니다.

그럼으로써 그리스도인은 세계 안에 초월적 사건―이것을 우리는 기적이라 합니다―을 일으킬 수 있고, 일으키며, 일으켜야 합니다. 이런 관점에서 보면 그리스도인은 허공을 걸어가는 마술사와 같습니다. 그는 매번 허공으로 발을 내딛지만, 그는 실제로 그곳을 걸어갈 수 있고, 걸어가며, 걸어가야 합니다. 이것이 그리스도를 통해 하나님과 연결된 그리스도인의 능력이자 동시에 사명이지요. 우리는 이 능력과 이 사명을 가볍게 받아들여서는 안 됩니다. 왜냐하면 하나님이 우리에게 능력도 주시고, 사명도 주신다는 것이 소명召命, calling이라는 말의 참뜻이기 때문입니다.

코로나 사태를 비롯한 기후변화가 가져올 모든 묵시록적 재앙들에 대해서도 마찬가지입니다. 인간에게 불가능한 일이 하나님에게는 가능하듯이, 프로메테우스의 지혜를 물려받은 계몽주의자들에게 불가능한 일이 그리스도의 사랑을 본받은 그리스도인에게는 가능합니다. 도덕으로 불가능한 일이 신앙으로 가능하듯이, 인간의 박애로는 불가능한 연대가 그리스도의 사랑으로는 가능하지요. 내가 보기에는 이것이, 오직 이것만이 지금 우리가 마주하고 있는 모든 묵시록적 재앙에서 벗어날 수 있는 유일한 희망입니다. 그것은 또한 모든 인간적 확실함의 대지를 박차고 허공으로 몸을 던지는 그리스도인, 죄의식과 자기 부정으로 "무한한 자기체념"에 이르는 그리스도인들만이 이룰 수 있고, 이루며, 이뤄야 하는 희망이기도 하지요.

하나님은 또 누구이신가요? 이 책에서 살펴본 바에 의하면, 그분은 삼위일체 유일자이지요. 피조물 모두가 "나란히 그리고 더불어" 상호내주적·상호침투적으로 실존하는 공동체를 이루어 나가게 하시는 분입니다. 크기를 알 수 없을 만큼 거대하고, 깊이를 짐작할 수 없을 만큼 깊은 용광로이자 샐러드 볼이지요. 단순히 자신과 동일한 것만 받아들이는 '동종사랑'homologous love뿐 아니라, 이질적이고 다양한 것까지 받아들이고 포괄하는 '이종사랑'heterologous love까지 이루게 하시는 분입니다.

앞에서 살펴본 대로, 우리가 글로벌 연대를 통해 각종 재난에 취약한 이들을 돌보는 일, 자원의 생산과 분배를 공유하는 일, 탐욕적 생활 방식과 착취적 경제체제를 세계적으로, 항구적으로 종식시키는 일이 사실상 불가능하다는 것이 계몽주의자들이 도달한 논리적 귀결입니다. 또한 우리가 에티오피아인의 검은 피부나 표범의 반점처럼 지워지지 않는 죄성과 탐욕에서 도저히 벗어날 수 없다는 것이 신학자들이 내놓은 분석입니다. 하지만 그리스도를 통해 삼위일체 유일자이신 하나님과 연결된 그리스도인은 그 같은 귀결, 그 같은 분석, 그 같은 족쇄에서 벗어날 수 있고, 벗어나며, 벗어나야 합니다.

물론 그것은 쉬운 일이 아닙니다. 그것은 먼저 출구가 없는 막다른 골목까지 내달려야 하고, 천 길 벼랑으로 뛰어내려야 하고, 모든 인간적 소망을 먼저 끊어야 하고, 모든 프로메테우스적 희망을 버려야 하고, 무한한 자기체념을 해야 하고, 아들을 바치려고 먼저 칼을 뽑아야만 가능한 일입니다. 때문에 그것은 프로메테우스적 이해타산으로는 결코 가능한 일이 아닙니다. 오직 삼위일체 유일신인 하나님을 믿는 그리스도인만이 할 수 있고, 하며, 해야 하는 일입니다.

일찍이 계몽주의의 선구인 이마누엘 칸트는 인간의 도덕적 의무를 강조하면서 "너는 할 수 있다, 왜냐하면 해야 하기 때문에"$^{Du\ kannst,\ denn\ du\ sollst}$라는 엄중한 말을 남겼습니다. 그렇다면 우리는 그리스도인의 사명을 되새기면서, 계몽주의자들로서는 불가능한 재앙들을 극복하는 일 앞에서 "나는 할 수 있다, 왜냐하면 그리스도인이기 때문에"라고 당당히 외치고 나서야 합니다. 그리고 프로메테우스적 지혜와 노력으로는 이뤄 낼 수 없는 일들을 하나님의 은총과 그리스도의 사랑으로 이뤄 내야 합니다. 그럼으로써 이미 다가온 코로나-19 팬데믹뿐 아니라, 앞으로 다가올 온갖 묵시록적 재앙들을 극복해 내야 합니다. 이것이 이 시대 그리스도인에게 주어진 소명, 곧 삼위일체 유일신인 하나님이 지금 그리스도인을 통해, 그리스도인과 함께 하시고자 하는 일입니다.

알렉산더 포프의 "인간론" 가운데 다음 구절을 소개하며 마칩니다.

인간의 지식은 그 입장과 위치에서만 합당하고
그의 시간은 하나의 찰나이며, 그의 공간은 하나의 점.

어떤 차원에서든 온전하게 되기 위해서라면
이른들 늦은들, 이곳인들 저곳인들 어떠리.
오늘 복 받은 자 온전히 복 받고 있느니라,
천 년 전부터 복 받은 자와 다름없이.⁴⁰

# 참고문헌

## 하나님은 유일자다

1. 플로티노스,『엔네아데스』, 4, 8, 1, 1-5.
2. 같은 책, 3, 5, 1, 6.
3. 아우구스티누스,『아카데미아 학파 반박』, 3, 18, 41.
4. L. de Crescenzo, *Geschite der griechischen Philosophie*, Zürich, 1990, p. 225.
5. 참고. 플로티노스,『엔네아데스』, 4, 8, 4, 31-33.
6. 오리게네스,『원리론』, 1, 7, 38.
7. 샘 해리스, 김원옥 역,『종교의 종말』, 한언출판사, 2005.

## 01 일자란 무엇인가

1. Simplikios in Phys., S. 145, 1-146, 25, S. 38, 30-39, 9(DK 28 B8, 잠언 8), *Die Vorsokratiker*(1), Reclam, Stuttgart, 1983, p. 319.
2. 에티엔 질송, 정은해 역,『존재란 무엇인가』, 서광사, 1992, p. 43.
3. 플라톤,『파르메니데스』, 127a-c. 파르메니데스와 제논이 소크라테스와 만난 것은『테아테토스』, 183e,『소피스테스』, 217c에도 언급된다.
4. 참고. 플라톤,『국가』, 509b, 516c.
5. 참고. 아리스토텔레스,『형이상학』, 1091b 14; 988b 11.
6. 참고. 플라톤,『국가』, 509b.
7. 참고. 같은 책, 518c.
8. 참고. 같은 책, 509b.
9. 헨리 모어, "영혼불멸" 중 일부.
10. 플라톤,『국가』, 540a.
11. 알렉산드리아의 클레멘스,『학설집』, 1, 20.
12. 아서 러브조이, 차하순 역,『존재의 대연쇄』, 탐구당, 1992, p. 64.

13 플라톤, 『파이드로스』, 64.
14 W. Jaeger, *Die Theologie der frühen griechischen Denker*, Stuttgart, 1953, p. 13.
15 P. Natrop, *Platos Ideenlehre*, Darmstadt, 1961, p. 509.
16 에티엔 질송, 『존재란 무엇인가』, p. 47.
17 플로티노스, 『엔네아데스』, 3, 8, 8.
18 파울 틸리히, 송기득 역, 『폴 틸리히의 그리스도교 사상사』, 한국신학연구소, 1993, p. 135.
19 플로티노스, 『엔네아데스』, 5, 4, 1.
20 참고. 같은 책, 6, 9, 3.
21 같은 책, 5, 4, 1.
22 같은 책, 5, 2, 1.
23 같은 책, 1, 11, 10.
24 토마스 아퀴나스, 『신학요강』, 1, 36.
25 유스티누스, 『유대인 트뤼폰과의 대화』, 62.
26 같은 책, 128.
27 참고. 후스토 L. 곤잘레스, 이형기·차종순 역, 『기독교사상사』(*A History of Christian Thought*), 1권, 한국장로교출판사, 1997, p. 39.
28 이그나티우스, 『에베소로 보내는 서신』, 7, 2.
29 참고. 베르너 하이젠베르크, 최종덕 역, 『철학과 물리학의 만남』, 도서출판 한겨레, 1985, pp. 66-67.
30 R. Cagnat, *Carthage, Timgad*, Tébessa, 1912, p. 70.
31 참고. 필립 샤프, 이길상 역, 『니케아 이전의 기독교-교회사 전집』(*History of Christian Church*), 2권, CH북스, 2004, p. 708.
32 참고. 후스토 L. 곤잘레스, 『기독교사상사』, 1권, p. 219.
33 테르툴리아누스, 『프락세아스 논박』, 2.
34 같은 책, 2.
35 테르툴리아누스, 『헤르모네스 논박』, 3.
36 참고. 에우세비우스, 『교회사』, 6, 2, 7-8.
37 참고. 같은 책, 6, 2, 8-11.
38 참고. 같은 책, 6, 2, 6.
39 참고. 필립 샤프, 『니케아 이전의 기독교-교회사 전집』, 2권, p. 93.
40 참고. 에우세비우스, 『교회사』, 6, 3, 3.
41 참고. 같은 책, 6, 3.
42 참고. 같은 책, 6, 8, 2.
43 필립 샤프, 『니케아 이전의 기독교-교회사 전집』, 2권, p. 681.

44 참고. K. Beyschlag, *Grundriss der Dogmemgeschichte*, Darmstadt; WB, 1987-2000, Bd. I, pp. 219-220.
45 에우세비우스, 『교회사』, 6, 39, 5.
46 알렉산드리아의 클레멘스, 『학설집』, 6, 5.
47 참고. 알비누스, 『교훈집』, 164, 21이하.
48 참고. 같은 책, 163-164.
49 참고. 같은 책, 169, 26이하.
50 참고. J. N. D. 켈리, 박희석 역, 『고대 기독교 교리사』(*Early Christian Doctrines*), CH북스, 2004, p. 115.
51 에티엔 질송, 『존재란 무엇인가』, p. 63.
52 참고. 오리게네스, 『원리론』, 1, 2, 2.
53 참고. 같은 책, 1, 2, 6.
54 참고. 같은 책, 1, 2, 6; H. Crouzel, *Theologie de l'Image de Dieu chez origene*, Aubier, Peris, 1956, pp. 75-83.
55 오리게네스, 『원리론』, 1, 3, 7.
56 요한 칼빈, 『기독교강요』, 1, 13, 18.
57 참고. J. N. D. Kelly, *Early Christian Creeds*, 3rd ed. Essex: Longmann, 1972, pp. 263-295.
58 R. Seeberg, *Text-Book of History of the Doctrines*, Baker Book Haus, Grand Raphids, 1952, I., pp. 202-203.
59 참고. 아타나시우스, 『아리우스주의자들에 대한 반론』, 1, 2, 5.
60 참고. 필립 샤프, 이길상 역, 『니케아 이전의 기독교-교회사 전집』, 2권, pp. 552-553.
61 참고. Arius, "Epstula ad Eusebium Nicomediensem in Opitz", *Athanasius Werke*, 3/1, 1-3(Urkunde 1), 2.
62 J. Quasten, *Patrology*, Utrecht; Spectrum Publischers, 1960, 3:66.
63 참고. 필립 샤프, 『니케아 시대와 이후의 기독교-교회사 전집』, 3권, CH북스, 2004, pp. 758-761.
64 참고. 아타나시우스, 『성육신에 관하여』, 7.
65 참고. 아타나시우스, 『아리우스주의자들에 대한 반론』, 2, 70.
66 아타나시우스, 『성육신에 관하여』, 54, 3.
67 아타나시우스, 『세라피온에게 보내는 편지』, 1, 28.
68 아타나시우스, 『신앙 해설』, 2.
69 참고. 아타나시우스, 『아리우스주의자들에 대한 반론』, 2, 25.
70 J. N. D. Kelly, *Early Christian Creeds*, Longmans, Green & Co. 1950, p. 216.
71 참고. 필립 샤프, 『니케아 시대와 이후의 기독교-교회사 전집』, 3권, p. 773.
72 1월 1일 성 대바실리우스(Basilius Magnus) 축일 조과 '아폴리티키온'(찬양송) 중

일부.

73 단테, 『신곡』, 3, 33, 115-123.
74 아타나시우스, 『교회회의에 관한 편지』, 41.
75 참고. K. Beyschlag, *Grundriss der Dogmageschichte*, 1, Darmstadt; WB, 1987-2000, p. 279.
76 참고. 후스토 L. 곤잘레스, 『기독교사상사』, 1권, p. 355.
77 윌리엄 셰익스피어, 『햄릿』, 5, 1.
78 루트비히 비트겐슈타인, 『철학적 탐구』, 109.
79 참고. 플라톤, 『파이돈』, 100-104.
80 에티엔 질송, 『존재란 무엇인가』, p. 84.
81 참고. 게르하르트 킷텔, 제프리 브라밀리 편역, 『신약성서 신학사전』, 요단출판사, 1986, p. 820.
82 아우구스티누스, 『삼위일체론』, 5, 8, 9-10.
83 나지안주스의 그레고리우스, 『변설집』(*Orationes*), 39, 11.
84 바실리우스, 『서한집』(*Epistulae*), 214, 4-236, 6.
85 참고. 나지안주스의 그레고리우스, 『변설집』, 39, 11.
86 아우구스티누스, 『삼위일체론』, 1, 3, 5.
87 같은 책, 15, 28, 51.
88 참고. 같은 책, 7, 5, 10.
89 참고. 같은 책, 7, 6, 11.
90 같은 책, 1, 4, 7.
91 같은 책, 1, 5, 8.
92 참고. 같은 책, 1, 7, 14.
93 같은 책, 5, 5, 6.
94 같은 책, 6, 7, 9.
95 참고. 토마스 아퀴나스, 『신학요강』, 1, 52; 『대이교대전』, 4, 11.
96 요한 칼빈, 『기독교 강요』, 1, 13, 19.
97 참고. 바실리우스, 『에우노미우스에 대한 반론』(*Contra Eunomium*), 2, 14.
98 같은 책, 2, 24.
99 나지안주스의 그레고리우스, 『변설집』, 38(신의 현현에 관하여).
100 아우구스티누스, 『삼위일체론』, 4, 21, 30.
101 같은 책, 15, 24, 45.
102 참고. 아우구스티누스, 『삼위일체론』, 8, 10.
103 참고. 같은 책, 9, 4-12.
104 참고. 같은 책, 10, 11-12.

105 같은 책, 6, 5, 7.
106 아우구스티누스, 『설교집』, 71, 18.
107 J. Moltmann, *History and the Triune God*, trans. J. Bowden, New York: Crossroad, 1992, p. 85.
108 참고. 같은 책, pp. 85, 131.
109 같은 책, p. 86.
110 G. marcel, *Les hommes contre l'humain* (인간적인 것을 거부하는 인간들), La Colombe, Paris, 1951, p. 166.
111 제러미 벡비, "기도와 음악"(Perspective on Prayer and Music), 프레이저 왓츠 편, 조용민 역, 『기도와의 8가지 색다른 만남』(*Perspective on Prayer*), 이레서원, 2004, p. 123.
112 참고. J. Moltmann, *History and the Triune God*, trans. J. Bowden, New York: Cressrord, 1992, pp. 86, 133.
113 J. Moltmann, *Experience in Theology*, trans. M. Kohl. Minneapolis: Fortress Press, 2000, p. 310.
114 J. Moltmann, *The Comming of God*, trans. M. Kohl. Minneapolis: Fortress Press, 1996, p. 301.
115 J. Moltmann, *The Trinity and the Kingdom of God*, trans. M. Kohl. San Francisco: Harper Collins, 1981, pp. 157이하.
116 G. Marcel, *Homo Viator* (여행하는 인간), Aubier, Paris, 1945, p. 100.
117 존 던, 『기도문』, "누구를 위하여 종을 울리나" 중 일부.
118 J. Moltmann, *History and the Triune God*, trans. J. Bowden, New York: Cressrord, 1992, p. 69.

## 02 유일신은 배타적인가

1 에우세비우스, 『교회사』, 4, 14.
2 에티엔 질송, 김규영 역, 『철학과 신』, 성바오로서원, 1981, p. 54.
3 참고. 프랑크 크뤼제만, 이지영 역, 『자유의 보존』(*Bewahrung der Freiheit*), 크리스천헤럴드, 1999, pp. 55-56.
4 같은 책, pp. 56-57.
5 참고. 칼 야스퍼스, 백승균 역, 『역사의 기원과 목표』(*Vom Ursprung und Ziel der Geschichte*), 이화여자대학교출판부, 1986, pp. 20-51.
6 C. H. Dodd, *The Authority of the Bible*, Haper & Row, New York, 1929, p. 111.
7 라이너 마리아 릴케, 『기도시집』, 2부 "순례자의 서" 중 일부.
8 카렌 암스트롱, 배국원·유지황 역, 『신의 역사』(*A History of God*), 동연, 1999, p. 22.

9 발터 아이히로트, 박문재 역, 『구약성서 신학』, I, CH북스, 1998, p. 236.
10 같은 책, pp. 221-222.
11 같은 책, p. 229.
12 요한 칼빈, 『기독교 강요』, 1, 17, 13.
13 참고. 김광채, 『교부열전』, 상권, 정은문화사, 2002, p. 166.
14 참고. 같은 책, p. 167.
15 참고. 에우세비우스, 『교회사』, 4, 18.
16 참고. L. W. Barnard, *Justin Martyr*, Cambridge: Cambridge University Press, 1966, p. 13.
17 참고. 김광채, 『교부열전』, 상권, p. 175.
18 유스티누스, 『제2변증서』, 8, 13.
19 참고. 같은 책, 21.
20 참고. 같은 책, 10.
21 유스티누스, 『제1변증서』, 46.
22 유스티누스, 『제2변증서』, 10.
23 단테, 『신곡』, 1, 4, 52-61.
24 같은 책, 1, 4, 52-61.
25 참고. L. W. Barnard, *Justin Martyr*, Cambridge: Cambridge University Press, 1966, pp. 15-18.
26 제2차 바티칸 공의회, 『교회에 관한 교의 헌장』, 2, 16.
27 파울 틸리히, 현영학 역, 『존재에의 용기』, 전망사, 1986, p. 196.
28 같은 책, pp. 198-199.
29 참고. 같은 책, p. 199.
30 같은 책, p. 199.
31 참고. 같은 책, p. 199.
32 같은 책, p. 200.
33 파울 틸리히, 김경수 역, 『조직신학』, I-하, 성광문화사, 1992, p. 143.
34 같은 책, p. 143.
35 참고. 같은 책, p. 145.
36 참고. 파울 틸리히, 『존재에의 용기』, pp. 200-201.
37 참고. 같은 책, p. 201.
38 참고. 같은 책, pp. 192-196.
39 참고. 같은 책, p. 185.
40 참고. 같은 책, pp. 177-178.
41 참고. 같은 책, pp. 199-200.
42 같은 책, p. 203.

43 같은 책, p. 203.
44 참고. 지그문트 바우만, 함규진 역, 『유동하는 공포』(*Liquid Fear*), 산책자, 2009, p. 15.
45 H. Küng, "Christianity and World Religions: Dialog with Islam", in *Toward a Universal Theology of Religion*, ed. L. Swidler, Maryknoll, N.Y.: Orbis, 1987, p. 15.
46 새뮤얼 헌팅턴, 이희재 역, 『문명의 충돌』(*The Clash of Civilizations and the Reclaiming of World Order*), 김영사, 2006, p. 440.
47 참고. A. Race, *Christians and Religious Pluralism*, Maryknoll, Orbis Books, 1982.
48 조지 바이런, 『히브리 노래』, "울어라, 바빌론 강가에서."
49 참고. 로이 돌리너·벤저민 블레흐, 김석희 역, 『시스티나 예배당의 비밀』, 중앙북스, 2008, pp. 285-288.
50 참고. 같은 책, pp. 295-309.
51 참고. 같은 책, pp. 343-347.
52 단테, 『신곡』, 1, 3, 82-87; 109-111.
53 같은 책, 1, 5, 4-12.
54 참고. 필립 샤프, 이길상 역, 『니케아 이전의 기독교-교회사 전집』, 5권, CH북스, 2004, pp. 203-205.
55 참고. 테리 이글턴, 강주헌 역, 『신을 옹호하다』, 모멘토, 2010, p. 146.
56 토마스 아퀴나스, 『신학요강』, 1, 12; 『신학대전』, 1, 3, 5; 참고. 『대이교대전』, 1, 25.
57 참고. 안셀무스, 『프로슬로기온』, 19; 『모놀로기온』, 21-22장.

## 03 유일신만이 할 수 있는 일

1 지그문트 바우만, 함규진 역, 『유동하는 공포』, 산책자, 2009, p. 15.
2 조선일보, 2021. 3. 6, "[창간 101주년 특별 인터뷰] '바이러스 사냥꾼' 美 조나 마제트 교수", 정시행 특파원.
3 조선일보, 2021. 3. 8, "[창간 101주년 특별 인터뷰] 美 미래학자 제러미 리프킨", 김진명 특파원.
4 호프 자런, 김은령 역, 『나는 풍요로웠고, 지구는 달라졌다』, 김영사, 2020, pp. 253-255.
5 데이비드 월러스 웰즈, 김재경 역, 『2050 거주불능 지구』, 추수밭(청림출판), 2020, p. 39.
6 SBS 뉴스, 2021. 1. 7, "대기에 쌓인 온실가스만으로 2.3도↑ 파리협약 목표 훌쩍 넘어", 유영규 기자, https://news.sbs.co.kr/news/endPage.do?news_id=N1006160415&plink=COPYPASTE&cooper=SBSNEWSEND; 조선일보, 2021. 3. 10, [한삼희의 환경칼럼] "'저질러진 기후 붕괴' 아직 한참 남았다", 한삼희 선임기자.
7 참고. 데이비드 월러스 웰즈, 『2050 거주불능 지구』, pp. 167-175.

8 참고. 같은 책, pp. 109-110.
9 같은 책, p. 63.
10 Galileo Galilei, *The Assayer* (『분석가』, 1623), in *Discoveries and Opinions of Galileo*, Stillman Drake(trans.), Doubleday & Co., Garden City, New York, pp. 237-238; 프랭클린 보머, 조호연 역, 『근현대 지성사』, 현대지성사, 1999, p. 77에서 재인용.
11 Francis Bacon, *De Sapientia Veterum* (*Concerning the Wisdom of the Ancients*, 1609), XXVI, "Prometheus"; 참고. 프랭클린 보머, 『근현대 지성사』, pp. 140-141.
12 Francis Bacon, 《De Dignitate et Augmentis Scientiarum》(1623), *Works*, ed. James Spedding, Robert Leslie Ellis, Douglas Devon Heath, 14 vols, London: Longmans Green, 1870; 캐롤라인 머천트, 전규찬·이윤숙·전우경 역, 『자연의 죽음』, 미토, 2005, p. 262에서 재인용.
13 Robert Boyle, *The Works*, J. & F. Rivington, London, 1772, Vol. V, p. 163; 프랭클린 보머, 『근현대 지성사』, pp. 75-76에서 재인용. 보일이 언급한 스트라스부르의 '진기한 시계'는 1574년 스트라스부르의 한 수학자에 의해 설계되어 제작되었다.
14 참고. 지그문트 바우만, 한상석 역, 『모두스 비벤디』, 후마니타스, 2010, pp. 157-161.
15 슬라보예 지젝, 강우성 역, 『팬데믹 패닉』, 북하우스, 2020, p. 104.
16 조너선 사프란 포어, 송은주 역, 『우리가 날씨다』, 민음사, 2020, p. 230.
17 같은 책, p. 36.
18 참고. 같은 책, p. 33.
19 같은 책, p. 28.
20 참고. 페터 슬로터다이크, 이진우·박미애 역, 『냉소적 이성 비판』, 에코리브르, 2005, p. 13.
21 데이비드 월러스 웰즈, 『2050 거주불능 지구』, p. 64.
22 조너선 사프란 포어, 『우리가 날씨다』, p. 32.
23 같은 책, p. 119.
24 참고. 같은 책, pp. 99-122.
25 피터 싱어, 노승영 역, 『이렇게 살아가도 괜찮은가』(*How Are We to Live?*), 시대의창, 2014, p. 79.
26 참고. 호프 자런, 『나는 풍요로웠고, 지구는 달라졌다』, pp. 66-78.
27 같은 책, p. 127.
28 데이비드 월러스 웰즈, 『2050 거주불능 지구』, p. 61.
29 같은 책, p. 282.
30 같은 책, p. 341.
31 참고. 슬라보예 지젝, 『팬데믹 패닉』, p. 28.
32 슬라보예 지젝·이택광, 『포스트 코로나 뉴노멀』, 비전CNF, 2020, p. 169.

33  크리스티아나 피게레스·톰 리빗카넥, 홍한결 역, 『한배를 탄 지구인을 위한 가이드—기후위기 시대 미래를 위한 선택』, 김영사, 2020, p. 58.
34  프란치스코 교황, 한국천주교주교회의 역, 『찬미받으소서』, 한국천주교중앙협의회, 2015, pp. 175-176.
35  블레즈 파스칼, 『팡세』, 728, 470(앞의 것은 라퓌마판, 뒤의 것은 브룬슈픽판의 번호임).
36  쇠렌 키르케고르, 임춘갑 역, 『이것이냐 저것이냐』, 2부, 다산글방, 2008, p. 425.
37  쇠렌 키르케고르, 임춘갑 역, 『공포와 전율/반복』, 다산글방, 2007, p. 85.
38  참고. 에두아르트 투르나이젠, 손성현 역, 『도스토옙스키, 지옥으로 추락하는 이들을 위한 신학』, 포이에마, 2018, p. 120.
39  같은 책, p. 136.
40  알렉산더 포프, 『인간론』, 1, 74-79.

# 찾아보기

## | 인물 |

가모브, 조지 57
가이세릭 58
갈릴레이, 갈릴레오 228, 229
고레스(키루스) 195
고르디아누스 3세 19
곤잘레스, 후스토 50
공자 155
그레고리우스, 나지안주스의 81, 95, 111-112, 114, 123
그레고리우스, 니사의 95
길버트, 윌리엄 228

네로 166
노아 176, 214, 223, 234
노자 155
놀란, 크리스토퍼 217
뉴턴, 아이작 228
니체, 프리드리히 181

다드, 찰스 해럴드 156
단테, 알리기에리 77, 97-99, 134, 175-178, 203, 206
던, 존 138

데닛, 대니얼 10, 26
데메트리오스 19, 68-69
데모크리토스 175
도킨스, 리처드 8-10, 26
디오게네스 175
디오니시우스 43
디오클레티아누스 84

라너, 칼 178-179
라이프니츠, 고트프리트 빌헬름 폰 32, 73
라티프, 모집 225
러브조이, 아서 40
레넌, 존 8
레이스, 앨런 192
루블료프, 안드레이 97-101, 134
루이스, 저스틴 247
루카누스, M. 175
루크레티우스 27
루키아누스 83, 85
루터, 마르틴 71, 97, 186, 202
리빗카넥, 톰 250, 251
리프킨, 제러미 220
릴케, 라이너 마리아 157-159

마르셀, 가브리엘  133, 138
마르크스, 칼  249
마르키온  143-148, 157, 162, 163
마제트, 조나  218-219
만델, 에르네스트  245
모세  11, 23, 36, 39-40, 46, 49, 51, 78, 152-155, 160-161, 165, 176, 178
모어, 헨리  37-38
몰트만, 위르겐  12, 13, 128-129, 131-139, 212, 213
미사엘  171
미켈란젤로, 부오나로티  13, 194-209
밀스, 데이비드  10, 26
밀턴, 존  77

바르트, 칼  180
바실레우스  102
바실리우스  71, 95-97, 112, 121
바오로 3세  207, 209
바우만, 지그문트  189-190, 215, 231
바울(사도)  23, 24, 37, 47, 52, 68, 145, 147-149, 170, 212, 257
바울, 사모사타의  54-55
　― 주의자  83, 88-89
바이런, 조지  196, 199
발데스, 후안 드  202
버터필드, 허버트  228, 229
베르길리우스  176
베버, 막스  245
베살리우스, 안드레아스  228
베이컨, 프랜시스  229-230, 232
벡, 울리히  188-189, 248
벡비, 제레미  135
보드리야르, 장  246
보만, 토를라이프  40

보일, 로버트  230
보프, 레오나르도  129
부처(싯다르타)  155
브루투스, 유니우스  175
비아조 다 체세나  207-211
비트겐슈타인, 루트비히  104, 111

사베리, 제이콥  233
사벨리우스  54
　― 주의  54
　― 주의자(성부수난론자)  88-89, 103, 114, 117
세네카  169, 176
셰익스피어, 윌리엄  104
셸런버거, 마이클  240, 244
소크라테스  31, 156, 171, 174, 175
슈뢰딩거, 에르빈  56
슬로터다이크, 페터  236
심플리키오스  29
싱어, 피터  240

아나니아  171
아낙시만드로스  34
아담  176
아르키메데스  156
아리스토텔레스  21, 32, 56, 63, 75, 106-110, 112, 130, 156, 175, 184
아리우스  83, 85, 102
　― 논쟁  47, 82-84
　― 주의  85-86, 90-91, 94
　― 주의자  86, 88-94, 103
　― 파  81, 121
아멜리오스  22
아베로에스(이븐 루시드)  176
아브라함  147, 159, 164-178, 259, 261

아비켄나(이븐 시나) 176
아우게이아스 104, 111
아우구스티누스 12, 13, 20, 47, 58-59, 71, 77, 95, 109-111, 114, 115-121, 122-128, 132, 137, 139, 212-213, 257
아우렐리우스, 마르쿠스 168
아이히로트, 발터 161-162
아인슈타인, 알베르트 55-56
아타나시우스 81, 86-90, 94, 96, 102-103
안셀무스 212
알렉산드로스, 알렉산드리아의 82-83, 85-86, 91
알렉산드로스 대왕 72
알비누스 74-78
암모니오스 사카스 18-19, 24, 68, 73-77
암스트롱, 카렌 159
야곱 142, 176
야스퍼스, 칼 156
에우세비오스 83, 85, 90
에우세비우스(유세비우스) 39, 65, 85, 90, 144, 167
에피쿠로스 27
엘리야 156, 171-172
열자 155
예레미야 13, 155, 156, 195-201, 209, 212, 257
예수(그리스도) 12, 23, 50-55, 67, 68, 81, 83, 90-94, 116, 118, 132, 135-136, 146-151, 163, 167, 168, 170-174, 175-178, 201, 203, 212, 262-263
오르페우스 175
오리게네스 13, 19, 24, 65-71, 72-74
 ─ 우파 79-85, 92, 113
 ─ 의 삼위일체론 45, 47, 75-85
 ─ 좌파 79-85, 113, 118

오비디우스 175
요나 13, 195, 199-201, 203, 206, 209
요하네스, 다마스쿠스의 123, 131
요한(사도) 112, 136, 144, 213
월러스 웰즈, 데이비드 223-224, 225-227, 235, 236, 241, 243, 244, 247
위-디오니시우스 24-25
유니우스 루스티쿠스 168
유스티누스 48-49, 146, 164-178
유스티니아누스 71
유클리드 176
율리우스 2세 200
이그나티우스 52-53
이레나이우스 64, 144, 146
이사야 155-156, 171
 제2─ 156
이삭 176, 259, 261

자린, 호프 221, 240, 241, 242, 244, 247
장자 155
제논 31
지젝, 슬라보예 234, 249-250
질송, 에티엔 30, 42, 78, 106, 152

카르테리오스 22
카잔차키스, 니코스 182
칸트, 이마누엘 265
칼빈, 요한 81, 119, 163
케르도 145
케플러, 요하네스 228
켈리, 존 노먼 데이비슨 82, 94
코페르니쿠스, 니콜라우스 228
콜론나, 비토리아 202
쿤, 토머스 241
큉, 한스 191-192

크뤼제만, 프랑크 153-154
클레멘스, 알렉산드리아의 39, 66, 68, 72, 73, 77, 146
키르케고르 259
키케로 175

탈라스, 페테리 236
탈레스 175
테르툴리아누스 13, 54, 57-65, 77, 80, 103, 110, 115-116, 120, 146
테옥티스투스 69-70
토마스 아퀴나스 46, 119, 183-184, 212
투르나이젠, 에두아르트 260
투키디데스 156
트럼프, 도널드 254
티베리우스 황제 146
틸리히, 파울 14, 43, 179-188

파르메니데스 29-32, 34, 47, 156, 183-184
파스칼, 블레즈 258
파트리키우스(성 패트릭) 61
포르피리오스 21-22, 42
포어, 조너선 사프란 234, 235-236, 237-238, 239, 241, 242, 244
포프, 알렉산더 265
폴리카르푸스 52, 144
프란체스코, 아시시의 251
프란치스코 교황 251, 258

프로클로스 77
프리드먼, 토머스 215
프톨레마이오스 소테르 72
플라톤 11, 12, 18-20, 22-25, 28, 29-44, 47, 63, 73-74, 75-83, 105-114, 149, 156, 166-168, 175, 183-184
플로티노스 11, 12, 17-25, 28, 40, 42-47, 68, 73-76, 78, 111, 149, 152, 183-187
플루타르코스 29
피게레스, 크리스티아나 249-251
필론 169-170

하르낙, 아돌프 112, 117
하비, 윌리엄 228
하이젠베르크, 베르너 56-57
해리스, 샘 10, 26
헌팅턴, 새뮤얼 191-192
헤라클레스 104, 111
헤라클레이토스 156, 171
헤밍웨이, 어니스트 138-139
헥토르 175
헨델, G. F. 135
호라티우스 175
호메로스 156, 175
호시우스 90
히친스, 크리스토퍼 10, 26
히포크라테스 176
힉, 존 154

| 주제 |

가시적 세계 34
가지적 세계 34
경륜적 삼위일체론 62-65, 80

계몽된 사람들 202
계몽주의 262-265
공동존재 138

과학혁명 228-229
관계설 114, 118, 120-122
광양자 이론 55
구속경륜 63-64
글로벌 연대 237, 248-251, 252, 254, 256, 264
긍정의 길 24, 33
기계론적 세계관 229
기후변화 12, 14, 188, 213, 214, 220, 224-225, 226, 229, 233-234, 235, 237-238, 240-242, 244, 245, 247, 248, 249, 251, 255, 257, 258, 263

니케아 공의회 82, 84, 87, 90, 93-94, 109
니케아 신조 13, 86, 91-95, 102, 113
니케아-콘스탄티노플 신경 102, 113

다곤 155
다신론 90, 151-154
다원주의 13, 164, 192-194
다이달로스의 미궁 206
동방정교 24, 80, 88, 121
동일률 130
동종사랑 13, 132-133, 136, 264
뒤나미스 56

로고스 79-80, 169-171, 174
루키아누스주의자 83-85
리우 선언 256
림보 175-177

마니교 36
모순율 130
몬트리올 의정서 256
무신론 9, 180-181, 184

무한자(아페이론) 34, 44
묵시록적 재앙 12, 214, 221, 223, 219-221, 223, 226-227, 239, 251, 258, 263, 265

바르 코크바 항쟁 167
바빌론의 유배 195
방주 234, 248, 249, 252
배타주의 192
범신론 157
변증법 31
부동의 원동자 75
부동자 75
부정신학 24-25, 32
분여 이론 30
비엔나 협약 256

사회적 유비 126-128
삼신론 63, 110-112, 117
삼위일체 12-14, 24-25, 28, 45-46, 48-50, 52, 57, 60-65, 77, 81, 89, 97-103, 111, 116-118, 120, 122-129, 134-137, 139-140, 188, 212-214, 264-265
— 론 25, 28, 45, 47-48, 51-52, 61, 64-65, 71, 75-82, 95, 97, 105, 114-115, 120-121, 129, 137
— 논쟁 13, 47, 60, 79, 82-83, 91, 102, 104
— 흔적 114-115, 125-127
새로운 공산주의 249
새로운 무신론 9
생태계 219, 236, 241
— 파괴 213, 237, 251
생태적 회개 252, 258
선 자체 25, 32, 35, 36, 38-40, 42, 76, 149, 183-184

선재적 그리스도 169-171, 174, 178
섭리
  하나님의— 37, 85, 162
성령 45, 47, 50-52, 54-55, 61, 62-64, 76-77, 81, 89, 91, 95, 98-102, 113, 116-117, 123-132, 136-137, 213
성부 24, 45-48, 54, 62-64, 76-77, 81, 89, 91, 98-102, 113, 116-118, 120, 123-124, 126-127, 131-132, 135-137, 187
성육신 50, 128, 170, 263
성육신한 로고스 174
성자 45, 47, 52, 54-55, 63-64, 76-77, 81, 89, 91, 98-102, 113, 116-118, 120, 123-124, 126-127, 131-132, 136-137
세계내재자 262-263
세계초월자 262-263
셰마 23-24
소명 15, 263, 265
  — 의식 245
소비사회 246
소요학파 166
수브스탄티아 63, 108-110, 115-116
스토아 철학 39, 107-110, 168, 170
  — 자 107, 169-170
스토아학파 166
시원적 우리 138
신조들의 시대 82, 94
신플라톤주의 18-20, 24, 42, 46, 67, 73-74, 77, 78, 80, 109-113, 149
  — 자 23, 43, 79, 108
신피타고라스주의 74
실재세계 180-181
실존주의 181
실체 22, 29, 32, 34, 63, 80, 89, 97, 105-112, 116, 118, 123
심리적 유비 127
십계명 152, 161
십자군 원정 149-150, 210

아가페 132-134
아르케 42
아폴론 207
야훼 78, 143, 146, 151-157, 160-163, 165, 183
양상적 군주신론 54, 80
양생자 21
양자그리스도론 54-55, 83, 88
에로스 132-133
에센티아 109, 110, 116
에이도스(형상) 63, 75, 106, 107, 184
영적인 사람들 202
영지주의 69, 145-146
  — 적 이원론 146
영혼 45-47, 67, 75-77, 106, 108, 123, 125, 127, 175-176, 202-206
온전한 일자 29
우시아(본질) 63, 103, 105-111
원형적 우리 138
위격(페르소나) 60-64, 80, 102-105, 108, 111-113, 115-116, 132
위험사회 188-189, 211
유기체적 세계관 228, 233
유동하는 공포 190, 211, 215-216, 231
유사본질 91-92, 94, 102, 112
유신론 152, 180-183
유일신 48-49, 90-91, 140, 146-147, 151-156, 161, 178, 213-214, 215, 265
유일신교 26, 90, 184
유일자 23, 25, 44, 48, 51, 142, 147, 153-

156, 211, 213, 264
유출  43, 47, 80, 108, 170
유토피아  232
유피테르  167
육식  239, 240, 242, 245
이데아  11, 12, 22, 30-36, 63, 75, 105-108
　─ 론  30-33
이원론  146
이위일체론  52
이종사랑  13, 132-136, 140, 212, 264
이집트와 리비아 종교회의  83
일신론적 삼위일체론  129
일자  11, 12, 23-25, 28, 29-51, 75-78, 83, 92, 108, 123, 139-140, 149, 152, 170, 183-185, 187, 211-213
　─ 형이상학  24, 43, 75-76
있는 자  183-184

자본주의  247, 249, 254
　초기─  245-246
　후기─  237, 245-247, 251
자스트로우 도형  241
자연법 사상  39
잠세태  56-57
제2원리  78
제2차 니케아 공의회  94
제2차 바티칸 공의회  179, 193
제우스  205
제일신  75-80
제자백가  155
조로아스터교  36
존재  18, 29-32, 34-39, 44-49, 62-64, 78-83, 90, 99, 100, 108, 113, 116, 121, 127, 136-138, 162, 181-187, 211
　─ 의 대연쇄  232, 233

　─ 의 바다  122-123
　─ 의 사다리  75
존재론  47, 106-107, 123, 129, 136, 211
존재물  29-32, 43-45, 106, 122-123, 187
존재 자체  183-186
종교개혁  199, 229
종교적 다원주의  164, 192-194
종말론적 환경주의  244
종속설  80
중기플라톤주의  18-19, 73-77
　─ 자  74
지구온난화  218, 220, 225-226

차라투스트라  155
차축시대  156
채식  238, 241, 254
　─ 주의자  240
체모스  155
축산업  239-240

카론  203-205
코로나바이러스감염증-2019  12, 189, 213, 215-217, 220-221, 226, 237, 248, 255, 258, 263, 265
코펜하겐 해석  57
콘스탄티노플 공의회  47, 61, 71, 79, 82, 113

탈시간화  130
탐욕  14, 150, 197, 201, 207, 209, 210, 237, 251, 254, 257-258, 264
태양의 비유  34

파동-입자 이원성 문제  56
파리 기후변화 협약  224, 248-250, 251,

254, 256
팬데믹  189, 213, 215, 217-218, 220-221, 248, 255-256, 258, 265
페르소나  62, 103, 108-109, 115-116
페리코레시스  81, 129-131, 136
포용주의  178, 193
포텐티아  56-57
프로메테우스  229-230
　— 적 인간  230-232
　— 적 지혜  14, 214, 257, 261, 262, 263, 265
프로소폰(위격)  103, 109

피타고라스학파  166

하나님 이상 가는 하나님  13, 180, 183-188
해방신학자  129
현상계  32
현존  184
호모우시오스(동일본질)  90-92, 94
호모이우시오스(유사본질)  91-92
환경오염  189, 237
환경 휴머니즘  240, 244
후기플라톤주의  73-74, 78
휘포스타시스  103, 105-112

| 작품 |

『2050 거주불능 지구』  224, 226-227, 243

『고대의 지혜』  229
『고백록』  120, 125
『교회사』  39, 144, 167
『교훈집』  74
『국가』  20, 22, 31-33, 106
『근대과학의 기원』  228
『글로벌 그린 뉴딜』  220

『나는 풍요로웠고, 지구는 달라졌다』  221, 240, 247
『냉소적 이성 비판』  236
〈노아의 방주〉  233
"누구를 위하여 종은 울리나"  138

『도스토옙스키』  260
「디다케」  91

『만들어진 신』  8, 26
〈메시아〉  135
『모두스 비벤디』  231
『문명의 충돌』  191
"밀라노 칙령"  84

『반론』  145
『법률』  20, 31
『복음의 예비』  40

사도신경  91
〈삼위일체〉  100-101
『삼위일체론』  109, 114-115, 118, 120, 125, 126, 137
『성자 프란체스코』  182
『세계는 평평하다』  215
『소유의 종말』  220
"순례자의 서"  157-158
『신곡』  77, 97, 175-177, 203, 207

『신국론』 120
『신은 위대하지 않다』 26
『신의 역사』 159
『신학대전』 184
『실낙원』 77

「에베소로 보내는 서신」 52-53
『엔네아데스』 20-24, 32, 45-46
『엔트로피』 220
『역사의 기원과 목표』 156
"영혼불멸" 37-38
『우리가 날씨다』 234, 235, 237-238
『우주에는 신이 없다』 26
『우파니샤드』 155
『원리론』 24, 71, 76-77
『위험사회』 189
『유대인 트뤼폰과의 대화』 48, 167
『유동하는 공포』 215-216
『이렇게 살아가도 괜찮은가』 240
"인간론" 265-266
〈인터스텔라〉 217

『자유의 보존』 153
『조직신학』 184
『존재에의 용기』 180
『종교의 종말』 26
『주문을 깨다』 26

『지구를 위한다는 착각』 241
"지옥편" 175-176

『찬미받으소서』 251, 252, 258
〈천지창조〉 13, 194-200, 206, 209, 211
『철학적 탐구』 104
〈최후의 심판〉 203-211

「타임」 240
『탈무드』 167
『티마이오스』 31-32

『파르메니데스』 31-32
『파이드로스』 31, 41, 105
『팡세』 258
『팬데믹 패닉』 234, 249
「프로스펙트」 9
『프로테스탄트 윤리와 자본주의 정신』 245
『필레보스』 31

『학설집』 39
『한배를 탄 지구인을 위한 가이드』 250
『햄릿』 104
『향연』 31, 75
『형이상학』 32, 56, 106
『히브리적 사유와 그리스적 사유의 비교』 40

| 성서 |

창세기 48
1:26  48
6:14-16  234
12:6  165
22:13  261
22:14  261

출애굽기
3:12  261
20:4-5  160
20:5  153, 160

신명기  69, 142
5:9  153
6:4  11
6:4-5  23, 46, 51, 152
6:7  23
23:1  70
32:8-9  142

여호수아
24:1  165
24:20  165

열왕기상
8:60  155

열왕기하
19:15  155

시편
31:5  97

이사야  155, 156, 171
40:18-26  155
41:29  155
43:10  155
44:5  155
44:6  155
44:14  155
46:9  155

예레미야  155, 156, 195, 201
2:11  155
2:23-25  257
8:6  257
10:7  155
13:23  258
16:20  155
23:24  212
39:1-14  195
50-51장  195

예레미야애가  196

호세아  155

아모스  155
1:3  155
2:16  155
9:5  155
9:8  155

요나  201
1:2  199
1:3-3:10  200
4:11  200

나훔
1:2  161

마태복음
3:9  147
5:17  147
5:43-44  212
5:43-48  148
5:45-48  202

5:48　148, 163
7:20　179
10:9-10　68
19:12　70
23:9　23
28:19　51-52

마가복음
1:11　116
9:37　53

누가복음
3:8　147
10:22　51

요한복음　169, 170
1:1　47, 170
1:1-3　169
1:13　52
1:14　169
1:30　170
3:16　50
6:33-62　170
8:23　170
8:38　170
8:51-59　172
8:56　173
8:58　173
10:30　51, 118, 132
14:6　12, 51, 151, 164, 174
14:7　51
14:10　51
14:11　132
14:26　50
14:28　94, 118
15:26　51
17:11　135
17:21　136

사도행전
2:32-33　52
4:12　164

로마서
1:4　170
3:29-30　148
6:23　258
8:11　52
8:37　37

고린도전서
6:11　52
6:12　52
8:4　23, 46
8:6　170

고린도후서
4:4　52

갈라디아서
1:1　52
3:11-14　52

에베소서
1:20　52
4:3　126
4:5-6　147
4:6　89, 149, 212

빌립보서
2:6이하　170

골로새서
1:15　170
1:24　68

디모데전서　24
1:2　52
1:17　24
2:4　179
2:5　24
6:15　147

히브리서
10:29　52

베드로전서
1:2　52
1:21　52

요한1서
4:16　127, 132, 136, 213

요한계시록　26

# 하나님은 유일한가
인문학으로 읽는 하나님과 삼위일체 이야기

초판 발행_ 2021년 6월 7일

지은이_ 김용규
펴낸이_ 정모세

펴낸곳_ 한국기독학생회출판부
등록번호_ 제313-2001-198호(1978. 6. 1)
주소_ 04031 서울시 마포구 동교로 156-10
대표 전화_ (02)337-2257 팩스_ (02)337-2258
영업 전화_ (02)338-2282 팩스_ 080-915-1515
홈페이지_ http://www.ivp.co.kr  이메일_ ivp@ivp.co.kr
ISBN 978-89-328-1833-7
ISBN 978-89-328-1829-0(세트)

ⓒ 김용규 2021

책값은 뒤표지에 있습니다.
무단 전재와 복제를 금합니다.